Drake Frauen in der Sozialarbeit

Kritische Texte:
Sozialarbeit
Sozialpädagogik
Soziale Probleme

Herausgegeben von
Hanns Eyferth
Paul Hirschauer
Joachim Matthes
Wolfgang Nahrstedt
Hans-Uwe Otto
Hans Thiersch

Hans Drake

Frauen in der Sozialarbeit

Sexismus – Die geschlechtsspezifische Diskriminierung

Luchterhand

CIP-Kurztitelaufnahme der Deutschen Bibliothek
Drake, Hans:
Frauen in der Sozialarbeit: Sexismus, d. geschlechtsspezif. Diskriminierung/Hans Drake.
Neuwied: Luchterhand 1980.
(Kritische Texte Sozialarbeit, Sozialpädagogik, soziale Probleme)
ISBN 3-472-58047-X

Gesamtherstellung: Druck- und Verlags-Gesellschaft mbH, Darmstadt.
Printed in Germany, Juli 1980.

Inhalt

Verzeichnis der Tabellen

Einleitung

Mein Interesse, eine Arbeit über Probleme in der Sozialarbeit [1] zu schreiben, die aus der besonderen Art der Diskriminierung und Unterdrückung von Frauen wegen ihres Geschlechts resultieren, hat sich über längere Zeit und verschiedene Etappen meiner persönlichen und beruflichen Entwicklung herausgebildet. Ich möchte diesen Prozeß kurz skizzieren, denn ich bin inzwischen überzeugt, daß solche Information für den Leser durchaus einen Stellenwert hat neben der üblichen Darlegung von wissenschaftstheoretischem Ausgangspunkt und Erkenntnisinteresse. Denn das Interesse an einer Fragestellung entsteht natürlich neben wissenschaftlichen und politischen auch durch persönliche Motivationen.
Das Verhältnis der Geschlechter zueinander ist zunehmend in Bewegung geraten. Geschlechtsspezifisches Verhalten wandelt sich, etablierte Formen des Zusammenlebens werden hinterfragt. Es sind gesellschaftliche Bewegungen (wieder) entstanden (Frauen – Homosexuelle – Kommunen – Gruppentherapiebewegungen), die sich unter dem gemeinsamen Nenner: »Das Persönliche ist politisch« zusammenfassen lassen. Hier wird der Begriff des Politischen aus dem streng definierten Raum des öffentlich-gesellschaftlichen Lebens der Wahlen, Parteien und Verbände erweitert in den hiervon traditionell abgegrenzten Bereich des Privaten, der zwischenmenschlichen Beziehungen, des Alltags. Damit ist nicht gesagt, daß nur das Persönliche politische Qualität besitzt, aber es wird der Erkenntnis Ausdruck gegeben, daß Politik den persönlichen Alltag vielfältig durchdringt und daß die formale Aufsplitterung der Lebensbereiche in Politik, Privatleben, Arbeit usw. die Menschen vor sehr schwer lösbare Probleme der Integration und Selbstfindung stellt. Der Anspruch, daß das Persönliche politisch ist, bedeutet den Willen, das eigene Leben umfassend und als Zusammenhang eigenverantwortlich zu gestalten.
Die Wahl des Themas entstand auf dem Hintergrund einer längeren praktischen (d. h. alltäglichen) und theoretischen (d. h. wissenschaftlich-beruflichen) Auseinandersetzung mit der Frauenbewegung, kollektiven Wohn- und Arbeitszusammenhängen und der Aufarbeitung und Veränderung der eigenen männlichen Rolle. Ich lernte dabei die außerordentliche Kraft bestimmter Verhaltensformen und Bewußtseinsinhalte kennen, die hier »Sexismus« genannt werden sollen: geschlechtsspezifisch genormtes, dis-

1 Sozialarbeit soll im folgenden immer Sozialarbeit/Sozialpädagogik umfassen.

kriminierendes Fühlen, Denken und Handeln, welches andere Menschen unterdrückt und die eigene Persönlichkeitsentfaltung behindert.
Als Dozent an einer Fachhochschule für Sozialarbeit und Sozialpädagogik wurde das Problem des Sexismus sehr bald für mich sichtbar und gewann Bedeutung. Nicht nur sinnlich erfahrbar in dem traditionell übergroßen Anteil von Studentinnen und der Tatsache, daß die Sozialarbeit immer noch als ein Frauenberuf angesehen wird, sondern bald auch in der Lehrtätigkeit, die inhaltlich immer auf bestimmte Klientengruppen zielt. Nur das sexistisch erblindete Auge konnte nicht wahrnehmen, daß soziale *Jugend*arbeit immer *Jungen*arbeit ist, daß es fast nur weibliche Kindergärtner gibt, daß überwiegend Frauen in den psychiatrischen Kliniken sitzen oder auf Sozialhilfe angewiesen sind, daß der rechtliche Begriff der Verwahrlosung geschlechtsspezifisch definiert ist und daß die Leitungspositionen der Sozialbürokratien überwiegend mit Männern besetzt sind.
Ich führte 1976 Lehrveranstaltungen: »Zur gesellschaftlichen Lage der Frau in der BRD«, »Mädchenarbeit im Jugendfreizeitheim« und »Frauenkriminalität« durch. Wir merkten bald, daß diese Lehrveranstaltungen anders verliefen. Sogenanntes »Persönliches« (weil angeblich nicht Politisches und für ein bestimmtes Sachthema der Sozialarbeit daher Irrelevantes) wurde Inhalt. Die Kommunikationsstruktur und damit der Lehr- und Lernprozeß veränderten sich. Gleichzeitig wurde auf der inhaltlichen Ebene klar, daß es so etwas wie eine »Nachrichtensperre über die Frau« als einer nach Lebenslage, Verhalten, ökonomischem Status und Sozialisation spezifischen Klientengruppe der Sozialarbeit gibt. Die gängige Sozialarbeitsliteratur wußte vom Sozialisationsprozeß des Mädchens im wesentlichen nur vom Penisneid zu berichten, für die Familientherapie stand die Frau immer noch als Mutter am Herd. Die Literatur über die Jugendinitiativbewegung erwähnte Mädchen kaum jemals. Wir waren uns bald einig, daß z. B. ein Curriculum für den Projektbereich »Dissozialität« Kenntnisse über Formen und Gründe weiblichen abweichenden Verhaltens vermitteln müßte, findet doch manche/mancher Absolvent(in) vielleicht in einem Mädchenheim Beschäftigung. Und schließlich blieben uns auch die Lücken in der sozialen Versorgung für bestimmte weibliche Klientengruppen nicht verborgen. Wohin können sich die geschlagenen und mißhandelten (Ehe)frauen wenden? (Es waren nicht die Institutionen der Sozialarbeit, die »Frauenhäuser« erkämpften). Warum ist es gerade die Frauenbewegung, die (inzwischen auch in der BRD) ein Netz alternativer sozialer Hilfsprogramme entwickelt, die alle in den Bereich sozialer Dienste fallen: Frauenzentren mit Rechtsberatung, Gesundheits- und Schwangerschaftsberatung, Gruppen für Ledige, Geschiedene, verlassene Mütter, Frauen-

wohnkollektive, Kinderläden, feministische Therapie etc.? All diese Beobachtungen verdichten sich zu einer Vermutung, der in dieser Arbeit nachgegangen werden soll: daß Sozialarbeit neben Familie, Schule, Medien auch Träger und Verewiger sexistischer Werte ist, in dem Sinne, daß sie die herrschenden Geschlechtsstereotypen durch Unterweisung (z. B. Kindergarten), Gesetzanwendung (z. B. Verwahrlosungsbegriff), Hilfeleistung (z. B. Hauswirtschaftserziehung im Mädchenheim), Kontrolle und Sanktionen (z. B. Wegnahme der Kinder bei rollenabweichendem Verhalten der Mutter) stützen. Untersuchenswert erscheint diese Vermutung deshalb, weil die Sozialarbeit gerade ihrem artikulierten Anspruch und ihrem professionellen Ethos gemäß angetreten ist, jeglicher Diskriminierung (auch wegen des Geschlechts) von Menschen entgegenzutreten und Opfern von Diskriminierung Hilfe zu leisten. Mehr noch: Sozialarbeit ist *der* Frauenberuf, entstanden aus dem Kampf der bürgerlichen Frauenbewegung gegen die herrschende Diskriminierung eines Geschlechts in Ausbildung und Beruf. Aus diesen Fragestellungen kam der Anstoß für diese Arbeit.
Die Kategorie Sexismus ist im deutschen Sprachgebrauch relativ neu. Allgemein bedeutet sie jede Ungleichbehandlung aufgrund der Geschlechtszugehörigkeit. In dieser Arbeit soll der Nachweis erbracht werden, daß die soziale Arbeit, wie andere gesellschaftliche Institutionen auch, jedoch ihrem eigenen Anspruch diametral entgegengesetzt, sexistisch ist. D. h., daß sie im eigenen Beruf und gegenüber den Klienten die traditionelle, Frauen generell diskriminierende Rollenzuweisung durch die ihr zur Verfügung stehenden Mittel wie Unterweisung, Hilfe, Kontrolle und Sanktion produziert, aufrechterhält oder repariert. Es soll hier die These vertreten werden, daß Sozialarbeit den Klientinnen gegenüber (als Besonderung ihrer allgemeinen sozialen Anpassungs- und Kontrollfunktion) die Aufgabe der Geschlechtsrollenanpassung an die traditionelle Mutter- und Hausfrauenrolle übernimmt.
Der theoretische Streit um die gesellschaftlichen Gründe der Frauendiskriminierung ist inzwischen unübersehbar, die marxistisch orientierten Beiträge hierzu vertreten recht unterschiedliche Meinungen. Eine ihrer Positionen wird diese Arbeit jedoch sogleich mit der These konfrontieren, daß die Frauenfrage im Kapitalismus ein Nebenwiderspruch sei und sich prinzipiell nur und erst im Sozialismus auflöse. Wir brauchen diese These hier nicht zu entscheiden, um doch ihre Konsequenz zu sehen, die darin besteht, daß der Sexismus nie selber zentral untersucht wird, sondern lediglich auf den Nenner der Klassengesellschaft »zurückgeführt« wird und damit als eine praktisch wirkende Ideologie, die für viele Frauen (auch zunehmend Männer) zur materiellen Gewalt geworden ist, negiert bleibt. Wenn

gerade die progressive Sozialarbeit betont, daß sie ihre mittelschichtsorientierten Normen und Werte und ihre klassenkontrollierende Funktion aufgeben muß, um den objektiven Interessen der Klienten zu dienen, so ist ihr zumindest in Deutschland noch nicht aufgefallen, daß statistisch gesehen der Anteil der Frauen am Klientel überwiegt, diese also in besonderer Weise Opfer der Klassengesellschaft sind und es daher auch hier, der gleichen Logik folgend, notwendig wäre, neben allen klassendiskriminierenden auch alle sexistischen (also bewußt oder unbewußt geschlechtsdiskriminierenden) Haltungen abzulegen.

Um dies zu tun, war es in der Frage des Klassenstandpunktes für den/die Sozialarbeiter/in nötig, nicht nur abstrakt den herkunftsmäßig bedingten Klassenstandpunkt zu verlassen, theoretisch die objektiven Kontrollfunktionen des eigenen beruflichen Handelns zu erkennen, sondern er/sie mußte auch quasi in Selbstanalyse erkennen lernen, wie ein bestimmter Klassenstandpunkt im eigenen Kopf, in den Gefühlen und im Handeln entsteht und verankert ist, um die eigene Praxis verändern zu können. Die gleiche Arbeit ist bezüglich des Sexismus zu leisten, der bewußtes wie unbewußtes, sozialisiertes, indoktriniertes, vorurteilsbeladenes Verhalten, Denken und Fühlen bezüglich der Geschlechtszugehörigkeit von Menschen umfaßt. Darüber hinaus ist der Sexismus jedoch auch ein institutionalisierter gesellschaftlicher Zustand, der z. B. in Gesetzen, Curricula u. ä. verankert ist. Als Sozialarbeiter/in kann man sich also sexistisch verhalten, im beruflichen Handeln sexistische Praxis betreiben. Das Zusammenspiel beider Bereiche ist das Thema dieser Arbeit, und sie versteht sich insofern als der notwendige erste Schritt der Analyse, der den in der Sozialarbeit bestehenden, sowie gegenüber den Klienten praktizierten Sexismus erkennbar macht, und dadurch veränderte berufliche Praxis erst ermöglicht.

Die herrschende sexistische Sozialarbeit übt nicht nur verheerende Wirkungen auf Frauen aus. Homosexuelle Männer werden sexistisch unterdrückt und haben großen Bedarf an sozialarbeiterischen Hilfestellungen (Beratung, Therapie, Wohnungs- und Berufsproblematik etc.). Viele Männer leiden unter der gesellschaftlich verordneten rigiden Geschlechtsrollenzuweisung und brauchen Hilfe bei Nichterfüllung von Konkurrenz- und Leistungsverhalten oder bleiben als Kindergärtner, Kranken»bruder«, Haus»mann« beruflich diskriminiert. Dennoch beschäftigt sich diese Arbeit nur mit Frauen. Denn sie machen heute den Großteil der Sozialklienten aus (z. B. stellen Frauen den zunehmend größten Teil aller armen Menschen dar), und in einer patriarchalisch strukturierten Gesellschaft sind sie prinzipiell eine unterpriviligierte Gruppe.

Diese Arbeit ist wesentlich durch die Tatsache geprägt, daß ich fast alles

Material und die persönlichen Erfahrungen dazu während längerer Studien- und Forschungsaufenthalte 1977/78 in den USA und Kanada gesammelt habe. Deswegen können die Ergebnisse auch nicht ohne weiteres in ihren Einzelheiten für die BRD gelten. Daß die grundlegenden Thesen generalisierbar sind, zeigt jedoch das in diese Untersuchung eingearbeitete deutsche Material. Die hier analysierten Tatbestände sind darüber hinaus für Nordamerika und Westeuropa prinzipiell die gleichen: Geschichte, Organisation und Funktion der Sozialarbeit, der Familienstruktur, des Sozialisationsprozesses, des Rechts- und Strafwesens, des Arbeitsmarktes und des Verhältnisses der Geschlechter zueinander. Dennoch soll hier kurz auf die wichtigsten Unterschiede in der Entwicklung des Sozialwesens, der Sozialgesetzgebung und der Sozialarbeit hingewiesen werden, die in der englisch sprechenden Welt einheitlich »social work« heißt [1].
Allgemein läßt sich sagen, daß die Errichtung des Wohlfahrtsstaats mit ausgedehnten, zunehmend verstaatlichten sozialen Diensten in den USA erheblich später geschieht als etwa in Deutschland und England. Kanada nimmt eine Mittelstellung ein: als Nation erst seit 100 Jahren bestehend, ist ihr Sozialsystem durch die koloniale Bindung an England geprägt worden, während viele Wertvorstellungen, Ideologien etc. zu Fragen der gesellschaftlichen Versorgung im Sozialbereich von den USA beeinflußt sind, die auch ökonomisch dominieren.
Während in Deutschland und England durch die stürmische frühkapitalistische Entwicklung und dem frühen Erstarken der Arbeiterbewegung die »soziale Frage« im Brennpunkt der Klassenauseinandersetzungen stand und bald unter Zurückdrängung privater Wohltätigkeit durch staatliche Gesetzgebung und Politik schließlich de jure als ein Recht auf staatliche Hilfeleistung für den materiell notleidenden Einzelnen etabliert wurde, ist eine solche Lage in den USA z.T. heute noch nicht erreicht. Dies hat vielfältige Gründe: eine schwache Arbeiterbewegung ohne politische (Partei-) Organisation, eine langanhaltende laissez-faire Staatsauffassung als herschende Ideologie, eine stark dezentralisierte politische Struktur in der Wohlfahrtspolitik, die nicht Kompetenz der Bundesregierung ist, das Fehlen des sozialen Umwälzungsprozesses durch die Epoche der ursprünglichen Akkumulation, eine anhaltend rasche kapitalistische Industrialisierung, die alle potentielle Lohnarbeit aufsaugen konnte, die offene Westgrenze, deren unerschöpfliche Besiedlungsmöglichkeit durch hohe regio-

1 Der Begriff Sozialpädagogik ist unbekannt, viele ihrer Bereiche z. B. die Vorschulerziehung gehören dort zur Lehrerausbildung. Andererseits umfaßt »social work« z. B. therapeutisch-psychiatrisch-medizinische Sozialarbeit in weit größerem Maße als in der BRD.

nale und soziale Mobilität sozialen Protest vereinnahmte, große ethnische und religiöse Heterogenität, die in isolierten Subkulturen Selbsthilfe organisieren und schließlich eine äußerst starke hegemoniale Ideologie des Individualismus, der Selbsthilfe und der freiwilligen Wohltätigkeit als sozialer Verpflichtung einer besonderen »protestantischen Ethik«, die Armut als individuelles Versagen abstempelt, Arbeitsethik propagiert und in materiellem Reichtum göttliche und soziale Wohlgefälligkeit dokumentiert sieht. Ein zentralstaatliches Fürsorgewesen entsteht erst durch die ökonomische Katastrophe der Weltwirtschaftskrise mit ihrer sozialen Konsequenz der Massenarmut und politischen Unruhen und auch dann noch nur zögernd mit zersplitterten gesetzlichen Grundlagen und Zuständigkeiten. Die USA waren und bleiben ein sozialstaatlicher Nachzügler: »Eine vergleichsweise längere Tradition sozialpolitischer Intervention in Deutschland, die zudem stark etatistisch geprägt ist, dürfte den entwickelteren Zuschnitt des deutschen Sozialhilfesystems erklären. Diese Tradition erlaubt es der Bürokratie, im Bereich der sozialpolitischen Intervention viel früher und damit auf längere Zeit Erfahrungen zu sammeln, als dies in den USA möglich gewesen ist. Die Unterschiede werden deutlich, wenn man einen Blick auf die Zeitpunkte wirft, zu denen wichtige sozialpolitische Interventionssysteme vom Zentralstaat territorial umfassend und einheitlich durchgesetzt wurden. Die wesentlichen Daten hierzu für die USA und die Bundesrepublik zeigen, daß die Unfallversicherung in den USA nicht »nationalisiert« worden ist, daß eine Krankenversicherung nur sehr partiell und sehr spät verwirklicht worden ist (1965), daß die Rentenversicherung erst 46 Jahre später als hierzulande errichtet wurde. Während in Deutschland die Unfallversicherung national schon 1884 eingeführt wurde, also relativ bald nach einer intensiven Industrialisierungsphase, war dies in den USA erst ein halbes Jahrhundert nach einer solchen Phase der Fall. Größere Reaktionsgeschwindigkeit und geringere Reaktionszeit sind Merkmale der deutschen – im Gegensatz zur amerikanischen – Sozialpolitik« (*Leibfried* 1977: 36 ff).

Entsteht in Deutschland unter Bismarck eine umfassende, generell greifende staatliche Sozialgesetzgebung mehr als Reform von oben, so erzwang in den USA immer erst der akute politisch-soziale Krisendruck ein ad-hoc Eingreifen: »Der amerikanischen staatlichen Organisation mangelt es an einer *hinreichenden Distanz* zu den gesellschaftlichen Prozessen, weil sie durch eine *genuin bürgerliche* Entstehungs- und Entwicklungsgeschichte geprägt ist, die weitgehend unverfälscht von absolutistisch vorkonzentrierter Herrschaft blieb. Gemessen an der (bundes-) deutschen Demokratie ist die amerikanische ersichtlich weniger imstande, von sozialen Prozessen zu abstrahieren und sie durch universalistische Regelungen zu erfassen. Diese Hemmung schafft Raum dafür, daß auf das politische System soziale Prozesse stärker durchschlagen können, ganz so, wie es das »Druck-Reaktions-Schema« unterstellt . . . Demgegenüber kapitalisierte Deutschland im 19. Jahrhundert und noch heute *vorbürgerliche Traditionen* bürokratischer Herrschaft. Sie gewährleisten nach wie vor, die interne Synthese des staatlichen Apparates und eine abstrakt- universale Handlungsform aufrechtzuerhalten - entgegen der naturwüchsig gegenläufigen bürgerlichen Entwicklung. Diese »Reserve«, dieses flexible Handlungspotential, könnte einerseits erklären, warum die deutsche Sozialpolitik so präventiv, schon im Vorfeld der »politisch-sozialen Krise« einsetzt, und andererseits, warum sie entgegen dem Aktionsdruck eher konstant gehalten und in Schüben erweitert wird und weniger krasse Umschläge duldet« (*Leibfried* 1977: 14 f).

Die geschilderten Besonderheiten im amerikanischen Sozialwessen führen auch zu spezifischen Ausformungen des dortigen Systems sozialer Arbeit. Diese werden in den folgenden Kapiteln benannt werden. Dennoch gilt, daß auch die amerikanische Sozialarbeit prinzipiell auf die gleichen gesellschaftlich produzierten Problemlagen von Menschen reagieren muß wie in der BRD [1]. Daher haben auch die Sozialgesetzsysteme beider Staaten in den entscheidenden Punkten gleiche Merkmale: In beiden Programmen muß der Leistungsempfänger seine/ihre Bedürftigkeit nachweisen.Es gilt in beiden Systemen das Subsidiaritätsprinzip in der Mittelzuteilung. Beide Länder differenzieren Sozialleistungen nach arbeitsmarktnahen und arbeitsmarktfernen Fällen.

Für die Übertragbarkeit der Ergebnisse dieser Arbeit, dem Nachweis sexistischer Diskriminierungen von Frauen in der und durch die Sozialarbeit, bleiben etwaige strukturelle Länderunterschiede im Grundsatz auch unerheblich. Dies sei an einem Beispiel verdeutlicht. Die quasi-polizeiliche Kontrollfunktion der amerikanischen Sozialarbeit ist im Vergleich zur deutschen wesentlich stärker entwickelt. Ständig gibt es Spitzelkampagnen und ausgeklügelte Datenüberwachung zur Verfolgung angeblicher Sozialhilfebetrüger (vgl. *Clines* 1978: 48 f). Wie jedoch deutlich wird, haben

1 Eine tiefergehende Vergleichsanalyse des deutschen und amerikanischen Sozialwesens gibt es nicht. Die ersten Ansätze hierzu liefern verschiedene Aufsätze von *Stefan Leibfried*, der die Sozialgesetzgebung beider Länder beschreibt und vergleicht auf dem Hintergrund eines beiden Ländern besonderen Verwaltungstyps, den er »Verwaltung der etatistischen Reserve« nennt, der aber auch historisch abgeleitet ist (vgl. alle Literaturangaben zu *Leibfried* in der Biographie, außerdem *Piven/Cloward* 1977, *Martin 1978)*.

solche Schnüffeleien einen ausgesprochenen sexistischen Zuschnitt, denn sie sind so angelegt, daß sie den armen Frauen bei Strafe des Leistungsentzugs ein rigides, geschlechtsrollenkonformes Verhalten aufzwingen, und das ist der Punkt der Untersuchung.
Es ist keineswegs zufällig, daß diese Untersuchung sich auf angloamerikanisches Material stützt. Der Grund liegt nicht darin, daß das Problem – Frauendiskriminierung in der und durch die Sozialarbeit – in der BRD nicht existiert. Wie jedes gesellschaftliche Problem bedarf es jedoch der organisierten Artikulation, des politischen Drucks und Aktion und der sozialen Sichtbarkeit, um praktisch relevant zu werden. Das geschieht in der BRD erst seit kurzem und sehr zaghaft: erst 1976 erschien hierzu der erste Artikel (*Walser* 1976), der ohne Resonanz blieb. 1978 folgten einige Aufsätze in den entsprechenden Fachzeitschriften (vgl. Sozialmagazin 6/8/9/1978, Päd. extra 2/7/8/1978).
In den USA, Großbritannien oder Kanada hingegen ist durch das Wiedererstarken der Frauenbewegung in den 60er Jahren ein allgemeines Problembewußtsein und Handeln in vielen gesellschaftlichen Bereichen, einschließlich der Sozialarbeit, entstanden, welches inzwischen auch in die sozialwissenschaftliche Forschung eingegangen ist. Mit einiger zeitlicher Verzögerung entwickelt sich diese Bewegung nun auch in der BRD. Frauenhäuser wurden eingerichtet, ein »Verein für sozialwissenschaftliche Frauenforschung/-Praxis« im Februar 1978 in Darmstadt gegründet, an den Universitäten entstanden ab 1977 die ersten Frauenreferate in den Asten, der Frankfurter Frauenasta, die Berliner Sommeruniversität für Frauen und verschiedene Frauenprojekte als Lehrveranstaltungen. Schlaglichtartig soll hier der für die Sozialarbeit relevante Aktionsrahmen frauenemanzipatorischer Aktivitäten in den USA aufgezeigt werden.
Ähnlich wie im Fall der »black studies« hat sich in allen Ausbildungsinstitutionen der Bereich der »women's studies« etabliert. 1972 wurden 750 Lehrveranstaltungen dazu in 500 Erziehungsinstitutionen der USA angeboten, die Zahlen dürfen sich bis heute verdoppelt haben. Eine Durchsicht der Vorlesungsverzeichnissen von amerikanischen Schools of Social Work zeigt fast überall Lehrveranstaltungen zur Frauenfrage. An der Universität Boston besteht seit 1974 ein interfakultativer Studiengang mit akademischen Abschluß in »women's studies«. In den Fachzeitschriften der Sozialarbeit erscheinen regelmäßig wissenschaftliche Beiträge zu diesem Thema. Sie sind die wichtigste Materialquelle dieser Arbeit. Ganze Wissenschaftsbereiche führen Forschungsvorhaben zur Frauenfrage durch, so in der Entwicklungspsychologie, Therapie und Beratung, Sozialisationsforschung, Soziologie der Arbeit, Recht, Medizin etc. Zumindest ebenso wichtig für

die Sozialarbeit ist die Vielzahl von alternativen Institutionen der autonomen Frauenbewegung. Hier seien nur diejenigen Projekte genannt, die unmittelbarer Arbeitsbereich der Sozialarbeit sind: Frauenzentren, Frauenhäuser, feministische Therapie, Berufs- Rechts- Gesundheitsberatung, Frauenkliniken, Kinderläden, Organisationen weiblicher Fürsorgeempfängerinnen (z.B. die Motherled Union, die National Welfare Rights Organisation (NWRO), Arbeitsprojekte der National Organisation of Women (NOW) in Frauengefängnissen).

Die Frauenbewegung hat also das Thema der Frauenunterdrückung in der und durch die Sozialarbeit auf die politische Tagesordnung gerückt. Die Sozialarbeit hat in sehr unterschiedlicher Weise reagiert: Totschweigen, Abstreiten, Protest integrieren, Reformen propagieren und in einigen Fällen auch mit dem Beginn ernsthafter Selbstanalyse. Diese Entwicklungen waren Anstoß zu dieser Untersuchung.

Mein Ziel dabei ist es, Anregungen und Hinweise zur Analyse zu geben, die eventuell zur Überwindung des Sexismus in der sozialen Arbeit in Deutschland beitragen könnten. Dazu nennt diese Untersuchung zunächst einmal die Bereiche, in denen eine empirische Untersuchungsarbeit für die deutsche Situation zu leisten wäre: die materiellen Benachteiligungen von Sozialarbeiterinnen, die geschlechtsspezifische Teilung von Arbeitsfunktionen und Arbeitsfeldern, sexistische Lehrinhalte in der Ausbildung, die Lebenslage und Probleme der Klientinnen von Sozialarbeit und die Einstellungen und das berufliche Handeln der Sozialarbeiter(innen) ihnen gegenüber. Besonders wichtig wäre auch die Aufarbeitung der Geschichte der Sozialarbeit unter dem Gesichtspunkt von Frauenrolle und Beruf in Deutschland. Die entsprechenden Angaben und Untersuchungen hierzu liegen für die USA inzwischen im wesentlichen vor und werden deshalb hier auch dargestellt. Dies rechtfertigt sich durch das Interesse, parallele Analysen auch für Deutschland anzuregen, wobei die Generalisierbarkeit der Aussagen sich auf der Grundlage der zugegebenermaßen spärlich vorliegenden deutschen Ergebnisse, die in diese Arbeit eingeflossen sind, begründbar behaupten läßt. Sie kann sich aber natürlich erst nach Durchführung der entsprechenden deutschen Untersuchungen beweisen.

Es liegt ein Problem in der Tatsache, daß ich als Mann über die Frage der besonderen Diskriminierung der Frau als Klientin und als Sozialarbeiterin schreibe, denn sicher unterliege auch ich der Prägekraft sexistischer Betrachtungsweisen. Als Mann in einer patriachalisch strukturierten Gesellschaft, d.h. einer Gesellschaft, die in allen ihren Lebensbereichen generell durch eine ungleiche Machtverteilung zugunsten von Männern gekennzeichnet ist, werde ich in das Dilemma geraten, als zumindest objektiv Pri-

vilegierter im Laufe dieser Untersuchung engagiert für einen unterprivilegierten Teil des Klientels, der Frauen, Partei zu ergreifen. Ich glaube zwar, daß *P. Freires* Maxime richtig ist, daß nur die Unterdrückten ihre Unterdrücker mitbefreien können und müssen (und nicht anders herum), aber andererseits hat die politische Praxis des Klassenkampfs z.B. auch gezeigt, daß Klassenprivilegien und -standpunkte in der politischen Praxis überschritten und aufgegeben werden können. Ebenso halte ich es für möglich, als Mann in den Bemühungen um Veränderung der ungleichen geschlechtsbedingten Lebensumstände fortschrittliche Beiträge zu liefern.
Wenn mann/frau über Sexismus schreibt, sollte »man« auch auf einen nichtdiskriminierenden Sprachgebrauch achten. Unsere Sprache ist voll von männlich bestimmten Begriffen: *man* sagt, *Herr*schaft, *der* Klient, *his*tory, *man*kind usw. In diesem Buch habe ich die Sprache nicht völlig neutralisiert, sondern immer wieder durch entsprechendes Sichtbarmachen (der/die Sozialarbeiter/in, die Studierenden, ihre/seine Berufswahl u.ä.) dem/der Leser(in) und mir selbst dieses Problem in Erinnerung gerufen.

Über Sexismus

Was ist Sexismus? Der bekannte Vater der talk-show, David Frost interviewte die israelische Ministerpräsidentin Golda Meir: »Vor einigen Tagen hat Ihr Präsident gesagt, daß Sie wie ein Mann denken und überhaupt der beste Mann in seinem Kabinett sind. Fühlen Sie sich nicht ein bißchen geschmeichelt?« Sie antwortete einfach mit einem Lächeln: »Ihr Männer!« Oder: »Gewidmet meiner Frau, ohne deren unermüdliche Ermunterung, Unterstützung und kritische Durchsicht des Manuskripts dieses Buch nie beendet worden wäre.« Beide Beispiele beschreiben Sexismus in mehr oder minder verschleierter Form, aber wie könnte man ihn definieren? Es wurde bereits in der Einleitung darauf hingewiesen, daß Sexismus mehr als nur die vorurteilsbeladene Diskriminierung Einzelner wegen ihres Geschlechts ist. Sexismus ist, genau wie z.B. der Rassismus gesellschaftlich institutionalisiert, so daß auch Menschen ohne Vorurteile unbewußt an sexistischen Praktiken teilhaben können. Eine vorläufige Definition könnte daher lauten: Sexismus ist die ganze Breite von Meinungen, Überzeugungen, Handeln, Gesetzen und Verhalten, wodurch Menschen wegen ihrer Geschlechtszugehörigkeit diskriminiert werden. Seit Bestehen des Patriachats sind die Opfer dieser Benachteiligung vor allem Frauen. Sexismus wäre demnach »die unbewußte, allgemein (von Männern und Frauen – d. V.) akzeptierte, nicht hinterfragte Überzeugung, daß die Welt so wie sie den männlichen Betrachter erscheint die einzig mögliche Welt sei« (*Bernard* 1971: 37).

Bei der Durchsicht der Literatur zeigt sich keine theoretisch stringente Bestimmung des Begriffs Sexismus. Zumeist wird die Parallele zum »Rassismus« hergestellt, denn der Zusammenhang springt ins Auge: »Alle Eigenschaften, die in einer christlich-patriachalischen Kultur Frauen zugeschrieben werden, dauernde sexuelle Verfügbarkeit, Kindlichkeit, geringe geistige Kräfte, aber auch reichliches Gefühlsleben und geringe Selbstdisziplin, sowie Unorginalität, sind immer wieder auf ethnische Minderheiten . . . übertragen worden« (*Janssen-Jurreit* 1976: 88). Janssen-Jurreit weist mit Recht daraufhin, daß im 19. Jahrhundert die amerikanischen Feministinnen Sklaven- und Frauenbefreiung verbanden, weil sie Sexismus und Rassismus als gleichartige Erscheinungen ansahen.

Die geschlechtsrollensoziologische Literatur untersucht unter dem »Minderheitenansatz« oft die Ähnlichkeit der Verhaltensmerkmale von rassischen Minderheiten und Frauen (letztere sind allerdings die Mehrheit!). Hierher stammen die bekannten Studien über rassistische und sexistische

Vorurteile: Zwei Gruppen von Versuchspersonen bekommen denselben Artikel eines Autors zur Beurteilung, dessen Namen einmal männlich, für die anderen weiblich (oder farbig/weiß) angegeben wird. Die Beurteilungen sind hochsignifikant positiver für das Produkt des Weißen bzw. des Mannes, denn des Farbigen bzw. der Frau; und zwar unabhängig von Hautfarbe und Geschlecht der Versuchsperson. Auch zeigt in den USA die Entwicklung der Frauenbewegung und des Kampfes der Farbigen deutliche Parallelen in Programmatik, Strategie und Organisationsformen. Dies geht bis in die Art der politischen Fraktionierung: die »radical feminists« entsprechen den »black nationalist«, der Feind sind die Männer/die Weißen, die Lösung heißt Separatismus (Frauenstaat/Farbigenstaat innerhalb der USA); die »equal righters« entsprechen den »black civil righters«, sie fordern gleichberechtigte Teilnahme an der Macht (weibliche bzw. farbige Richter etc.); die »socialist women« entsprechen der »black left«, sie addieren zur sozialistischen Programmatik den Kampf gegen Rassismus/Imperialismus bzw. Sexismus.
Schließlich ist es für die Definition von und dem politischen Kampf gegen Sexismus nützlich, eine Parallele zu ziehen zu dem aus der Rassismusforschung stammenden Begriff des institutionellen oder strukturellen Rassismus. Dadurch wird es möglich, Diskriminierungen auf Grund von Rasse oder Geschlecht auch in einer Zeit zunehmender formaler Gleichheit (Bürgerrechtsgesetze, Ehe- und Scheidungsrecht) aufzuspüren. Es gibt immer noch rassistischen bzw. sexistischen Dualismus, d.h. eine Zweiteilung des Arbeitsmarktes, obwohl es in den USA und England weitreichende Gesetze gibt, die es z.B. nicht mehr erlauben, Stellenbeschreibungen (oder auch Wohnungsangebote) rassen- oder geschlechtsspezifisch zu formulieren. Aber natürlich wurde bald klar, daß Diskriminierungen auch über »objektive« Kriterien wie etwa mangelnde Qualifikation herzustellen sind. Letztere ist aber nur Endresultat eines Zirkels von Gettoisierung, minderer Schulerziehung, fehlender politisch-gesellschaftlicher Macht und geschlechtsspezifischer Indoktrination. Der Versuch, diesen Zirkel zu durchbrechen, besteht im Konzept der »affirmative action«, einer gewissermaßen positiven Diskriminierung zugunsten von Farbigen und Frauen als zumindest zeitweiser Bevorzugung auf dem Arbeitsmarkt und im Erziehungswesen, bei Einstellung und Beförderung, Lehrlingsausbildung und Studienplatzvergabe. Nach dem »Equal Employment Opportunity Act« (Gesetz für gleichberechtigte Beschäftigungsmöglichkeiten) verlagerte sich die Definition des Begriffs Diskriminierung von »Absicht« auf »Wirkung« und konnte so den institutionellen Rassismus/Sexismus mit einbeziehen. Die staatlichen Richtlinien drohen z.B. Unternehmen Sank-

tionen an, wenn eine statistische Erhebung nachweist, daß Minoritäten und Frauen unter den Arbeitskräften nicht auf allen Ebenen in vernünftigen Proportionen zu ihrem Anteil an der Bevölkerung und am Arbeitsmarkt vertreten sind. Es ist Sache des Unternehmens zu beweisen, daß dies nicht Resultat von Diskriminierung ist.

Durch Gerichtsentscheidungen ist inzwischen erreicht: Die Aussetzung »neutraler« Einstellungskriterien, z.B. das Erfordernis eines High School Diploms, das prozentual mehr Farbige und (früher) Frauen als Weiße und Männer ausschließt; die Zahlung von Wiedergutmachung an Arbeitnehmer, die bei Einstellung oder Beförderung diskriminiert wurden; die Aufstellung von Einstellungskriterien mit Quoten und Zeittafeln für die bevorzugte Beschäftigung von Frauen und Farbigen (1976 ordnete ein Richter für die Chikagoer Polizei folgende Quoten an: 42 % schwarze Männer, 42 % weiße Männer, 10 % Frauen). Dies sind Kampfergebnisse politischen Organisationen der Schwarzen und Frauen, die hierbei auch die Gewerkschaften als Gegner hatten.

Nach wie vor zeigt sich die Diskriminierung von Rasse und Geschlecht deutlich am Arbeitsmarkt. Das Durchschnittseinkommen aller Nichtweißen betrug etwa 2/3 der Weißen; das aller Frauen ebenfalls etwa 2/3 aller Männer. Die Rangfolge der Einkünfte: Weiße Männer = 6.300 Dollar, nichtweiße Männer = 4.000 Dollar, weiße Frauen = 3.700 Dollar, nichtweiße Frauen = 2.700 Dollar (1966). Die Unterschiede haben sich heute verringert, die Reihenfolge aber ist geblieben.

Ein anderes Thema ist der Zusammenhang zwischen Klasse und Geschlecht. Hier ist die Diskussion sehr zerstritten, und es würde den Rahmen dieser Arbeit sprengen, dieser Fragestellung ausführlich nachzugehen. Einige Feministinnen behaupten, alle gesellschaftlichen Unterdrückungsmechanismen gegen Frauen erfüllen in ihrem Zusammenwirken den Tatbestand einer Quasi-Klassenzugehörigkeit aller Frauen. Auch *Engels* sprach ja in seinem Aufsatz über die Entstehung der Familie, des Privateigentums und des Staats davon, daß Frauen die erste unterdrückte Klasse der Geschichte gewesen sind. Orthodoxe Marxisten hingegen glauben auch heute noch an die Prognose im »Kommunistischen Manifest«: »Unsere Epoche, die Epoche der Bourgeoisie zeichnet sich jedoch dadurch aus, daß sie die Klassengegensätze vereinfacht hat . . . je weniger die Handarbeit Geschicklichkeit und Kraftäußerung erheischt, . . . desto mehr wird die Arbeit der Männer durch die Weiber verdrängt. Geschlechts- und Altersunterschiede haben keine gesellschaftliche Geltung mehr für die Arbeiterklasse . . . Die Interessen, die Lebenslagen innerhalb des Proletariats gleichen sich immer mehr an . . .« (Kommunistisches Manifest 1968: 27

ff). Nun zeigt die heutige kapitalistische Wirklichkeit, daß weder Alters- noch Geschlechts- noch Rassenunterschiede innerhalb der Arbeiterklasse verschwunden sind, und daß im Gegenteil ihre Aufrechterhaltung augenscheinlich gemäß des Prinzips von Teilen und Herrschen der allgemeinen Ausbeutung zugute kommt.

Es wäre an der Zeit, bei der Analyse der Arbeiterklasse über die bei allen linken und gewerkschaftlichen Positionen verbreitete »Farben- und Geschlechtsblindheit« zu dem wirklichkeitsnäheren Konzept der Überausbeutung (gemessen an der Klasse als Ganzer) im segregierten Arbeitsmarkt vorzustoßen. Dies zeigt für die Analyse des Sexismus einen fruchtbaren Weg auf. In der amerikanischen Literatur wird hierzu oft das soziologische Konzept der Kaste (caste) verwendet. Anders als Schichten innerhalb einer Klasse sind Kasten Minderheiten, die aufgrund von Äußerlichkeiten/Geburt durch die gesellschaftlich dominante Hegemonialmacht als besondere Gruppe »abgestempelt« sind, besondere soziologische Merkmale haben, eine bestimmte ökonomische Funktion in der Gesellschaft erfüllen und dazu in bestimmte Lebens- und Arbeitsreservate abgedrängt sind. Ein solcher Kastenbegriff, der Gruppen beschreibt, deren Lebenschancen in den bestehenden Machtverhältnissen aufgrund unabänderlicher natürlicher (oder als natürlich ausgegebener) Merkmale verteilt sind, kann vor allem die Lage von ethnischen Minderheiten, Frauen, aber auch besonderen Altersgruppen innerhalb der Arbeiterklasse erfassen.

Untersuchen wir nun die Situation der kastenähnlichen Gruppe arbeitender Frauen innerhalb der Lohnabhängigen (diese Arbeit beschäftigt sich ja mit Sozialarbeiterinnen) nach Kriterien wie berufliche Segregation, Einkommenshöhe und Bildungsstand über einen längeren Zeitraum und vergleichen dieses mit den entsprechenden Daten für farbige Lohnabhängige, so erhalten wir Angaben über Wandel oder Stabilität von Rassismus bzw. Sexismus und Aussagen über die These, ob der Kapitalismus Geschlechts- und Klassendifferenzierungen nivelliert oder im Gegenteil diese vorantreibt. *Szymanski* (1974) kommt hierbei zu folgendem Ergebnis: Von 1940 – 1970 hat sich die Lage der Farbigen bei allen drei Kriterien z. T. erheblich verbessert: ihr Kastenstatus lockerte sich. Anders bei den Frauen: die weiblichen Berufsreservate blieben bestehen bzw. entstanden in neuer Form, ihr Bildungsniveau stagnierte, ihre Einkommen sanken. So scheint es, daß der sexistische status quo der Frauen (hier als Lohnabhängige) unverändert blieb, und es stellt sich die Frage, ob der Grund hierfür die unveränderte Profitabilität eines geschlechtssegregierten Arbeitsmarktes und Arbeitsvermögens für das Kapital, während die Anhebung der Farbigenlohnarbeit ihrer Funktion als Lohndruck auf die weiße Arbeitskraft geschuldet ist.

Wir wollen diese Überlegung, welche Verwertungsfunktion, welche mögliche »Produktivkraft« Sexismus in der kapitalistischen Gesellschaft darstellt, als eine wichtige Herangehensweise zur Analyse dieses Begriffs weiter verfolgen. Dies ermöglicht uns das Auseinanderhalten von Erscheinungsformen des Sexismus (Verhalten, Einstellungen) und seinen Ursachen und läßt uns zum Ort der Produktion wie Reproduktion des Sexismus vordringen.

Der marxistische Untersuchungsansatz greift diese Fragestellung in dieser Weise auf, kommt aber z. T. zu unterschiedlichen Aussagen. Zunächst werden idealistische und biologistische Erklärungen abgelehnt, und es besteht Übereinstimmung, daß der Kapitalismus nicht die einzige Gesellschaftsformation ist, die Sexismus hervorbringt; alle Klassengesellschaften produzieren ihn. Jedoch sind die Gründe und Manifestationen des Sexismus jeweils historisch spezifisch. Sexismus und Frauenunterdrückung in der Sklavenhaltergesellschaft oder dem Feudalismus sind anders geartet als im Kapitalismus. Für *Engels* war die materielle Grundlage der Frauenunterdrückung in der frühen Gesellschaft das männliche Privateigentum an Produktionsmitteln und dessen Vererbung. Männer hatten also die Machtmittel (Produktionsmittelbesitz), sowie ein Motiv (Vererbung auf die Söhne) zur Frauenunterdrückung. Im entwickelten Kapitalismus entfallen Druckmittel und Motiv: 90 % aller Männer/Väter sind produktionsmittellos. *Marx* und *Engels* prognostizieren diese Entwicklung und vermuten deshalb die Nivellierung geschlechtlicher u.ä. Merkmale. Aber der Sexismus besteht heute weiter. Und trotz der zunehmenden Auflösungserscheinungen der Kleinfamilie lokalisiert ein Großteil marxistischer (und feministischer) Literatur die Quelle des Sexismus weiterhin in ihr: Die Logik des kapitalistischen Systems (letztendlicher objektiver Grund für Sexismus) erfüllt sich durch die Familie als der gesellschaftlichen »Ideologiefabrik« (*W. Reich*). Der hier produzierte Sexismus nützt dem System auf verschiedenste Weise:

1. durch die unbezahlte weibliche Haus- und Erziehungsarbeit, die die Reproduktionskosten der Ware Arbeitskraft niedrig halten,
2. Sexismus motiviert die männliche Arbeitskraft, ihr Ausgebeutetsein durch Verfügung über weibliche Sexualität zu kompensieren und so eher hinzunehmen,
3. Sexismus wirkt als soziales Sicherheitsventil, um gelegentlich als Familienoberhaupt Druck gegenüber Frau (und Kinder) abzulassen,

4. die sexistische Ideologie, von den Frauen verinnerlicht (über familiale Sozialisation, Massenmedien etc.) schafft dem Kapital eine passive, marginale, unterbezahlte Reservearmee.

Sicherlich sind dieses Faktoren, die Sexismus immer wieder reproduzieren, aber sind sie im heutigen Kapitalismus noch die primären Ursachen des Sexismus? Und ist die Familie noch dessen primärer Reproduktionsort? Einige Autoren verneinen das. Innerhalb der Kleinfamilie hat der Mann vor allem die Mittel zur Durchsetzung von Sexismus wegen der zunehmend großen Zahl lohnarbeitender Ehefrauen verloren; der Reproduktionsort des Sexismus ist von der Familie in die Produktion selbst gewandert und quasi »sozialisiert« worden (vgl. *Szymanski* 1976). Wenn diese Reproduktionskosten der Familie nur noch mit Hilfe des Frauenlohns aufzubringen sind, ändert sich grundsätzlich etwas an der familialen Geschlechterstellung. Die Mittel zur Durchsetzung von Sexismus durch den Mann werden in dem Maße tendenziell schwächer, wie Frauen ökonomisch unabhängiger werden (als mitverdienende Ehefrau und berufstätige Alleinstehende). Dies kann durchaus bedeuten, daß »man« sich dieser objektiven Tendenz entgegenstemmt, daß »man« seine Ehefrau noch stärker als früher mißhandelt. Aber die Manifestationen von Sexismus dürfen nicht mit ihren Ursachen verwechselt werden. Frauen werden heute weniger als unbezahlte Hausfrauen/Mütter, sondern mehr als billige Lohnarbeitskräfte ausgebeutet, wobei die Verquickung von Weiblichkeit/Mütterlichkeit mit Lohnarbeit die profitabelste Quelle ist und in der überwiegend von Frauen geleisteten Sozialarbeit als bezahlter Beziehungsarbeit seinen typischen Ausdruck findet.

Die weibliche Lohnarbeit hat relativ und absolut zugenommen, vor allem bei Müttern (sogar mit kleinen Kindern), ebenso die Länge, Kontinuität und Vollzeitbeschäftigung. Der bekannten These von der Marginalität und Reservearmeefunktion arbeitender Frauen lassen sich in der Tat gewichtige Fakten ihrer stärkeren Integration in die Arbeitsbevölkerung entgegenhalten. Es stimmt zwar, daß in Zeiten konjunktureller Arbeitslosigkeit Frauen eine überdurchschnittliche Arbeitslosenquote haben und eine Propagandakampagne angelaufen ist, Frauen zwecks Entlastung des Arbeitsmarktes wieder an den heimischen Herd zu schicken, aber dies bewirkt lediglich ein zeitliches Schwanken der Frauenarbeit. Außerdem ist die heutige Beschäftigungsnotlage eher strukturell und durch Rationalisierungsschübe bedingt, und diese Ursachen treffen Männer und Frauen unterschiedlos (Strukturkrisen im Schiffbau = Männerarbeit wie in der Textilindustrie = Frauenarbeit, technologisch bedingte Arbeitslosigkeit für Männer im Druckgewerbe, für Frauen durch EDV im Büro). Die Diskriminierung von Frauen besteht also weniger im Ausschluß vom Arbeitsmarkt, als vielmehr in der besonderen Art der Ausbeutung ihrer spezifischen Arbeitskraft, und zwar heute in ihrer Form als Lohnarbeit: geschlechtssegregierter Arbeitsmarkt (vgl. *Beck-Gernsheim* 1976, *Sullerot* 1972) und zunehmend geringere Entlohnung (vollzeitbeschäftigte Frauen in den USA verdienten 1939 = 72 %, 1959 = 59 %, 1973 = 57 % des männlichen Einkommens). Der Kapitalismus braucht Frauen also in spezifischen Arbeitsgebieten, und er benutzt und verstärkt die schon in früheren Gesellschaftsformationen geprägten geschlechtsspezifischen Persönlichkeitsstrukturen, um die Geschlechter in solche Arbeitsbereiche zu schleusen, für die diese gesellschaftlich produzierten Unterschiede funktional für die Maximierung der Arbeitsproduktivität sind. Wie dies genau abläuft, d.h. wie die Gesellschaft den besonderen Charakter des weiblichen Arbeitsvermögens beruflich funktionalisiert, soll nun am Beispiel der sozialen Arbeit näher beschrieben werden.

1. Geschichtliche Entwicklung der Sozialarbeit und Sozialpädagogik als eines Frauenberufs

Seit Jahren ist viel Energie in die kritische Aufarbeitung der Geschichte der sozialen Arbeit vom polit-ökonomischen Ansatz her investiert worden, so für Deutschland z. B. *Ahlheim* u. a. 1971 und für die USA *Piven/Cloward* 1977. Kaum erwähnenswert schien den Autoren die Tatsache zu sein, daß sie die Geschichte eines Frauenberufs beschrieben. »Daß soziale Tätigkeit eine typisch weibliche, Sozialarbeit ein traditionell weiblicher Beruf ist, wird in der Literatur zur Sozialarbeit (und gibt sie sich noch so kritisch) zwar nicht negiert, aber niemals reflektiert« (*K. Walser* 1974: 5).
Auch die deutsche Literatur zu dem breiteren Problemkreis: Altruismus und helfende Berufe (z.B. *Schmidbauer* 1977, *H. E. Richter* 1976) erwähnt in ihren Untersuchungen zur Verberuflichung des helfenden Handelns nie den Zusammenhang zur sozialen Frauenrolle (vgl. *Dießenbacher* 1979). Das ist in der englischsprachigen Literatur anders. Die Altruismusforschung erfuhr ab 1960 einen starken Aufschwung. *Woodroofe* (1962) und *Lubove* (1965) untersuchten die Geschichte des Altruismus in der Sozialarbeit und beschrieben sie auch unter dem Aspekt des Frauenberufs. Aber auch für Deutschland sind die Fakten durchaus bekannt. Die ersten Ausbildungsstätten in der Sozialarbeit wurden als Frauenschulen gegründet. In der frühesten Wurzel der sozialen Arbeit, der kirchlichen freiwilligen Mildtätigkeit, fanden sich vornehmlich die Frauen der höheren Stände. Auch die Mitarbeiter in den sonstigen privaten Trägern sind überwiegend weiblich. Die Leitung all dieser Institutionen ist jedoch prinzipiell männlich. Der einzige Beruf früher männlicher Sozialarbeit beginnt in Deutschland mit dem Elberfelder System (ab 1852), als die Kommunen Männer als öffentliche Armenpfleger beschäftigten. Frauen waren ausgeschlossen, weil der Amtsinhaber die Wahlberechtigung besitzen mußte. Zu jeder Zeit und bis heute waren die weiblichen Berufsausübenden zahlenmäßig im Übergewicht. In der Fremdeinschätzung wurde und wird der soziale Beruf als Frauenberuf assoziiert (vgl. *Skiba* 1969: 151 ff). Auch sind die Fragen der Mildtätigkeit, freiwilligen Sozialarbeit, Ideologie der Hilfe, Dominanz der Einzelfallhilfe, Schwierigkeiten im Prozeß der Professionalisierung und sozialen Anerkennung des Berufs, generelle Unterbezahlung und Fehlen eines Lohnarbeitsbewußtseins der Berufsträger als wichtige Merkmale der sozialen Arbeit benannt worden. Dennoch wollte niemandem der Zusammenhang dieser Probleme mit der Tatsache des Frauenberufs auffallen: Mildtätigkeit, freiwillige, unbezahlte Arbeit, Hilfe, Wärme, Schutz sind

der Kern traditioneller Weiblichkeit, Einzelfallhilfe ist die tägliche Beschäftigung der Hausfrau in einer sich zunehmend fragmentierenden Familienstruktur. »Sozialarbeiterische Tätigkeiten für Frauen können als Fortsetzung von Geschlechtsrollen verstanden werden, die von Normen abgeleitet sind, die das Verhalten der Ehefrau und Mutter bestimmen« (*Wilensky/Lebeaux* 1965, S. 322) [1].
Bei der Durchsicht deutscher Literatur bin ich lediglich auf zwei längere unveröffentlichte Arbeiten gestoßen, die das Thema der Sozialarbeit als Frauenberuf aufgreifen: *Walser* (Diplomarbeit 1974) und *Kickbuch* (Promotionsvorhaben). In den entsprechenden Zeitschriften sind 1976 und dann ab 1978 einige wenige Artikel dazu erschienen. *Walser* bietet auch eine Erklärung für die Vernachlässigung dieses Themas an. Zum einen gilt seit der Schrift von *Helge Peters*, Moderne Fürsorge und ihre Legitimation (1968) unangefochten dessen These, daß ein Zusammenhang zwischen Frauenrolle und Sozialarbeit nicht besteht. Zwar habe die bürgerliche Frauenbewegung das Berufsfeld der Armenpflege faktisch zu einer Frauentätigkeit professionalisiert, jedoch lediglich aus taktischen Gründen; der Beweis weiblicher fachlicher Berufskompetenz sollte dem Ziel der Erringung des Wahlrechts für Frauen dienen. Diese These wurde seither von der gesamten (auch kritischen) Literatur zur Geschichte der Sozialarbeit übernommen. Zum anderen vermerken die wenigen Studien zur Berufsmotivation und dem Selbstbild der Berufsträger(innen) zwar das oft genannte caritative Helferbewußtsein, aber es folgen keine Gedanken dazu. Dabei wäre die Kenntnis dieses Zusammenhanges durchaus auch für die Beantwortung der Frage wichtig, wie sich die analytisch bestimmbaren objektiven Funktionen von Sozialarbeit als Berufshandeln durchsetzen. Bei der kritischen Literatur » . . . ist auffallend, daß, wenn überhaupt die Lage der Berufsträger thematisiert wird, es immer nur um deren objektive Funktion oder abstrakt um deren Klassenlage als Kleinbürger . . . geht« (*Walser* 1976: 3). Eine solche objektivistische Theoriebildung kann natürlich keine Aussagen darüber machen »warum und wie die Ideologie der Caritas, deren Entstehung und Funktion aus der im Kapitalismus notwendigen Knappheit finanzieller Mittel im unproduktiven Bereich der Sozialarbeit zu erklären ist, so widerstandslos von den Betroffenen übernommen wird und ihr Handeln bestimmt bzw. emanzipatorisches Handeln hemmt. Wie also ist der Berufsträger beschaffen, daß er in diesem System von Sozialarbeit funktioniert?« (*Walser* 1976: 4). Im folgenden wird versucht, den bisher unterbelichteten Aspekt der Geschichte der Sozialarbeit als

1 Alle Zitate, die im Original englisch sind, wurden von mir ins Deutsche übersetzt.

einer Frauenprofession herauszuarbeiten und damit gleichzeitig die für die Analyse des heutigen Sexismus in diesem Beruf unerläßlichen historischen Zusammenhänge aufzuzeigen. Dazu soll zuerst kurz die Entwicklung des beruflichen Status der Frau in anderen vergleichbaren Professionen erkundet werden. Zeigen sich dabei die gleichen Trends, so läßt sich zumindest vermuten, daß Sexismus im Sozialarbeiterberuf nicht ein lediglich dort anzutreffender spezieller Zustand ist.

1.1. Lage der Frauen in den »professions« [1] und in den Frauenberufen – über die Geschlechtsstrukturierung von Berufen

In einer statistischen Analyse über den Anteil der Frauen in den 24 wichtigsten professions während des letzten Jahrhunderts in den USA lautet das Ergebnis: »Der Anteil der Frauen an den Erwerbstätigen hat über Jahrzehnte hinweg stetig zugenommen. Jedoch erreichte der Frauenanteil in den professions – die bezüglich der Qualifikationserforderungen und des Einkommens die oberen Plätze auf der Karriereleiter einnehmen – bereits 1930 seinen Höhepunkt und sank danach ab.« (*Blitz* 1974: 34). Waren 1930 44,1 % aller professionals Frauen (bei einem Anteil von 22,1 % Frauen an allen damals Beschäftigten), so waren es 1960 nur noch 38,1 % (bei einem Frauenanteil an allen Beschäftigten von 32,7 %). Dies erklärt sich zum Teil aus der Tatsache, daß im gleichen Zeitraum (1870–1970) eine Verschiebung der Berufsstruktur hin zu stärkerem Wachstum der professions mit überwiegend männlichen Beschäftigten stattfand. Als typische Frauenberufe erscheinen Sozialarbeit, Krankenpflege, Bibliothekarswesen und Volksschullehrer. Sie repräsentieren alle um 1870 mindestens 60 % Frauenanteil, aber außer bei dem weitersteigenden Frauenanteil in der Krankenpflege wächst auch bei den traditionellen Frauenberufen der männliche Beschäftigungsanteil ab etwa 1920. Sicher bedingt sich der Frauenanteil gerade in den professions aus dem Qualifikationsniveau. Aber auch hier zeigt sich das gleiche Bild: 1920–30 war der Höhepunkt des Anteils der Frauen in der akademischen Ausbildung. Zwischen 1930 und 1970 wächst der Frauenanteil an allen akademischen Graden nur noch von 39,5 % (1960 = 34,2 %) auf 40,4 %, jedoch resultierte das Wachstum aus

1 In der amerikanischen Literatur wird der Begriff »professional« in Abgrenzung zu »manual«, »technicial« und »managerial« benutzt. Im allgemeinen sind die »professionals« Richter, Ärzte und Lehrer aller Art und auch Sozialarbeiter. Der Begriff hat keine präzise deutsche Wiedergabe, er wird im folgenden daher englisch verwendet.

der Zunahme des niedrigsten akademischen Grades, des B.A. [1], wohingegen ihr Anteil am M.A. und PhD seit 1930 fällt. Wir sehen also, daß die Zeit von 1920–30 in bezug auf Ausbildungshöhe und akademische Berufskarriere für die Frauen das Optimum gewesen ist und man vermuten kann, » . . . daß die Periode von 1920–30 eine des grundlegenden Fortschritts in der Emanzipierung gewesen ist, weil diese aggressiv verfolgt wurde« (*Blitz* 1974: 38).

Bei der Untersuchung wird klar, daß die professions in ihren Tätigkeitsmerkmalen, ihrem Kodex professionellen Verhaltens, in der geschlechtsmäßigen Zusammensetzung der Beschäftigten, dem sozialen Status und auch in der Entlohnung immer noch geschlechtsspezifisch definiert sind. Analysieren wir die Konsequenzen dieses Tatbestandes, so werden wir schon auf vielerlei stoßen, was sich in der Darstellung des Sexismus in dem speziellen Fall der Sozialarbeit konkretisiert. Geschlechtstypisierung im Beruf betrifft Männer wie Frauen, jedoch verschieden. Während Minoritäten weiblicher Beschäftigter in männlich dominierten Berufen in den gering entlohnten Tätigkeitsbereichen verbleiben, zeigen männliche Minderheiten in Frauenberufen meist große berufliche Mobilität nach oben. Dies wird für die Sozialarbeit im nächsten Kapitel nachgewiesen.

Alle heutigen Gesellschaften definieren ihre Berufsstruktur mehr oder minder stark geschlechtsspezifisch, wenn auch in unterschiedlicher und wandelbarer Weise. Ist Medizin in den kapitalistischen Ländern ein männlicher Beruf, so wird er z.B. in der UdSSR als ein weiblicher (75 % Frauenanteil) angesehen.

Die Öffnung zu größerer Chancengleichheit in der Ausbildung für Frauen hat die Geschlechtstypisierung der Berufsstruktur kaum abgebaut, selbst dort, wo Frauen in bis dahin männliche Berufe eindringen, entstehen wiederum geschlechtsspezifisch abgegrenzte Sonderarbeitsgebiete. »Männer rangieren vorn in der Wertigkeit der Geschlechter, und sie bekommen die erstrangigen Jobs. Geschlechtstypisierung spiegelt unterschiedliche Ge-

1 Die Bewertung und Einordnung der angloamerikanischen Ausbildungsabschlüsse in Sozialarbeit im Vergleich zu den deutschen ist schwierig. Oberflächlich gesehen, ließe sich der Collegeabschluß BSW (Bachelor of social work; 3 Jahre) mit dem Fachhochschulabschluß für Sozialarbeit/Sozialpädagogik vergleichen. Der MSW-Abschuß (Master of social work) setzt den Bachelorabschluß (aber in fast jeder beliebigen Fachrichtung) voraus und umfaßt danach ein zweijähriges Studium mit hohem Praxisanteil an einer Universität. Der MSW-Abschluß wäre nur in etwa dem deutschen Diplom in Sozialpädagogik vergleichbar, wenn man davon ausgeht, daß ein graduierter Sozialarbeiter/Sozialpädagoge von der Fachhochschule im Universitätsstudiengang Diplom-Sozialpädagogik als Vordiplomand in das 3. oder 4. Semester aufgenommen wird. Nach Abschluß hat er/sie dann allerdings mindestens 4–5 Jahre Sozialarbeit/Sozialpädagogik studiert, während der/die MSW-Absolvent(in) z. B. 3 Jahre Geographie und 2 Jahre Sozialarbeit studierte. Zum Aufbau und einigen Problemen der amerikanischen Sozialarbeiterausbildung vgl. *Leube, K.*, 1977.

schlechtsrangigkeit wider« (*Epstein* 1971: 162, dort weitere Beispiele für Medizin und Recht). Für die Sozialarbeit werden wir eine rigide Reservierung der klientenbezogenen, niedrig entlohnten Arbeit für Frauen und die bürokratisch – administrativ – planende höherbezahlte Arbeit für Männer nachweisen können.

Wie kommt es zu dieser feststellbaren geschlechtsspezifischen Zuweisung von und innerhalb von Berufen? Weil bestimmte Tätigkeiten als weiblich gelten, treten Frauen in solche Berufe ein, und weil in bestimmten Berufen überwiegend Frauen beschäftigt sind, werden sie als feminin angesehen. Eine self-fulfilling prophecy und ein Teufelskreis; es muß ein verursachendes Element geben, Faktoren, die Frauen und Männer auch tatsächlich funktionabel und qualifiziert für den geschlechtsspezifisch geteilten Arbeitsmarkt machen i.d.S., daß ihre Aspirationen und Verhaltensmerkmale solchen Anforderungen entsprechen. Die Geschlechtsrollen- und Arbeitssoziologie geben hierauf einige Antworten, wenn wir ihre Ergebnisse auf die Frage hin koordinieren, wie sich die geltende Geschlechtsrollensozialisierung in geschlechtsunterschiedliches berufliches Verhalten hinsichtlich Erfolgsmotivation, beruflicher Mobilität, Karrierevorbereitung und Berufsplanung umsetzt. Hierzu zeigt die Literaturübersicht (*Hochschild* 1973) folgende kürzestgefaßte Ergebnisse zur Frage der Geschlechtsunterschiede. Die populären Sexualstereotypen, die Frauen als mütterlich – sorgend, expressiv und passiv, Männer hingegen als instrumental, aktiv und aggresiv sehen, werden durch die Forschung bestätigt (dabei ist zu beachten, daß diese Merkmale gesellschaftlich produziert sind und daß sie für beide Geschlechter erheblich überlappen). Die wissenschaftlichen Ergebnisse über Geschlechtsrollensozialisation leiden unter den Problemen ihres strukturell-funktionalistischen Ansatzes. Sie untersuchen meist die Bedingungen stabiler, d.h. traditioneller Geschlechtsrollen innerhalb der Familie. Für den Zusammenhang zum beruflichen Handeln sind die Forschungen über die besonderen Belastungen durch die weibliche Doppelrolle in Familie und Beruf wichtig, die zu dem Postulat der Erfolgsangst von Frauen im Beruf (*Horner* 1968) führten. Frauen vermeiden berufliche Karrieren mit Rücksicht auf die traditionelle Definition von Weiblichkeit und ihrer Stellung in der Familie. Die Arbeitssoziologie zeigt auf, in welcher Weise Frauen ihrer beruflichen Rolle weniger Wichtigkeit zuschreiben und spätere berufliche Karrieren wegen Heirat, Kindern und den Werthaltungen ihrer Ehemänner und Arbeitsgeber aufgeben, ihre Berufsaspirationen nach der Ehe absinken, während sie bei Männern steigen, Frauen ihre berufliche Tätigkeit weniger planen und weniger berufliche Durchsetzungskraft zeigen. Es ist unschwer erkennbar, wie ein solches berufliches Verhalten der

ansozialisierten weiblichen Geschlechtsrolle entspricht und auf dem Arbeitsmarkt durch Unterbezahlung, Nichtbeförderung und soziale Abwertung bestraft wird.
Auf dem Hintergrund dieser Zusammenhänge können wir nun weitere Aussagen über die professionellen Frauenberufe machen, und zwar über das Verhältnis von männlichen und weiblichen Beschäftigten in ihnen, sowie über deren allgemeine Merkmale. Diese Berufe sind in der amerikanischen Literatur als »weibliche Halbprofessionen« (female semi-professions) beschrieben und das in ihnen beobachtbare Hängenbleiben der vollen Professionalisierung ist als ein Ergebnis ihrer Feminisierung erklärt worden (*Etzioni* 1969). Folgende Begründungen für diese These werden aufgeführt: Frauen wählen Berufe mit femininen Tätigkeiten, wie z.B. Sozialarbeit, Krankenpflege, Vorschul- und Grundschulunterricht.
Alle diese Berufe sind helfend – betreuende Dienstleistungsberufe, um die Rollendiskrepanz zwischen Hausfrau und Mutter und Berufstätigkeit zu minimieren. Während Männer ihren Beruf als Karriere sehen, bilden Frauen lediglich ein Jobbewußtsein aus, haben keine intrinsische Berufsmotivation. Die Doppelrolle für verheiratete Frauen führt immer wieder zur Diskontinuität. Heirat, Kinder, Arbeitsplatzwechsel des Ehemanns führen oft zu Teilzeitbeschäftigung. Zusammen mit dem Argument niedrigerer Ausbildung/Qualifikation werden diese Gründe als Erklärung für die beruflichen Benachteiligungen und Minderbezahlung angeführt. Diskriminierung im Beruf wird damit auf die bedauernswerte Tatsache der weiblichen Doppelrolle und leider immer noch zu rigiden Geschlechtsrollensozialisation zurückgeführt. Das Problem scheint dadurch entschärft, denn wenigstens am Arbeitsmarkt selbst würde geschlechtsneutral nach Qualifikation und Leistung entlohnt und befördert. Das ist ein Irrtum. Im zweiten Teil dieser Arbeit kann für die Sozialarbeit nachgewiesen werden, daß Gehälter unterschiedlich bleiben, auch wenn die obengenannten Faktoren statistisch kontrolliert sind. Richtig ist hingegen, daß solche Verhaltensweisen die Frauenprofessionen tief geprägt haben. Diese Halbprofessionen sind viel stärkerer bürokratisierter Kontrolle von außen ausgesetzt als die anerkannten vollprofessionellen Berufe, wie z.B. Medizin und Recht, welche eine höhere, gesellschaftlich anerkannte professionelle Autorität besitzen und deshalb auch mehr berufliche Autonomie. Die Hierarchisierung ist besonders stark in der Sozialarbeit mit dem einzigartigen Kontrollinstrument Supervision, sowie der Trennung in die minderbezahlte Klientenarbeit im Außendienst, die Supervision und dem bürokratisch-administrativen Innendienst. Diese Prestigeskala und Karriereleiter »fördert die Betonung von Vorschriften und hierarchisch-gestaffelter Ver-

antwortlichkeit« (*Etzioni*: 197). In allen Halbprofessionen spiegeln sich diese Strukturen geschlechtsspezifisch wider: die männliche Minderheit der Beschäftigten nimmt die administrativ-kontrollierenden-planenden, klientenfernen, besser entlohnten Positionen ein. Als Hemmnisse für eine volle Professionalisierung werden weiter genannt: »Humanitäre Motive sind ungenügend, um starke berufliche Bindung zu erzeugen« (*Etzioni:* 203). Es ist ein Allgemeinplatz, daß die Sozialarbeiter(innen) eher für die Interessen ihrer Klienten kämpfen als für die eigenen materiell-beruflichen. Krankenschwestern dienen männlichen Ärzten und die meisten Sozialarbeiter(innen) arbeiten als Anwender von Gesetzen und Gerichtsbeschlüssen oder als Zulieferer von Psychologen oder Pädagogen. Die Sozialarbeiterin in der Sozialhilfe ist eher eine Verwaltungsgehilfin zur Errechnung von Wohngeld als ein professional. Schließlich verhindert auch die relativ hohe Beschäftigungsfluktation die Ausbildung eines starken professionellen corp d'esprit als einem Bollwerk gegen bürokratische Kontrolle von außerhalb des Berufsstands: »Beschäftigungsflukutation vermindert die kollegiale Solidarität, die die berufliche Autonomie schützen könnte. Wenn niemand länger bleibt, werden die Beschäftigten zersplittert bleiben« (*Etzioni*, S. 245).

Wenn wir die Merkmale beruflichen Handelns sichten, die als professionell, nicht- oder halbprofessionell aufgeführt wurden, so fällt die Parallele mit männlichen/weiblichen Eigenschaften auf. Ich möchte dies in der These formulieren, daß der Prozeß zunehmender Professionalisierung als ein Vermännlichungsprozeß gedeutet werden kann.

Alle genannten weiblichen Halbprofessionen sind jedoch in der Entwicklung zur Vollprofession begriffen. Die Sozialarbeit in den USA ist heute als Profession anerkannt. Wenn die These der Vermännlichung richtig ist, muß sich quantitativ eine absolute und relative Zunahme männlicher Beschäftigter nachweisen lassen. Wenn die These vom herrschenden Sexismus im Beruf richtig ist, werden wir diese Zunahme in den materiell und prestigemäßig privilegierten Positionen innerhalb der Berufe aufzeigen können. Es ist wichtig darauf hinzuweisen, daß im folgenden der quantitative Aspekt der beiden Thesen untersucht wird.

In einer Studie über Geschlechtsrollen und Arbeitsmarktstruktur kommen die Autoren zu dem Ergebnis, »daß die relative Zahl der in ,weiblichen' Berufsfeldern beschäftigten Männer zugenommen hat und daß Männer in den administrativen Bereichen der weiblichen Halbprofessionen überrepräsentiert sind« (*Grimm/Stern* 1974: 690). Als weiblich wird ein Beruf dann definiert, wenn der prozentuale Frauenanteil in ihm höher als ihr Anteil an allen Erwerbstätigen ist (*Oppenheimer* 1970: 66). Die Zahl der männlichen

Sozialarbeiter stieg von 1930 = 32 % (1950 = 34 %) auf 1968 = 43,4 %, jedoch wuchs die Zahl männlicher Sozialarbeiter in administrativ-leitenden Positionen von 1950 = 39,9 % auf 1968 = 57,7 %. Die männliche Minderheit war also schon früher in den gehobenen Positionen überrepräsentiert, und mit ihrer wachsenden Zahl baut sie diese Stellung noch weiter aus. Dasselbe Ergebnis zeigt sich bei Krankenschwestern und Bibliothekarinnen:

Tabelle 1: Intraberufliche Differenzierung nach Geschlecht für ausgewählte »Halbprofessionen«, USA:

Beruf	1930	1950	1962	1966	1968
Krankenpflege					
Anzahl d. Männer in %			0,91	1,10	
Anzahl d. Männer in d. Verwaltung in %			41,8	15,7	
Bibliothekare					
Anzahl d. Männer in %	ca. 9	ca. 11			36,5
Anzahl d. Männer in d. Verwaltung in %					69,5
Sozialarbeit					
Anzahl d. Männer in %	32,0	34,0			43,4
Anzahl d. Männer in d. Verwaltung in %		39,9			57,7

Quelle: *Grimm/Stern* 1974, Tab. 1, S. 697

»Wo Männer eine Minderheit unter den Beschäftigten eines Berufs darstellen, scheinen sie eine bessere Chance für Vorankommen und Aufstiegsmobilität zu haben« (*Epstein* 1971: 152). Praktisch bedeutet die wachsende Zahl von Männern in traditionell weiblichen Berufen, daß diese stärker geplant, verwaltet und durch Supervision kontrolliert werden, und zwar (außer der Supervision) von Männern. Eine gewisse Ironie dieses Geschehens liegt darin, daß gerade die Sozialarbeit sich für die Rekrutierung von mehr männlichen Kollegen stark gemacht hat, um den Beruf aufzuwerten, also die Professionalisierung und dadurch auch die Entlohnung voranzutreiben (*Wilensky* 1964).

1.2. Frauenrolle und Sozialarbeit – zur Geschichte der Sozialarbeit als weiblichem Beruf

». . . daß die Geschichte der Sozialarbeit bis heute zu einem wesentlichen Teil durch den in der gegenwärtigen Gesellschaft strukturellen Zusammen-

hang von Frauenrolle und Sozialberufen geprägt ist« (*K. Walser* 1976: 3), ist auch die These dieses Kapitels.
Die inzwischen vorangetriebene polit-ökonomische Analyse der objektiven Funktionen der Sozialarbeit hat dort eine Schwachstelle, wo sie deren ständige Reproduktion im beruflichen Handeln der Subjekte nicht untersucht. Immerhin tritt nicht die Sozialarbeit dem Klienten gegenüber, sondern die Sozialarbeiterin X, die auf dem Hindergrund ihrer klassenspezifischen, beruflichen wie eben auch weiblichen Sozialisation die uns analytisch bekannten objektiven Funktionen wahrnimmt. Und die klassenanalytische Bestimmung der Sozialarbeiter als Kleinbürger, soziale Aufsteiger oder Intelligenz erklärt vielleicht die klassenkontrollierende Funktion der Sozialarbeit. Den caritativen und gesellschaftliches Leiden individualisierenden, also den ideologischen Charakter der Sozialarbeit erschließt hingegen erst die Erkundung des historischen Zusammenhangs des Sozialcharakters der Frau mit den sozialen Berufen.
Lag das bisherige Schwergewicht der Analyse auf der Ideologiekritik, die erklärte, wie und warum die soziale Arbeit dem Klienten als Kontrollinstanz gegenübertritt, so ist es an der Zeit zu ergründen, warum die Sozialarbeit als soziales Befriedigungsinstrument im wesentlichen funktioniert. Deshalb kommt es darauf an, den realen Schein der Sozialarbeit als individuelles Hilfsangebot ernsthaft zu untersuchen. Dies hat der materialistisch orientierte Ansatz lange verweigert und daher nie den Zusammenhang von Frauenrolle und Sozialarbeit für interpretationswürdig gehalten: »In der freiwilligen . . . insbesondere von Frauen des Bürgertums geleisteten ‚sozialen Hilfsarbeit' (*A. Salomon*) wird der von klassenharmonischen Vorstellungen geleitete Anspruch der ‚persönlichen Hilfe' entwickelt, der Elemente des aufklärerischen Erziehungsideals, der christlichen Sozialethik und vorkapitalistischen Gemeinschaftsdenkens enthält. Dieser Anspruch ist tendenziell gegen die Versachlichung gesellschaftlicher Verhältnisse gerichtet, jedoch verhindert die nur stoffliche Bestimmung der ‚sozialen Arbeit' die Erkenntnis ihrer Funktion . . .« (*Landwehr* 1972: 100–101). Dieses Zitat ist ein typisches Beispiel wie »man« durchaus Aussagen zur Sozialarbeit als Frauenberuf macht, um sie dann sofort wieder zu vergessen. Wenn im Kapitalismus alle Waren einen Doppelcharakter besitzen, nämlich Träger von Tausch- und Gebrauchswert sind, dann gilt das auch für soziale Dienstleistungen. Daß Sozialarbeit funktioniert, verdankt sie besonders ihrer stofflichen Seite, und die besteht in ihrem Gebrauchswertversprechen, also Hilfe, Wärme, menschlicher Kontakt, das von Frauen freiwillig oder unterbezahlt angeboten wird.
Man kann in der Geschichte der Sozialarbeit in diesem Zusammenhang

auch den Prozeß beobachten, daß der Tauschwertcharakter, d.h. die reine Geldleistung ständig zunimmt (z.B. im Sozialversicherungsprinzip). Und es ist kein Zufall, daß in diesem Bereich überwiegend Männer arbeiten, wohingegen die Tätigkeit der Sozialarbeiterinnen vor allem Beziehungsarbeit ist, ein Bereich, der sich nicht völlig »durchkapitalisieren« läßt. *Negt/Kluge* schreiben: »In der (weiblichen Beziehungsarbeit – d. V.) . . . erhalten sich Rudimente einer vorindustriellen, auf Bedürfnis und Befriedigung durch reale Gebrauchswerte beruhende Produktionsweisen« (1973: 50). Und *Kickbusch* fügt hinzu: »Die menschliche Natur als Grundsubstanz der menschlichen Arbeitskraft bedarf selbst erst der Bearbeitung. Sie verlangt Qualitäten, die sich den Gesetzen der kapitalistischen Logik entziehen: Persönliche Beziehung zum Arbeitsprodukt, Einfühlungsvermögen, einen anderen Zeitbegriff, eine nur auf der Wertebene meßbare Rationalität« (1977: 15 f).

Es geht hier nicht darum, einer antiindustriellen Idylle von der ganzheitlichen und nicht entfremdeten Hausarbeit im Vorkapitalismus das Wort zu reden. Die polit-ökonomischen Begriffe Tausch- und Gebrauchswert oder produktive und unproduktive Arbeit sind zunächst keine moralisch-wertenden Begriffe. So wenig die unproduktive Arbeit etwa gesellschaftlich unwichtig ist, so wenig darf die vorkapitalistische Produktionsweise romantisch verklärt werden. In ihr litten die Menschen vorrangig unter Hunger und Elend. Und auch nichtentfremdete Arbeit, sei es in Gesellschaftsformationen mit gebrauchswertorientierter Produktion oder in »alternativen Nischen« heute ist nicht identisch mit dem Zustand allgemeiner Lustbefriedigung. Schließlich bringt auch die stärkere Gebrauchswertorientiertheit traditioneller Frauentätigkeit und der sozialen Arbeit für die Frauen selber zwiespältige Resultate: einerseits die Möglichkeit emotionaler und ökonomischer Ausbeutung, aber auch emotionale Versorgungsmacht.

Studentinnen und Studenten wird heute im Verlauf eines fortschrittlichen Sozialarbeiterstudiums der objektiv verschleiernde Charakter caritativer Berufsmotivationen klargelegt. Dieser Pflichtübung der beruflichen Desillusionierung wird von den Studierenden, die nach wie vor in großer Zahl aus dem Wunsch, Menschen zu helfen, das Studium aufnehmen (vgl. *Belardi* 1978), Widerstand entgegengesetzt, der sich kaum noch direkt äußern mag und sich daher in vielerlei Formen verwandelt, denn er bleibt unverarbeitet: Studienabbruch, Motivationsabfall, Resignation. Es gelingt oft nicht, diese durch einen intellektuellen Erkenntnisprozeß entstandenen Frustrationen in ein politisch bewußtes und deshalb realistischeres Studien- und Berufshandeln zu verwandeln. Es bleibt also oft ein Zerstörungsprozeß positiver Energien, obwohl diese natürlich auch für jede poli-

tisch bewußte Sozialarbeit Grundvoraussetzung sind.
»Die ideologiekritisch-aufklärerische Demontage individualisierender, karitativer Hilfsideologeme wurde vor 10 Jahren zu Recht als Befreiung erlebt . . . ,Altruismus' (helfendes Handeln – d. V.), so scheint es, signalisiert jenen Rückgriff auf die eigene Subjektivität und Intersubjektivität in helfenden Beziehungen, welche im politischen Vorgriff der vergangenen Jahre im Angesicht weitreichender Ziele zurückzutreten hatte« (*Dießenbacher* 1979: 8). Wenn es stimmt, daß heute im Berufsfeld sogar wieder ein stärkerer Rückgriff auf Altruismus (wenn auch auf einen professionalisierten) geschieht, dann stellt sich um so dringlicher die für emanzipatorische Politik entscheidende Frage, ob und wie die positive Seite der Berufsmotivation gegen die kapitalistische Form ihrer bürokratisierten, Objekte verwaltenden Sozialarbeit gewendet werden kann. Dies läßt sich nur angehen, indem die Berufsträgerinnen selbst den Zusammenhang ihrer Berufssituation mit ihrer gesellschaftlichen Rolle als Frau herstellen« (*Walser* 1976: 10).
In diesem Kapitel versuchen wir herauszuarbeiten, wie Theorie und Praxis der Sozialarbeit weitgehend von Frauen beinflußt sind, daß jedoch gleichzeitig das Schlagwort von der Sozialarbeit als Frauenberuf modifiziert werden muß und daß der Professionalisierungsprozeß in der Sozialarbeit deren Vermännlichung bedeutet. Insgesamt erwarten wir, daß uns die Geschichte der Sozialarbeit einen Zugang zum Verständnis des Sexismus im Berufsfeld heute eröffnet.

1.2.1. Frauenrolle und freiwillige Wohltätigkeit

»Wesentlich für die soziale Stellung der Frau ist die Tatsache, daß die Reproduktionsarbeit zur Hauptsache privat von den Frauen im Rahmen der Familie verrichtet, aber nicht bezahlt wird. Diese ,Wertlosigkeit' von Reproduktionsarbeit im Kapitalismus – Hausarbeit wird ökonomisch als Nichtarbeit gewertet – ist die Basis dafür, daß Sozialarbeit (die ja auch Reproduktionsarbeit ist), soweit sie von privaten Institutionen getragen wird, nicht Lohnarbeit, sondern überwiegend ehrenamtliche Tätigkeit ist« (*Walser* 1976: 4).
Diese polit-ökonomisch betrachtet ähnliche Bestimmung von Sozialarbeit und Frauenrolle setzt sich auch in (berufs-) soziologischen Parallelen fort. Sozialarbeit ist vor allem gemäß dem eigenen Berufsethos helfender, caritativer, pflegerischer, erziehender, fürsorgerischer, rehabilitierender, aufopfernder Beruf, und der vorfindliche weibliche Sozialcharakter ist analog zu beschreiben. Im Ergebnis resultiert dies in einer über lange Zeit hinweg

vorherschend freiwilligen/ehrenamtlichen weiblichen Sozialarbeit und setzt sich später im mangelnden Lohnarbeitsbewußtsein fort. Berufliche Diskriminierungen werden durch Verinnerlichung oder Appell an das Berufsethos ertragbar gemacht, sind aber im Grunde Formen raffinierter emotionaler Erpressung: »Im allgemeinen wurden Frauen von jeglichen kompromißlosen oder bedrohlichen Aktionen, die ihren eigenen Interessen dienten, abgehalten . . . Auf diese Weise wurden zerrüttete Ehen um der Kinder willen aufrechterhalten . . . Im Bereich der Berufstätigkeit wurden die Frauenforderungen nach gleicher Behandlung und beruflicher Gleichwertigkeit oft durch das eigene Zögern geschwächt, den letzten Kampfschritt der Arbeitsniederlegung zu tun, aus Furcht vor den nachteiligen Auswirkungen für den Klienten« (*Adams* 1971: 560). Ein Beispiel aus der deutschen Literatur, die beim gleichen Problem zum gleichen Ergebnis kommt, ohne jedoch jemals das erklärungsrelevante Faktum der weiblichen Sozialarbeit zu nennen, finden wir im folgenden Zitat: »In bezug auf das Gebiet der Sozialarbeit/Sozialpädagogik ist diese durch die kapitalistische Produktionsweise notwendig bedingte Knappheit der Mittel nicht nur der strukturelle Hintergrund für den hier traditionellen Mangel an Personal und finanziellen Mitteln und für die unzureichenden Arbeits- und Ausbildungsbedingungen; sie ist auch die materielle Basis der Ideologisierung des Berufs in Dienst, Opfer und Verzicht. Ebenso erhält das Subsidiaritätsprinzip vor diesem Hintergrund eine ökonomische Funktion: die besondere ,Wirtschaftlichkeit' der freien Verbände auszunützen« (*Ahlheim* u.a. 1971: 62). Worin besteht denn diese besondere »Wirtschaftlichkeit« der freien Verbände? Schon in der Wortwahl, obwohl in Anführungsstrichen wird einer sexistischen Ideologie aufgesessen. Nicht die Verbände, sondern deren Ausbeutung ihrer freiwilligen und/oder unterbezahlten weiblichen Arbeitskraft ist »wirtschaftlich«.

Geschichtlich gesehen ist der beginnende Kapitalismus als Produzent massenhaften psychischen und physischen Elends der Entstehungsgrund organisierter Sozialarbeit, gleichzeitig teilt er durch den Prozeß der Industrialisierung die Lebenssphäre in eine männliche außerhäusliche Produktionssphäre und eine weibliche innerfamiliäre Reproduktionssphäre und zementiert damit eine geschlechtliche Arbeitsteilung. Für die Frauen führt das zur Ausbildung bestimmter sozialer und persönlicher Verhaltensdispositionen und Qualifikationen, die wiederum für die Berufsausübung in der Sozialarbeit weitgehend adäquat und obendrein noch billig waren. Sozialarbeit ist ein weiblicher Beruf, weil diese Arbeitskraft billig ist und bereits wichtige Berufsqualifikationen ohne Ausbildungskosten besitzt. Sicher ist Sozialarbeit mit den oben genannten weiblichen Berufsqualifika-

tionen nicht voll umschrieben, denn z.B. Kontrolle, Strafe, Planung und Verwaltung sind ebenfalls wichtige Berufsfunktionen der Sozialarbeit. Diese Aktionen sind jedoch gemäß einer starken innerberuflichen geschlechtlichen Arbeitsteilung den Männern vorbehalten.
Die Frühphase der Sozialarbeit als privater, oft kirchlicher Wohltätigkeit verdeutlicht das bisher Gesagte: Frauen der mittleren und höheren Stände leisten freiwillige Sozialarbeit. Das war nicht nur Ausdruck ihrer privilegierten ökonomischen Stellung durch ihre Ehemänner, sondern einziges mögliches Tätigsein bei den herrschenden Qualifizierungsverboten für Frauen und ihren häuslichen Verpflichtungen, und es führt eine gerade Linie zum Kampf um das »Recht auf Arbeit« der bürgerlichen frühen Frauenbewegung [1].
In seiner 1899 zuerst erschienenen soziologischen Studie »Die Theorie der feinen Leute « (The Theory of the Leisure Class) untersucht *Thorsten Veblen* u.a. die besondere Stellung der Frauen der kapitalistischen Oberschicht. Diese »feinen Leute« stellten ihren Reichtum durch Verschwendungssucht (conspicuous consumption) und Wohltätigkeit (charities) zur Schau, zumeist durch freiwillige soziale Arbeit ihrer Frauen. Diese hatten bereits sehr viel länger von der produktiven Sphäre getrennt gelebt, was nun zum Merkmal ihrer männlichen Schichtgenossen geworden war. Charities erfüllten mehrere Funktionen für diese gesellschaftliche Schicht: Zurschaustellung ihres Reichtums, soziales Feigenblatt, Propagandierung ihrer Werte und Normen gegenüber den Armen. Aber es waren die Frauen, die in dieser Sache tätig waren, denn in ihnen hatten sich solche vorkapitalistischen Werthaltungen wie community, charity und sociability erhalten, die nun, unter den Bedingungen des Ausschlusses von jeder produktiven Tätigkeit, sich in freiwilliger Wohltätigkeitsarbeit Ausdruck verschafften. Die Tatsache, daß ein wichtiges Merkmal der Sozialarbeit an ihrem Beginn und teilweise auch heute noch in der privaten Sozialarbeit die freiwillige, weibliche Arbeitskraft ist, hat nachhaltige Auswirkungen. Weibliche Arbeitskraft und Sozialarbeit tragen beide das Merkmal von Pseudoarbeit, »ein Zwitter aus Arbeit und (weiblichem – d. V.) Rollenspiel« (*Gold* 1971: 545). Freiwillige, d.h. unbezahlte soziale Frauenarbeit ist die direkte Verlängerung der »unproduktiven Hausarbeit« in den Arbeitsmarkt und resultiert in dem schon erwähnten mangelnden Lohnarbeitsbewußtsein in

1 Auch heute noch ist die weibliche freiwillige gesellschaftlich nützliche Arbeit enorm hoch: 1965 leisteten 21% aller amerikanischen Frauen über 14 Jahren durchschnittlich über 5 Stunden in der Woche freiwillige Tätigkeiten außer Hause (Mueller 1975: 330). Der Wert dieser freiwilligen Arbeit wurde 1965 auf 14,2 Mrd. Dollar geschätzt (*Gold* 1971: 534). Dies dürfte sich sehr nach den jeweils bestehenden Arbeitsmarktverhältnissen für Frauen bestimmen.

der Sozialarbeit. Vom gewerkschaftlichen Standpunkt aus hat das solche negativen Folgen wie Lohndrückerei, Spaltung und die Vernichtung von Arbeitsplätzen für ausgebildete Sozialarbeiter. Darüber hinaus verstärkt sich durch die Illusion sozialer Flickschusterei die traditionelle antiemanzipatorische Rolle von Sozialarbeit. Eine Sozialarbeiterin beschreibt die allgemeine Parallele zwischen Frauenrolle und Sozialarbeit folgendermaßen: »Die Rolle der professionalisierten Sozialarbeit und ihr Status haben viel mit der der Hausfrau gemein. Z.B. besitzen beide ein weites Mandat, das nicht klar definiert oder besonders wahrnehmbar für Außenstehende ist; und auch auf den ersten Blick gibt es scheinbar keine Fähigkeit, die für ein erfolgreiches Handeln einzigartig oder entscheidend wäre; für beide besteht das primäre Ziel darin, die Entfaltung und Anpassung anderer zu erleichtern und zusammenzufügen, was oft zersplittert ist und auseinanderfällt . . . Sowohl familiäre wie professionelle Verpflichtungen beinhalten die heimtückische Idee, daß die Bedürfnisse, Forderungen und Schwierigkeiten anderer Menschen die wichtigsten, wenn nicht sogar ausschließlichen Belange der Frau sind . . . In diese Rolle ist die Überzeugung von der Tugend der Unterordnung eigener Bedürfnisse unter das Wohlergehen anderer miteingeschlossen . . . Obwohl Frauen scheinbar ökonomische Unabhängigkeit durch ihre Berufstätigkeit erreicht haben . . . sind sie weiterhin bezüglich der psychischen Verpflichtungen generell der gleichen Denkweise unterworfen wie die häusliche Ehefrau und Mutter« (*Adams* 1971: 559). »Diese Tatsachen unterstreichen das Kennzeichnende dieser Profession, das sie mit den Bedingungen der Frauen generell gemeinsam hat; die eher als Vorbeugung wirksamen Aspekte der beiden Rollen sind ihren nachträglich heilenden Aspekten untergeordnet, und beide sind gemeinhin involviert, wenn etwas schief gegangen ist, das wieder in Ordnung gebracht werden muß« (*Adams*: 566). Und dennoch muß hier betont werden, daß die massenhafte Aufnahme freiwilliger Mildtätigkeit durch Frauen damals ein erster Schritt aus ihrem häuslichen Getto bedeutete und einen Entwicklungsprozeß in Gang setzte, der später vielen Frauen zum ersten Mal eine gesellschaftlich akzeptierte und schließlich auch materiell gesicherte Alternative zur Ehe bot.

1.2.2. Frauenbeiträge zur Entwicklung der Sozialarbeit

Waren und sind Frauen in der Sozialarbeit beschäftigt, so verbinden sich auch mit der Theorie und Ausbildung dieses Berufsfeldes Namen bekannter Frauen wie z.B. Josephin Shaw Lowell, Jane Addams, Mary Richmond, Florence Kelly, Alice Salomon. Aber es sei darauf hingewiesen, daß schon in den frühen privaten Fürsorgeorganisationen immer Geistliche und wohlhabende Männer die finanzielle Kontrolle ausübten und in den entsprechenden Aufsichtskomitees saßen, während Frauen die »friendly visitors« waren – eine innerberufliche geschlechtliche Arbeitsteilung, die auch heute gilt. Es ist bereits klar, daß das Bild der Sozialarbeit als ausschließliche Frauenarbeit eine Vereinfachung ist. Männer waren für viele der schöpferischen Neuentwicklungen verantwortlich: sie beherrschten die Komitees und steuerten Geld und Unterstützung bei« (*Walton* 1975: 82). Dennoch: Frauen gründeten die ersten Ausbildungsstätten für soziale Berufe. Die »university settlement«-Bewegung in Großbritanien und USA war von Frauen initiiert mit dem Ziel, »die Klassenunterschiede zu überbrücken« durch Nachbarschaftshäuser der Universitäten in den Armenvierteln. Die Sozialreformbewegung (social reform movement) des beginnenden 20. Jahrhunderts übersschnitt sich in weiten Teilen mit der bürgerlichen Frauenbewegung und schlug sich besonders stark in der Sozialarbeit nieder. Schon im Kampf um die Abschaffung der Sklaverei waren Frauen organisiert beteiligt. »Tatsächlich . . . konnten alle wichtigen Reformbewegungen der Zeit mit Frauen als zumindest der Hälfte ihrer Mitglieder rechnen« (*Bolin* 1973: 1).

Nach dem Ende des amerikanischen Bürgerkriegs fließen diese Energien in die Wohltätigkeitsarbeit. »Social feminists« wie sie sich selber nannten, bildeten die Vorläuferinnen der bürgerlichen Frauenbewegungen und forderten sehr rollenkonform ihr Recht auf außerhäusliche Beschäftigung. So hieß es in der Präambel eines weiblichen Wohltätigkeitsvereins in St. Louis 1924: »Während die Damen den Herren ohne Bedauern all die erhabenen Angelegenheiten der Regierung und alle Würden überlassen, die der Talentierte auf die verschiedensten Wege erringen kann, die sein Geschlecht zu Ruhm und Rang führen, ist zu hoffen, daß die Damen ohne Gefahr der Vernachlässigung ihrer lieben Pflichten, die im Heim liegen, die bescheideneren Bereiche der Wohltätigkeit als den ihnen angemessenen Aktionsraum reklamieren; wo sie zum allgemeinen Nutzen welchen Teil ihrer Zeit, Reichtums und geistiger Energie sie auch immer nach dem Dienst an ihrer Familie übrig haben, anwenden können . . . Ziel des Vereins ist es, notleidenden Frauen und Kindern zu helfen und Arbeitsamkeit unter den Armen zu ermutigen, mit allen Mitteln, die dem Vorstand (der selbstverständlich nur aus Männern bestand – d. V.) als geeignet erscheinen« (zit. nach *Wetzel* 1976: 228).

Allerlei wohltätige Frauenvereine entstanden mit zum Teil gewaltigen Mitgliederzahlen: eine Million Mitglieder allein in »women's club movement« (1890). Sie agitieren dabei auch für das Wahlrecht der Frauen. Die Argumentation der Suffragetten, bestimmte frauenspezifische Tätigkeitsfelder den Frauen als entlohnte Berufe endlich zu öffnen, führte schon von vornherein zu der innerprofessionellen geschlechtlichen Arbeitsteilung: Frauen arbeiten direkt mit den Klienten, jedoch damals nur mit Kindern und Frauen, niemals mit Männern. Es ist unbestritten, daß die bürgerliche Frauenbewegung die Entwicklung der sozialen Arbeit zum Beruf wesentlich geprägt hat. Die Gründe dafür sind dagegen weniger klar entschieden. Neben der bereits erwähnten These von H. Peters, daß die Frauenbewegung damals Positionen in der Sozialarbeit nur anstrebte, um dadurch ihren politischen Zielen nach Wahlrecht und Gleichberechtigung näher zu kommen, soll hier herausgearbeitet werden, daß vor allem die traditionelle Weiblichkeitsideologie der bürgerlichen Frauenbewegung, dieser die Sozialarbeit als quasi »natürliches« weibliches Arbeitsfeld erscheinen ließ. So umschreibt z.B. *Alice Salomon* auch die soziale Fürsorge frauenspezifisch. Es handle sich »vorzugsweise um Erfüllung von Pflichten, die mit dem häuslichen Leben, der Erziehung der Kinder, der Wirtschaftsführung im engsten Zusammenhang stehen . . . Neben all den Eigenschaften, die Mann und Frau besitzen können; neben Pflichttreue, Eifer, Ausdauer und Zuverlässigkeit für diese Arbeitsgebiete bringt die Frau noch ihr ausgeprägtes Gefühlsleben mit ihrer allesverstehenden Milde und Nachsicht . . . schließlich ihre Mütterlichkeit auf die Welt, die dieser Kräfte so dringend bedarf« (zit. nach *Walser* 1976: 5). Hier liegt auch der Grund für die spätere Trennung von weiblicher Sozialarbeit und Frauenbewegung. Die Berufsethik verselbständigt sich: »Zuerst der Dienst an den Bedürftigen, dann die Frauenbewegung« (*Walton* 1975: 84) als Beitrag zur beginnenden Professionalisierung der Sozialarbeit. Für Deutschland [1] war der Beitrag der Frauenbewegung insofern wichtig, als sie nicht lediglich Zugang für Frauen zu sozialen Berufen forderte (den hatten Frauen als Freiwillige in den privaten Trägern), sondern das Recht auf Bildung und Ausbildung und den Zugang zur öffentlichen, besoldeten Armenpflege, die bislang ein Männerberuf war: »Bis ca. 1896 wurden Frauen nirgends zu staatlichen (Verwaltungs-)stellungen in der öffentlichen Armenpflege zugelassen« (*Walser* 1976: 6). Daß damit gleichzeitig das Frauenwahlrecht gefördert wurde, lag in der Art des öffentlichen Amts begründet, war aber nicht die Hauptstoßrichtung der Kampagne.

Denn seit 1852 war die Armenpflege nach dem sogenannten Elberfelder System organisiert. Das Amt des Armenpflegers war ein öffentliches,

1 Zum Thema: Frauenbewegung und Sozialarbeit in Deutschland habe ich vor allem herangezogen: *Walser* 1974, *Heidrich* 1974, *Landwehr* 1972, sowie die Bücher von *Salomon*.

wenn auch zunächst unbesoldetes. Nur stimmfähige Bürger konnten es bekleiden. Das waren zu jener Zeit in Deutschland nur Männer. Die Städte wurden zum Zwecke der Armenpflege in Quartiere aufgeteilt und mit je einem Armenpfleger versehen, der eine bestimmte Anzahl von Armen in seiner Nachbarschaft betreute. Er überprüfte die Bedürftigkeit im Einzelfall (Vorhandensein anderer Unterstützungsverpflichteter, Fähigkeit zur Arbeit, Art anderer Einkunftsquellen etc.) und stellte seine Förderungsanträge an die nächsthöhere Ebene, die Bezirksvorsteher. Diese wiederum hatten der städtischen Armenverwaltung Bericht zu erstatten und bewilligtes Geld und Naturalien entgegenzunehmen. Der Stadt Elberfeld gelang es mit diesem System, die Zahl der unterstützten Personen von 8 % der Bevölkerung 1852 auf 4 % 1867 zu reduzieren, ebenso die Unterstützungszeiträume und dadurch die Kosten um fast 2/3 zu senken. Dieses Modell ist somit ein frühes Beispiel einer öffentlichen, hierarchisch strukturierten, die Klienten kontrollierenden und individualisierenden Sozialarbeit, die ausschließlich von Männern ausgeübt wurden.

Etwa ab 1890 hatte die Bereitschaft von Männern zu ehrenamtlicher Mitarbeit jedoch stark abgenommen, so daß den Frauen notgedrungen der Zugang zu diesem Amt geöffnet wurde. Zweifellos hat der Druck der nun entstehenden bürgerlichen Frauenbewegung diese Öffnung mitbewirkt, denn es waren erhebliche Widerstände zu überwinden. »Noch in diesem Jahr (1896 – d. V.) erklärten 3000 Armenpfleger Berlins in einer Protestversammlung, die Arbeit sofort niederzulegen, sollten Frauen, wie vorgeschlagen, zur Arbeit hinzugezogen werden« (*Walser* 1974: 61). Andererseits gab es auch weitsichtigere Einstellungen von Männern des Bürgertums, die sehr früh das weibliche Arbeitskräftereservoir erschließen wollten. »Vereine zur Erweiterung des weiblichen Arbeitsgebiets« entstanden unter Vorsitz von Männern. Das Eindringen von Frauen in die Armenpflege geschieht ausschließlich unter dem Diktat geschlechtsspezifischer Arbeitsteilung. Ausführende Armenpflege, also der Außendienst, wird zur Frauenarbeit. Leitung des Amtes und Überprüfung der Unterstützungsberechtigung bleiben in der Hand der Männer.

Die bürgerliche Frauenbewegung lieferte jedoch selbst die Begründung für diese Entwicklung. Sie vertrat ihren Anspruch auf Zugang zur öffentlichen Armenpflege mit den angeblich natürlich vorgegebenen weiblichen Eigenschaften zur Hilfe, Pflege und Erziehung, ihrer Fähigkeit zur Klassenharmonie und zum sozialen Ausgleich. In *Alice Salomons* Büchern springt die Absolutierung der konkreten Nützlichkeit »sozialer Arbeit als Frauenarbeit« geradezu ins Auge. Für den Staat waren damit 2 Fliegen auf einmal geschlagen, der Arbeitsmarkt der Männer war beruhigt, da die Konkurrentinnen ausgeschaltet waren, und die Sozialarbeit wurde kostensparend zu niedrigen Löhnen durch den hohen Persönlichkeitseinsatz der Frauen getragen, was zur Verschleierung der brutalen Ausbeutungsverhältnisse und zur Kanalisierung des politischen Potentials der Frauenbewegung beitrug« (*Wieland/Lang* 1979: 8).

Als wirkliche Errungenschaft der bürgerlichen Frauenbewegung ist die Gründung der ersten Ausbildungsstätten für Sozialarbeit zu werten. Frauen aller Schichten unterlagen ja damals noch einem Bildungsverbot. So bildet sich z.B. in Bremen 1897 der »Frauenerwerbs- und Ausbildungsverein«. »Dieser Verein formuliert in seinen Statuten vom 20.3.1897 in § 1 sein Ziel: Der Verein ... hat den Zweck, die Tüchtigkeit und Erwerbsfähigkeit von Frauen und Mädchen in geistiger und wirtschaftlicher Beziehung zu fördern, ihnen eine theoretische und praktische Ausbildung zuteil werden zu lassen, um sie für die verschiedenen Anforderungen des Lebens tüchtig und selbständig zu machen.« Und in § 5 der Statuten wird eindeutig festgestellt: »Der Vorstand besteht aus 12 weiblichen Mitgliedern.« (zit. nach *Heidrich* 1974: 22). In Bremen entsteht 1909 eine Frauenschule, ein Jahr früher in Berlin »Die soziale Frauenschule.« Andere Städte folgten.

1.2.3. Die Geschichte der Professionalisierung der Sozialarbeit als Prozeß der Vermännlichung

Die Vermännlichung der sozialen Arbeit hat vor allem zwei Gründe, die Verstaatlichung der Sozialarbeit und ihre Professionalisierung, die Hand in Hand gehen. Was ist Professionalisierung, welche Merkmale bestimmen einen Beruf als Profession? Die amerikanische Berufssoziologie hat diese Debatte geführt und die Sozialarbeit bis in die 60ger Jahre als Semi-Profession eingestuft (*Wilensky/Lebeaux* 1965, *Etzioni* 1969, *Toren* 1972). Einige geschichtliche Studien der Sozialarbeit zeichnen den Professionalisierungsprozeß nach (*Woodroofe* 1962, *Lubove* 1965, *Richan/Mendelson* 1973, *Bolin* 1973). Die Debatte ist jedoch heute nicht aktuell, denn, wenn man einige Zeit in der sozialarbeiterischen Szene in Nordamerika verbracht hat, gewinnt man den Eindruck, daß die Sozialarbeit de facto vollwertig als Profession anerkannt ist. Im Qualifikationssektor ist dieser Stand längst erreicht. Sozialarbeit ist eine universitäre Ausbildung.

Es soll hier behauptet und nachgewiesen werden, daß dieser Durchbruch zur Profession unter anderem mit ihrer Vermännlichung im doppelten Sinne zusammenhängt. Quantitativ treten seit dem Zweiten Weltkrieg in zunehmenden Maße Männer in jene Bereiche des Berufs ein, die als Ausdruck von Professionalität gelten: Planung, Administration, Ausbildung. Qualitativ breiten sich bestimmte Werte und Arbeitsweisen aus, die als professionell angesehen werden: funktionale Arbeitsteilung, Bürokratisierung, rationale, emotionslos-neutrale und distanzierte Klientenarbeit, social engineering. Dieses sind in Arbeitsweisen umgesetzte und durch die traditionell herrschenden Sozialisationsprozesse erzeugte primär männliche Verhaltensmerkmale.

Die sozialistische deutsche Frauenbewegung hat zwar die Hilfeideologie der aus der bürgerlichen Frauenbewegung stammenden Sozialarbeiterinnen scharf angegriffen: »So waren sie wohl bereit, den Arbeiterinnen zu helfen, aber sie verstanden nicht, daß es für sie nur eine wirksame Hilfe gab: ihre Organisation gemeinsam mit den Klassengenossen . . . « (*Zetkin* 1971: 57). Aber sie gleicht sich doch den so Kritisierten sehr bald an: ». . . so war auch innerhalb der SPD die Erschließung eines spezifisch weiblichen Arbeitsgebietes die Patentlösung für den von Frauen bedrängten Parteivorstand, um mögliche Radikalisierungen zu vermeiden . . . So entspricht dem Wandel der Sozialdemokratie zur Reformpartei die Wandlung der proletarischen Frauenbewegung zur sozialen Nothelferin« (*Wieland/Lang* 1979: 12).

In Deutschland gibt es meiner Kenntnis nach nur eine (bisher unveröffentlichte Dissertations-) Schrift (*Leube* 1979) zum Problem der Professionalisierung in der amerikanischen Sozialarbeit, in der die obengenannte Literatur zusammenfassend dargelegt ist. Unsere einleitende Frage nach den Merkmalen einer Profession wird dort so beantwortet: Eine wissenschaftliche Fundierung durch systematische theoretische Kenntnisse, eine spezialisierte Kompetenz im beruflichen Handeln, Anerkennung dieser exklusiven professionellen Kompetenz durch die Klienten, ein Berufsethos und Kodex beruflichen Handelns, das am Klienten bzw. Allgemeinwohl orientiert ist, professionelle Autonomie und Kontrolle der Berufsausbildung und schließlich die Existenz einer professionalen Subkultur und eines starken Berufsverbandes.

Der halbprofessionellen Sozialarbeit wurden hingegen vor allem der Mangel einer entwickelten wissenschaftlichen Basis angelastet. »Das bedeutet, daß die Wissensgrundlage der Sozialarbeit immer noch zum großen Teil aus Erfahrungen, d.h. Verallgemeinerungen gewonnen wird, die von vielen spezifischen Einzelfällen abgeleitet sind und daß ein großer Teil an Intuition (= weibliche Eigenschaft – d. V.) zur Anwendung dieses Wissens nötig ist« (*Toren* 1972: 41). Außerdem ist die sozialpädagogische Theoriebildung weitgehend eklektisch. Ständiges Gerangel herrscht um die exklusive Kompetenz für die Bereiche von Beratung und Therapie mit medizinischen und psychotherapeutischen Berufen; mangelnder Ausbildungsstand der Sozialarbeiter und geringe Organisationsquote im nationalen Berufsverband (beides Merkmal von Frauenarbeit allgemein); fehlende professionelle Autonomie wegen der starken Außenkontrolle von Bürokraten (Dienstaufsicht oft durch Nichtsozialarbeiter, durch Gesetze und Verordnungen weitgehend und detailliert vorgeschriebene Handlungsanweisungen, Institution der Supervision, dem die Mehrzahl der weiblichen, direkt mit dem Klienten arbeitenden Sozialarbeiter unterliegt). Neben vergleichsweise niedrigen Gehältern (Merkmal von Frauenarbeit), der immer noch unangefochten zentralen Stellung der Einzelfallhilfe als angeblich professionalisiertester Kern der Sozialarbeit (die 41 % aller weiblichen Sozialarbeiter 1968 ausübten) wird schließlich als einer von insgesamt 13 (sehr unterschiedlich gewichteten) Mängel für eine volle Professionalisierung die Tatsache der Sozialarbeit als Frauenberuf genannt. Es ist erstaunlich, daß nirgends in der Literatur der Gedanke auftaucht, daß fast alle aufgelisteten Mängel aus der Tatsache des Frauenberufs ableitbar sind, wie die in Klammern hinzugefügten Hinweise zeigen. Hinsichtlich der geringen professionellen Autonomie der Sozialarbeit findet sich immerhin ein diesbezüglicher Hinweis: »Die Öffentlichkeit ist weniger geneigt, Frauen als Männern Eigenständigkeit einzuräumen. Die primäre weibliche Neigung besteht der Familie gegenüber, und sie sind daher weniger intrinsisch zur Arbeit wie Männer motiviert und halten auch nicht ein so hohes Niveau an Spezialwissen bei . . . (und) entwickeln im geringeren Maße als Männer eine Ausrichtung auf eine kollegiale Beziehungsgruppe. Aus diesen Gründen und weil sie oft die allgemeinen kulturellen Wertvorstellungen teilen, daß Frauen sich Männern unterordnen sollten, sind Frauen eher als Männer bereit, bürokratische Kontrollen hinzunehmen, die ihnen in den Organisationen der halbprofessionellen Berufe auferlegt werden; sie bemühen sich weniger stark um das Erringen eines vollprofessionalisierten Status« (*Simpson/Simpson* 1969: 230).

Einige der sonst noch genannten Defizite der Profession resultieren aus dem widersprüchlichen gesellschaftspolitischen Charakter der Sozialarbeit. Sie ist zumeist mit den zerstörerischen Folgen strukturell bedingter Verelendung im einzelnen konfrontiert und schwankt geschichtlich zwischen sozialer Reform und individueller Anpassung im beruflichen Tun. »Man wird als Gesamteindruck festhalten können, daß sich die Sozialarbeit deshalb nicht professionalisieren konnte, weil sie infolge ihres Zieldilemmas bisher nicht als eindeutige systemerhaltende gesellschaftliche Kraft gesehen wurde« (*Leube* 1979: 32). Man muß sich jedoch fragen, ob diese Schlußfolgerungen gerade für die amerikanische Sozialarbeit zutreffen.

Wie eine pointierte Darstellung der Professionalisierungsgeschichte in Nordamerika zeigen wird, hat sich die Sozialarbeit gerade dort sehr früh gegen gesamtgesellschaftlich orientiertes sozialreformerisches Handeln und für Therapie und Anpassung in der Methode der ab 1920 unangefochtenen dominierenden Einzelfallhilfe entschieden. Casework ist von der Profession selbst von Anfang an als ihr entscheidender Schritt zur Professionalisierung gesehen worden. Sie hat ihre gesellschaftliche Loyalität hinreichend bewiesen. In den sozial unruhigen 60ger Jahren haben die politischen Administrationen der USA bei ihren riskanten Sozialprogrammen wie z.B. dem »Krieg gegen die Armut«, Städte/Gettosanierung, Gleichberechtigung der Schwarzen, nie mit einer politisch aufmüpfigen Sozialarbeit zu tun gehabt, im Gegenteil. Wie *Piven/Cloward* in ihrem Buch »Regulierung der Armut« (1977) schreiben, waren Regierungsprogramme nötig, um aggressive, gemeinwesenorientierte, sozialarbeiterische Projekte überhaupt zu initiieren. Zweifellos hat es die Rivalität zwischen der stark humanitär-sozialreformerisch orientierten Sozialarbeit und der professionalisierten und bürokratisch organisierten gegeben, aber in der etablierten Profession ist sie zu Gunsten der Letzteren entschieden, und damit wurde der Übergang vom originären Frauenberuf zur zumindest männlich geführten Sozialarbeit vollzogen (ohne daß damit behauptet werden soll, daß eine der beiden Etappen an sich politisch fort-oder rückschrittlich ist).
In Nordamerika ist die Tendenz zu beobachten, daß die Sozialarbeit in ihrem Professionalisierungsdrang am ehesten diejenigen Berufsbereiche aufgibt, die eventuell immer noch ihrer Systemloyalität abträglich erscheinen könnten (und niedrig entlohnt sind). Dies sind die Bereiche öffentlicher und privater Armut (social welfare), wo die kapitalistischen Widersprüche noch als sinnlich erfahrbare und zuweilen als politisch aktivierende Verelendung auftreten. Hier stößt die professionelle Maxime »im Interesse des Klienten zu handeln« schnell an ihre politische und ökonomische Grenze, oder es offenbart sich bald die rauhe Wirklichkeit der Klientenkontrolle. Und so wandern die qualifiziert Ausgebildeten in die private Sozialarbeit. Jede Politisierung des Berufs gilt als unprofessionelles Handeln. »Flucht vor der Realität in die Professionalisierung« (*Richan/Mendelson* 1973: 93) kommentieren die Kritiker dieser Art von Professionalisierung.
Der Professionalisierungsprozeß vollzieht sich über vier Stadien: Freiwillige Wohltätigkeit durch Laienhelfer, Übernahme des medizinischen Modells mit Einzelfallhilfe als Kern der Sozialarbeit und der Beeinflussung durch die Freud'sche Theorie, die das breite Gebiet psychiatrischer Sozialarbeit etabliert; die Errichtung des Wohlfahrtstaates nach der Weltwirtschaftskrise mit staatlichen Sozialprogrammen; schließlich die Ausdiffe-

renzierungen eines »technischen Professionalismus« seit den 60ger Jahren. Überall beginnt die Sozialarbeit zunächst als private (meist kirchliche) Wohltätigkeit und als Almosenwesen der höheren Stände in der Umbruchsphase der ursprünglichen Akkumulation. Im Übergang zum Frühkapitalismus erhält jedoch die Sozialarbeit eine klare Aufgabenzuweisung. Sie soll dem entstehenden Massenelend und damit verbundenen gesellschaftlichen Unruhepotential entgegentreten durch minimalste materielle Hilfe, jedoch nur für die der »Unterstützung würdigen Armen«, die sich der Kontrolle, Aufsicht und moralisch-ideologischen Indoktrinierung gefügig zeigen. Dies geschieht durch ein System von »friendly visitors« (weibliche Freiwillige der höheren Stände), die mit einem humanitär-selbstlos helfenden Eigenverständnis der Sozialarbeit den Klienten gegenübertraten. Aber der Frühkapitalismus bringt damit schon die Bedingungen des Untergangs althergebrachter Wohltätigkeit mit sich, was direkte Konsequenzen für Profession und weibliche Sozialarbeit hatte. Eine völlig unkoordinierte, lediglich helfende und durch, von der Produktionssphäre ausgeschlossene Frauen privat geleistete Sozialarbeit muß Platz machen für eine Sozialarbeit, die den kapitalistischen Organisationsprinzipien von Effizienz, Arbeitsteilung, Zentralisierung, Koordination und Kosten-Nutzenerwägungen unterworfen ist. Statt Almosen, alles verstehende Ermutigung und Charakterbildung sowie nach dem Gießkannenprinzip verteilter materieller Hilfe wurde bald die Erzwingung der Lohnarbeitsdisziplin des Klientels, »work instead of relief« und kompetendes Erfassen und Verwalten der Armut nötig.

Konnten von Ausbildung und Beruf ausgeschlossene höhere Töchter und Mütter die Armen zu Lohnarbeitern sozialisieren? Kaum, dennoch blieben sie im Beruf, denn sie arbeiteten billig oder umsonst. »Die Wohltätigkeitsvereine unterschieden zwischen den Aufgaben der Untersuchungs- und der Verwaltungsarbeit der bezahlten Helfer einerseits und den helfenden Tätigkeiten der friendly visitors . . . Die Vereine sahen keine Unvereinbarkeit zwischen scientific charity und freiwilligem Hilfsdienst. Im Gegenteil . . . ihre (die unbezahlte freiwillige Helferin – d. V.) persönlichen Dienste unterschieden gerade die wissenschaftliche Wohltätigkeit von bloßem Almosenwesen . . . und erhöhten das wohltätige Potential der persönlichen Beziehung. Effiziente Wohltätigkeit war im wesentlichen ein Prozeß der charakterlichen Erneuerung, nicht der Sozialreform« (*Lubove* 1965: 12). Und der Wandel in der Sozialarbeit ging weiter. Armut war nicht mehr lediglich ein sozialer Zustand, der zu seiner Linderung des Mitleids und der Wohltätigkeit bedurfte, sondern mußte genauer untersucht werden, um ihn abzuschaffen. »Es war für neue oder wissenschaftliche

Wohltätigkeit bezeichnend, . . . daß sie die Armut als ein Übel ansah, das an ihren Wurzeln gepackt werden müßte. Sie bemitleidet nicht mehr nur die Armut, sondern untersucht sie. Sie glaubt, daß ein Arzt ebensowenig Pillen ohne Diagnose verschreiben könne wie ein wohltätiger Mensch dem Armen Almosen ohne Untersuchung geben sollte« (zit. nach *Lubove* 1965: 14). Solch ein »wissenschaftlicher Philantropismus« bedarf also qualifizierter Mitarbeiter.

Die nächste Professionalisierungsstufe besteht daher in der Etablierung der Einzelfallhilfe in der Sozialarbeit. »Das einzige Gegenmittel gegen den Bolschewismus ist gute Einzelfallhilfe« wurde 1927 auf der Jahrestagung des amerikanischen Dachverbands der privaten Träger verkündet. In Großbritanien hat die soziale Einzelfallhilfe die konservativen philosophischen Ideen der viktorianischen Ära und die reformistischen Strategien des Fabianismus tief verinnerlicht. Wohltätigkeit, Charakterbildung, individuelle Hilfeleistung der Reichen für die Armen bringt soziale Harmonie. Schon 1877 waren nicht alle dieser Meinung: »Die Zeit war reif darüber nachzudenken, welchen Schaden die lady-brigades aus dem Westend im Eastend anrichten« (*Woodroofe* 1962: 53). In den USA war es insbesondere die hegemoniale Ideologie des Individualismus, daß Armut individuell und selbstverschuldet ist, der sich mit der Freudschen Theorie individueller Anpassung verbindet und die soziale Einzelfallhilfe prägt. Dabei hatte sich die Theorie des Casework durchaus anders angekündigt. *Mary Richmonds* Standardwerk hieß nicht »Einzelfallhilfe« sondern »Soziale Diagnose« und entstand nicht von ungefähr 1917, in einer Zeit des Kriegs und der Krisenanfälligkeit des Kapitalismus. »Social Diagnosis« ist ein soziologisches Werk (von der Freudschen Individualpsychologie noch unberührt) und postuliert die Einbeziehung sozialer Faktoren (Umwelt, Wohnbedingungen, Gemeinwesen etc.) in die Diagnose des Einzelfalls. Sie hat selber noch Vulgarisierung und Verabsolutierung ihres Konzepts erlebt und so kommentiert: »Ich habe 25 Jahre meines Lebens mit dem Versuch verbracht, die soziale Einzelfallhilfe als ein wertvolles Vorgehen in der Sozialarbeit akzeptabel zu machen. Jetzt werde ich den Rest meines Lebens damit zubringen, den Caseworkers klarzumachen, daß es in der sozialen Arbeit mehr gibt, als nur die Einzelfallhilfe« (zit. nach *Woodroofe* 1962: 116). Die Professionalisierung der Sozialarbeit wurde also durch einen Prozeß funktionaler Differenzierung in den Methoden bzw. Anwendungsbereichen der Einzelfallhilfe hervorgebracht, deren Ausübung mehr und mehr der Ausbildung bedarf. Die Zeit der weiblichen friendly visitors war abgelaufen: Es gab einen Wandel von ‚keine Almosen, sondern einen helfenden Freund' zu ‚weder Almosen noch Freund, sondern einen professionellen

Dienst'« (*Lubove* 1965: 23). Der Charakter der Sozialarbeit hatte sich im Selbstverständnis der Zunft vom Wohltätigkeitsverein zum sozialen Dienstleistungssystem gewandelt, das für kompetentes Handeln seinen Preis verlangt. Männer treten verstärkt in diesen Beruf ein, was sicher auch durch allgemeinen Beschäftigungsmangel bedingt war, aber ebenso wesentlich durch den Umstand, daß sich die alte, weiblich-helfende, weitgehend freiwillig geleistete Sozialarbeit zur besoldeten, qualifizierten Profession gewandelt hatte, die sozialen Aufstieg für die Berufsausübenden ermöglichte.

Die nächste Stufe der Professionalisierung ist die Fundierung der Einzelfallhilfe durch die Freudsche Theorie und die Etablierung der psychiatrischen Sozialarbeit. Die außerordentlich schnelle und tiefgehende Rezeption Freuds in den USA muß zunächst erwähnt werden. Kurz nach 1910 kann man in Amerikas größter Kaufhauskette »Sears« Freuds Schrifttum zur Sexualität erstehen. Die schnelle Popularisierung Freudscher Gedanken dringt bis in die Alltagssprache der Menschen ein. »Ab 1940 wurde jedes Abweichen von der Freudschen Psychoanalyse in der Theorie der Sozialarbeit mit dem gleichen Entsetzen angesehen, wie ein echter Stalinist auf einen Trotzkisten sieht« (zit. nach *Woodroofe* 1962: 130). 1930 wurde auf dem nationalen Sozialarbeiterkongress in Boston proklamiert: »Die wirklichen Quellen des Handelns liegen in der inneren Natur des Menschen, daher auch die Nutzlosigkeit aller Programme, insbesondere solcher, die von staatlicher Intervention oder Gewalt abhängen.« Die Freudsche Theorie wird als Individualpsychologie zur Rechtfertigung der Einzelfallhilfe ohne die ursprüngliche soziale Diagnose benutzt und im politischen Tageskampf gegen jede staatliche Sozialpolitik instrumentalisiert. Die allgemein-politischen Implikationen der Freudschen Theorie, besonders bezüglich der Sozialarbeit, sind nicht Gegenstand dieser Arbeit. Der Rückzug auf individuelle, therapeutische Hilfen und die Aufgabe sozialreformerischen Engagements sind genannt. Uns interessiert, was dies bezüglich des bislang ‚weiblichen' Charakters beruflicher Sozialarbeit bedeutet. Mit der psychoanalytisch fundierten Sozialarbeit verliert diese endlich das dem Professionalisierungsprozeß so hinderliche Stigma der Wohltätigkeit. Für die Sozialarbeiterinnen bedeutet es zunächst die Aberkennung ihrer bislang so geschätzten »natürlichen« Berufsqualifikationen. Die allgemein menschliche Qualität des Helfens kann keine wissenschaftlich arbeitende Profession als alleiniges kompetentes Berufshandeln für sich reklamieren. Andererseits eröffnete die therapeutische Einzelfallhilfe mit ihrer Familienzentriertheit wiederum ein frauenspezifisches Betätigungsfeld, sozusagen auf erhöhter Stufenleiter. Unter fachkundiger Anleitung von Medizinern und Psychiatern können weiterhin überwiegend weibliche Einzelfallhelferinnen, psychoanalytisch geschult und daher von den sozioökonomischen Wurzeln individuellen Leidens unangefochten, mütterliche Hilfe zur familialen und sozialen Anpassung anbieten. »Der Sozialarbeiter ist ein Spezialist auf dem Gebiet der sozialen Anpassung« verkündet 1921 *Mary Jarrett*, stellvertretende Rektorin des 1918 gegründeten Smith College. Dieser Prozeß findet gleichzeitig mit dem Höhepunkt der Frauenbewegung statt (die 1920 in den USA das Wahlrecht für Frauen erkämpft). Die Lehren Freuds wie der damalige Feminismus waren aus dem gleichen Zerfallsprozeß der spießigen, sexualunterdrückenden, familienzentrierten viktorianischen Epoche entstanden. Besonders in den USA ist der vulgarisierte Freudianismus dann jedoch als eine Waffe gegen die Frauenbewegung gewendet worden (vgl. *Firestone* 1975 zur Darstellung dieses Vorganges in den USA). »Wir haben schon viel erreicht«, schreibt *Freud* 1895, »wenn wir in der Therapie erfolgreich ihr (einer seiner Patientinnen – d. V.) hysterisches Leiden in alltägliches Unglück verwandeln können.« Therapie als Unterweisung in Resignation und Anpassung in einer Zeit zunehmender Fragmentierung der Kleinfamilie bei gleichzeitig sich artikulierender Frauenbewegung wurde die systemstabilisierende Antwort der Einzelfallhilfe vor allem für weibliche Klienten, die nun mit der neuen antifeministischen Freudschen Theorie vom sexuellen Defizitcharakter und der biologischen Unterdrückung der Frau operierte.

Wie hatte sich die Sozialarbeiterausbildung bis zu diesem Zeitpunkt entwickelt? In Großbritanien hatten die privaten Wohlfahrtsverbände schon vor der Jahrhundertwende Ausbildungskurse eingeführt. Frauen und Männer unterrichteten etwa zu gleichen Teilen, die Frauen jedoch hauptsächlich die Fächer wie Methoden und Kinderwohlfahrt. 1903 finden an der School of Sociology, später London School of Economics Vorlesungen über Sozialarbeit statt. Professoren dozieren über »die grundlegenden Prinzipien der Sozialarbeit« und Dozentinnen führen einen »praktischen Kurs« durch. (Geschlechtsspezifische Arbeitsteilung.) Um 1910 gibt es mehrere Social Schools an Universitäten in Großbritanien mit 269 Absolventen (1903–1908), davon nur 12 % Männer. Erstaunlich ist die Tatsache, daß schon 1921 von der »unbedeutend kleinen Zahl von bezahlten professionellen Sozialarbeitern« (*Walton* 1975: 103), nämlich 3085 in ganz Großbritanien, dennoch 40 % Männer waren. In den USA wird in der Literatur 1918 als erste wichtige universitäre Ausbildungsstätte das Smith College genannt, das jedoch ausschließlich für psychiatrische Sozialarbeit ausbildet. In einer New Yorker Erhebung von 1920 wurden insgesamt 3969 entlohnte Sozialarbeiter erfaßt, davon 2857 Frauen und 1111 Männer.

60 % davon waren Caseworker, nämlich die Frauen. 60 % der Sozialarbeiterinnen verdienten bis zu 1000 Dollar jährlich, während 63 % der Sozialarbeiter über 1200 Dollar jährlich verdienten. Gleichzeitig zeigt eine andere Studie aus dem Jahre 1921, daß unter den am College ausgebildeten Sozialarbeitern die Mehrzahl, nämlich 60 %, Männer sind. Wir können hier schon insgesamt schließen, daß die berufliche Minorität der männlichen Sozialarbeiter überproportional besser ausgebildet und besoldet ist.

In Deutschland wurden ebenfalls ab 1908 die ersten »Sozialen Mädchen- und Frauenschulen« gegründet, die jedoch in keiner Weise an eine Universität angegliedert waren. Männer wurden erst 1928 offiziell zur Ausbildung als Wohlfahrtpfleger zugelassen und nahmen diese Möglichkeit zunehmend wahr. Auch hier geschah das aufgrund der oben beschriebenen Veränderung in Theorie und Praxis der Sozialarbeit und dem damit einhergehenden Professionalisierungsprozeß. »Jetzt zeigte sich ein wachsendes Interesse der Männer am sozialen Beruf, das wohl weitgehend darauf zurückzuführen ist, daß die pflegenden Aufgaben in den Behörden mit anderen, verwaltungstechnischen verknüpft wurden, die traditionell der Mann ausübt. Und auch darauf, daß soziale Arbeit jetzt eine Entlohnung findet . . .« (*Salomon*, zit. n. *Walser* 1976: 6).

Für die Entwicklung der Sozialarbeit insgesamt ist die Errichtung wohlfahrtsstaatlicher Gesetze, Programme, Institutionen und Verwaltungsapparaten überall von entscheidender Bedeutung gewesen. Diese Verstaatlichung begleitet die Professionalisierung, bringt sie z.T. erst hervor. In den USA, Großbritanien und Deutschland vollzieht sie sich aufgrund unterschiedlicher sozialer Geschichte zu verschiedenen Zeiten und drückt sich in jeweils spezifischen Ausformungen staatlicher Sozialpolitik aus. Bezüglich der USA sind bereits einige Ausführungen über die Gründe der Verzögerung dieses Prozesses gemacht worden, die wir nun ergänzen können durch den Einfluß der Freudschen Theorie auf die Sozialarbeit. »Sogar heute (1930 – d. V.) gibt es einige Sozialarbeiter, die nicht in der Lage oder willens sind, Armut anders als einen ökonomischen Zustand zu sehen; ohne die mögliche Existenz von Abhängigkeitswünschen aus der Kindheit anzuerkennen, die, falls sie nicht überhaupt Abhängigkeit verursacht, diese sicherlich verlängert« (zit. nach *Woodroofe* 1962: 146, Fußnote 2). Armut wird hier als Ergebnis nichterfolgter kindlicher Ablösungsprozesse dargestellt.

Die Wucht der Weltwirtschaftskrise in den USA produzierte jedoch derart massenhafte Armut, daß die individualpsychologische Verschuldungsthese zusammenbrach. Der Staat war nun gezwungen, öffentliche Wohlfahrtseinrichtungen zu schaffen, denn die Verelendung drohte in politische

Unruhen umzuschlagen (vgl. *Piven/Cloward* 1977, Kap. 2 und 3). *Roosevelds* New Deal mußte eine staatliche Sozialpolitik quasi aus dem Boden stampfen, denn es gab bislang keinerlei bundesstaatliche Gesetzgebungskompetenz auf diesem Gebiet und infolgedessen praktisch keine sozialpolitische Infrastruktur. Die Erkenntnis, daß ein staatliches Wohlfahrtssystem nötig war, und die zumindest formale Anerkennung, daß öffentliche Unterstützung ein Recht des Einzelnen ist, waren der entscheidende Durchbruch. Für die geschlechtspezifische Zusammensetzung der Sozialarbeit hatte dies enorme Konsequenzen. Die schnell entstehenden neuen staatlichen Wohlfahrtseinrichtungen waren mit öffentlich bediensteten Bürokraten besetzt, die fast ausschließlich Männer waren, vor allem in den Positionen der Leitung, Koordinierung, Planung und Aufsicht. Die Vermännlichung der Sozialarbeit tat hiermit einen großen Schritt nach vorn durch den Prozeß der Verstaatlichung bzw. Neuschaffung großer Bereiche der Sozialarbeit in Form der staatlichen Sozialadministration. Es gab der von Anfang an sichtbaren, heute beobachtbaren (und im nächsten Kapitel beschriebenen) geschlechtspezifischen Arbeitsteilung innerhalb der Sozialarbeit das Fundament. Männer verwalten den Klienten und beaufsichtigen die Frauen, die mit den Klienten arbeiten. Der Sozialarbeiterberuf insgesamt hatte Merkmale eines männlichen Berufs aufgenommen, der ihn für Männer in verstärktem Maße wählbar machte (neben der Tatsache, daß bei der herrschenden Arbeitslosigkeit jeder Job willkommen war): Verwaltungsaufgaben, Aufstiegsmöglichkeiten, Personalführung und gesetzlich festgelegte, klare Arbeitsvollzüge, statt beruflich nicht ernstzunehmende moralisierende Wohltätigkeit. Ein gewisser Konservatismus mag mit dieser Entwicklung verbunden gewesen sein, denn die Berufsausübung bestimmt sich nun mehr und mehr nach Gesichtspunkten des gesicherten Einkommens und der beruflichen Karriere und ist als Verwaltungshandel dem sozialen wie persönlich-individuellen Engagement entrückt.

Mitte der 60ger Jahre ist es wiederum staatliche Aktivität als Resultat wachsender sozialer Unruhen, die der Sozialarbeit wesentliche Impulse gibt: Arbeitslosigkeit, Jugendrebellion, Massenbewegungen zur Erkämpfung der Bürgerrechte und später militante Organisationen der farbigen Minoritäten, Verfall der amerikanischen Stadtkerne und zum ersten Mal organisierter Kampf der Armen um ihre »welfare rights« zwingen die politische Administration zum schrittweisen Ausbau staatlicher Wohlfahrt. Präsident Johnsons Entwurf einer »Great Society« durch Sozialprogramme für einen »Krieg gegen die Armut« hat die sozialarbeiterische Landschaft nachhaltig verändert. Da die Programme fast alle gemeinwesenorientiert waren, hat sich die Gemeinwesenarbeit als eine wesentliche Methode der

Sozialarbeit neben der dominaten Einzelfallhilfe etabliert. »Advocacy« d.h. aggresive Interessenvertretung des Sozialarbeiters für seine Klienten, trat neben die traditionelle Methode des Vermittlers zwischen Klienten und Sozialagentur (»Mediation«). Armut als gesellschaftliche Realität wurde wiederentdeckt, und sozioökonomische Faktoren spielten wieder eine Rolle im sozialarbeiterischen Handeln.

Entsprechende Veränderungen traten in der Ausbildung ein. Neben die Psychoanalyse trat die Soziologie als Grundlagenwissenschaft. Die Zieldefinition der Sozialarbeit verschob sich tendenziell von individueller Anpassung zu sozialem Wandel. Diese Prozesse beeinflussten stark die Rekrutierung in den Sozialarbeitsberufen. Männliche Studenten strömten in die Ausbildung und spezialisierten sich auf die Gemeinwesenarbeit mit von vornherein eindeutig politischer Praxisabsicht: Interessenvertretung für und Organisierung der unterdrückten Minoritäten, die theoretisch als Träger radikalen gesellschaftlichen Wandelns angesehen wurden (Randgruppenstrategie). Neben der »Verwissenschaftlichung« der moralisch-wohltätig-freiwilligen Sozialarbeit durch die Einzelfallhilfe, die sie zur Profession machte und damit zum potenziell männlichen Beruf, tritt nun ein sozialpolitisches Engagement in die Sozialarbeit als einem weiteren Impetus zur Vermännlichung. Aktives berufliches Handeln für sozialen Wandel oder doch zumindest für »social engineering« durch Planung, Organisation und Management wird traditionell als männliche Herangehensweise angesehen.

Aber die Politisierung der amerikanischen Sozialarbeit darf nicht überbewertet werden. Der bereits stark ausgebildete Professionalismus mit seinen wertneutralen Grundprinzipien hat aus mehreren Gründen die politisierenden Einflüsse zu einer Art sozialtechnokratischer Konzeption umgeformt. »Einer lag in dem großen Gewicht von Fachleuten, vor allem von Sozialarbeitern und Sozialwissenschaftlern, bei der Formulierung und Begründung der Programme. Jede Maßnahme wurde zunächst als politisch neutrales, wissenschaftliches Heilmittel zur Behandlung störender sozialer Krankheiten vorgestellt. Jedes konkrete Programm, das entwickelt wurde, war in eine undurchsichtige, esoterische Fachsprache gekleidet, die Klassen- und rassische Interessen verschleierte . . . Soziale Probleme wurden als »vielschichtig« dargestellt, die »umfassende« und »koordinierte« Lösungen erforderten . . . Was die Fachleute selber betrifft, so boten sie gern ihre politischen Dienste an, da die städtischen Aktivitäten der Bundesregierung auch Mittel und Möglichkeiten zur Entwicklung ihrer eigenen beruflichen Ambitionen boten (*Piven/Cloward* 1977: 33/f).

2. Sexismus in der Profession – die beruflichen Benachteiligungen von Sozialarbeiterinnen

Es scheint, als ob Frauen in der Sozialarbeit sich wegen ihres Geschlechts beruflich nicht diskriminiert fühlen. Und doch zeigen entsprechende Untersuchungen eindeutig, daß sie ihren männlichen Kollegen gegenüber benachteiligt sind: in der Entlohnung, den Aufstiegsmöglichkeiten und dem faktischen Ausschluß von bestimmten Arbeitsfunktionen. Um zu verstehen, wie diese geschlechtspezifisch ungleichen Chancen zustande kommen und sich reproduzieren, untersuchen wir, wer in den Beruf eintritt, wie die Geschlechtsverteilung der Sozialarbeitsstudenten während der Ausbildung ist, in welchen Studiengebieten sie sich wie verteilen, wie die Verteilung nach Arbeitsfunktion (Außendienst, Supervision, Innendienst, Verwaltung) und Arbeitsfeldern in der beruflichen Praxis geschieht u.ä. Dies geschieht zunächst an Hand statistischen Materials in Form einer Zustandsbeschreibung mit dem Ziel, die sich gegenseitig bedingenden Faktoren aufzuzeigen, deren Zusammenspiel die berufliche Benachteiligung von Sozialarbeiterinnen hervorbringen. Darüberhinaus soll jedoch nachgewiesen werden, daß selbst bei statistischem Ausschalten der besonderen Bedingungen der Frauentätigkeit (Doppelrollenbelastung, Qualifikationsnachteile etc.) eine Restgröße bestehen bleibt, die sich nur durch die Auswirkungen der sexistischen Annahme herleitet, daß Männer überlegeneres berufliches Handeln besitzen. Weiter wird dann die subjektive Seite der objektiv festgestellten Benachteiligungen beleuchtet. Auf welche Weise nehmen Männer und Frauen an der geschlechtlich unterschiedlichen Berufspraxis teil? Wie wird sie bereits in und durch die Ausbildung eingeübt?

2.1. Statistische Situationsanalyse: Verdienst, beruflicher Aufstieg, geschlechtsspezifische Tätigkeitsmerkmale, Qualifikationsniveau

Zunächst ist festzuhalten, daß Sozialarbeit nach der Zahl der dort Beschäftigten bis heute ein weiblicher Beruf geblieben ist. Das Zahlenmaterial für einen internationalen Vergleich hierzu ist nur bedingt aussagekräftig, da die Sozialarbeit in den verschiedenen Ländern heute, wie auch in ihrer jeweiligen geschichtlichen Entwicklung z.T. unterschiedliche Tätigkeitsfelder beinhaltet. Aber es gab insgesamt immer weit mehr bis doppelt so viele Frauen in der Sozialarbeit verglichen mit ihrem Anteil an allen Erwerbstätigen. Lag letzterer bei ca. 35 %, so bildeten die Sozialarbeiterinnen in ih-

rem Beruf (Deutschland, England, USA, Kanada) in den letzten 60 Jahren einen Anteil von 48–68 %.
Gleichzeitig zeigen die Zahlen jedoch auch den kontinuierlichen Anstieg der Männerbeschäftigung in der Sozialarbeit. Die Gründe hierfür lagen einerseits in der verstärkten Suche nach Beschäftigungsmöglichkeiten für Männer in Kriegs- und Krisenzeiten und andererseits in der Professionalisierung als einen Prozeß der Vermännlichung!
Betrachten wir zunächst die Einkommensverteilung. Frauen verdienen weniger als Männer und diese Einkommensschere verändert sich nur unwesentlich.

Tabelle 2: Durchschnittseinkommen der Beschäftigten in der Sozialarbeit nach Geschlecht (USA, NASW [1])

	Frauen in $	Männer in $	Frauenlohn in % des Männerlohnes
1961	6.600	7.700	85,7%
1964	7.975	8.820	89,3%
1968	10.500	12.000	87,5%

Quelle: *Stamm* 1969, Tab. 3, S. 40

Die Einkommensunterschiede beruhen sicherlich auch darauf, daß verschiedene Arbeitsfunktionen verschieden entlohnt werden und Frauen in diesen in unterschiedlich starken Maße beschäftigt sind. So erzielen die Mitarbeiter des Außendienstes, die die unmittelbare Arbeit mit den Klienten durchführen die geringste Entlohnung. Sie betrug z.B. 1968 für Einzelfallhelfer 9–10.000 $, für den Innendienst hingegen 13–14.000 $ (*Stamm* 1969: 42). Tab. 3 zeigt deutlich das Übergewicht der Frauen in den niedrig entlohnten Arbeitsfunktionen:

Tabelle 3: Verteilung nach Arbeitsfunktionen in der Sozialarbeit (Kanada, CASW [2]) nach Geschlecht, 1970, in %

Arbeitsfunktion	Frauen	Männer
Außendienst	58%	28%
Supervision	19%	19%
Innendienst/Verwaltung	23%	53%
	100%	100%

Quelle: *Gripton* 1974, Tab. IV, S. 83

1 Nationaler Berufsverband der Sozialarbeiter (National Association of Social Workers – NASW).
2 Kanadischer Berufsverband der Sozialarbeiter (Canadian Association of Social Workers – CASW).

Eine amerikanische Untersuchung (*Stern/Grimm* 1974: 698) zeigt, wie die Zunahme der Männer im Beruf sich überproportional im höherentlohnten Innendienst abspielt. Waren 1950/55 von dem Drittel männlicher Sozialarbeiter (an allen Sozialarbeitenden) 40 % im Innendienst, so waren es 1968 schon 58 % (bei 43 % Männeranteil an allen Sozialarbeitenden). In England waren 1961 nur 12 % aller in der psychiatrischen Sozialarbeit beschäftigten sozialarbeitenden Männern, aber in leitenden, verwaltenden Positionen befanden sich 30% Männer (*Walton* 1975: 224). Lohndiskriminierungen gegen Sozialarbeiterinnen werden vor allem dann offenbar, wenn wir die unterschiedliche Bezahlung von Männern und Frauen innerhalb derselben Arbeitsfunktion betrachten.

Tabelle 4: Jahreseinkommen in ausgewählten Arbeitsfunktionen nach Geschlecht, USA 1971/72, in %:

	Leitung und Verwaltung		Einzelfall-helfer		Lehrende	
Jahreseinkommen	Männer n = 3019	Frauen n = 1972	Männer n = 1528	Frauen n = 4109	Männer n = 715	Frauen n = 775
unter $ 8.000	1,66	3,45	3,20	4,07	2,94	6,01
8–12.000	6,72	15,01	34,04	48,46	9,93	21,44
12–15.000	34,65	43,03	51,77	34,58	39,58	44,97
16–20.000	33,06	28,19	9,42	5,50	29,51	21,31
20–25.000	16,06	6,34	0,92	0,22	11,89	5,05
25.000 und mehr	7,85	1,98	0,65	0,17	6,15	1,21
insgesamt	100	100	100	100	100	100

Quelle: *Fanshel* 1976, Tab. 6 u. 9, S. 452/3

Diese Ungleichbezahlung im gleichen Tätigkeitsfeld verschärft sich noch bei zunehmender Beschäftigungsdauer. So erzielten für den Zeitraum von 1957–1964 in den USA 31 % der Sozialarbeiter einen Gehaltsanstieg von 85 %, jedoch erreichten nur 10 % der Sozialarbeiterinnen 71 % mehr Lohn, obwohl die untersuchte Gruppe gleiche Qualifikationen und Arbeitsbereiche hatte (*Valentich* 1975: 8).
Zusammenfassend läßt sich sagen, daß die Sozialarbeiterinnen ein niedrigeres Einkommen erzielen, weil sie überwiegend in den niedriger entlohnten Arbeitsfunktionen und Berufsfeldern arbeiten. Diese Gebiete sind mit den traditionellen Bereichen der Sozialarbeit identisch, durch ihre Klientennähe bestimmt und durch gesellschaftlich definierte weiblich-helfende Arbeitsmethoden charakterisiert. Die fortbestehende innerberufliche ge-

schlechtliche Arbeitsteilung honoriert die männliche Arbeitskraft mit höherem Einkommen. Einflußfaktoren auf Einkommenshöhe und Tätigkeitsbereiche können wir im Familienstand, Alter und Art des Beschäftigungsverhältnisses vermuten. Die Durchsicht amerikanischer und kanadischer Daten ergibt, daß Sozialarbeiter durchschnittlich wesentlich jünger als ihre Kolleginnen sind und Sozialarbeiterinnen überwiegend ledig oder alleinstehend, ihre Kollegen jedoch zumeist verheiratet sind (*Stamm* 1969: 37, *Fanshel* 1976: 450). Verheiratete Sozialarbeiterinnen spüren also augenscheinlich die Belastungen der Doppelrolle (Beruf, Ehe und eventuell Kinder) und brechen ihre Berufskarrieren ab. Ihr Anteil an alten Sozialarbeiterinnen sinkt von 2/3 auf die Hälfte, wenn sie über 35 Jahre alt sind (*Gripton* 1974: 82). Dabei sind Mütter am stärksten gezwungen, den Beruf aufzugeben oder nur teilzeitbeschäftigt zu sein, während verheiratete kinderlose und unverheiratete Frauen überwiegend voll arbeiten, aber auch sie bei weitem nicht so häufig wie Männer (Tab. 5). 1971/72 waren 37 % der Männer in der Verwaltung beschäftigt, wo die höchsten Einkommen erzielt wurden, entgegen nur 23 % der kinderlosen alleinstehenden Frauen und nur 14 % der Verheirateten mit Kindern (*Fanshel* 1976, Tab. 4, S. 451).

Tabelle 5: Arbeitszeit von Sozialarbeitern nach Geschlecht und Familienstand (USA, NASW), 1969, in %

Beschäftigungsstatus	alle Männer	alleinstehende Frauen	verheiratete Frauen ohne Kinder	mit Kinder unter 5 J.	6–10 J.
Vollzeit	96,9	76,5	79,2	27,0	39,9
Teilzeit	1,7	14,7	12,4	41,8	43,7
Nichtbeschäftigt	1,4	8,8	8,4	31,2	16,4
	100	100	100	100	100

Quelle: *Stamm* 1969, Tab. 4, S. 37

Der Ausbildungsprozeß zur Sozialarbeit ist sicherlich eine richtige Station vorberuflicher Sozialisation. Nicht nur Fachwissen und professionelles Selbstverständnis, sondern auch geschlechtsspezifische Erwartungshaltungen und Wertvorstellungen werden den Studierenden dort vermittelt. Zunächst ist jedoch auf die starke Zunahme der Zahl der Männer in der Sozialarbeiterausbildung hinzuweisen, die den Prozeß der fortschreitenden Vermännlichung des Berufsfelds auch in Zukunft vorantreiben wird:

Tabelle 6: Geschlecht der Studierenden im Diplomstudiengang Sozialarbeit USA in %

	1920–40	45	62	67	68	69	70	71	72	73	74	75
Männer	ca. 12	8	42	36	40	38	38	37	36,5	35,3	33,8	32,8
Frauen	ca. 88	92	58	64	60	62	62	63	63,5	64,5	66,5	67,5
	100	100	100	100	100	100	100	100	100	100	100	100

Quelle: *Valentich* 1975: 4 und Council on Social Work Education 1976: 15

Allerdings zeigt die Tab. 6 auch ein Stagnieren der Männer an allen Graduierten ab 1969 und danach ein klares Absinken. Dieser Trend deckt sich im übrigen mit der Entwicklung der Zahl der Studierenden an Fachhochschulen für Sozialarbeit in der Bundesrepublik. Bevor man dies jedoch kurzschlüssig als Ende des »Vermännlichungsprozesses« interpretiert, muß man wissen, daß in dem genannten Zeitraum die Frauenquote an allen Hochschulen stark angestiegen ist. So gesehen ist die neuerliche Zunahme von Sozialarbeitsstudentinnen geringer als die Zunahme der Frauen unter allen Studierenden. Das zunehmende Vordringen von Männern in die Sozialarbeit schreitet also weiter voran. Nimmt man die traditionellen Sozialarbeitsmethoden Einzelfallhilfe, Gruppenarbeit und Gemeinwesenarbeit (die bis vor kurzem die Grundlage der Curricula waren) als Indikatoren weiblicher und männlicher Berufsfelder, so zeigt Tabelle 7 die rollenkonforme Schwerpunktverteilung der Studierenden.

Tabelle 7: Geschlechtsspezifische Verteilung der Studierenden im MSW-Programm (Columbia University USA 1967/68) in %

Gemeinwesenarbeit	–	44% Männer
Arbeit mit Gruppen	–	26% Männer
Einzelfallhilfe	–	14% Männer

Quelle: Council on Social Work Education 1972: 26

Auch beim universitären Lehrpersonal in den Sozialarbeitsstudiengängen finden wir die zu erwartende geschlechtliche Arbeitsteilung wieder. Schon 1918 unterrichteten in Großbritanien 8 männliche und 1 weiblicher Professor auf Lebenszeit, jedoch 4 männliche und 10 weibliche lecturers mit Zeitverträgen (*Walton* 1975: 219). Tabelle 8 zeigt den kontinuierlichen Zuwachs männlicher Lehrender.

Tabelle 8: Verteilung des vollzeitbeschäftigten Lehrpersonals an der Universität nach Geschlecht, Kanada, in %

1951	=	35% Männer
1970	=	51% Männer
1973	=	66% Männer

Quelle: *Gripton* 1974: 86

An meinem Arbeitsplatz, der Bremer Fachhochschule für Sozialpädagogik und Sozialökonomie, sind 40% der Lehrbeauftragten, aber nur 27% der Dozenten Frauen. Alle Funktionsträger sind Männer. Die eigene Durchsicht der Vorlesungsverzeichnisse der meisten deutschen Fachhochschulen für Sozialarbeit ergab fast das gleiche Ergebnis. In der Hierarchie des Lehrpersonals überwiegen die Frauen in den niedriger besoldeten, unterrichtsintensiven Zeitvertragspositionen (*Gripton* 1974: 88, Council an Soc. Work Ed. 1976: 34/5). Es überrascht daher auch nicht, daß Forschung zumeist von den Männern betrieben wird, die durch Publikationen dann erneute Karrierevorteile erlangen. Eine Fallstudie in den USA ergab hierzu, daß etwa 2/3 aller Bücher und Artikel im Fachgebiet der Sozialarbeit von Männern verfaßt sind (*Rosenblatt* 1978: 425). An fast allen deutschen und nordamerikanischen Ausbildungsstätten für Sozialarbeit gibt es nur Männer als Rektoren.

Diese Tatbestände ergeben sich nun z.T. aus der unterschiedlichen Qualifikationshöhe. 1975 promovierten in den USA fast doppelt so viele Männer wie Frauen im Studiengang Sozialarbeit (Council an Soc. Work Ed. 1976: 16). Das Einkommen der Hochschullehrenden ist ein Spiegel dieser Situation. So betragen die durchschnittlichen Einkünfte 1972/73 an den 87 nordamerikanischen Schools of Social Work bei den Männern über 17.000 $ im Jahr und bei den Frauen nur 15.000 $ jährlich (Council an Soc. Work Ed. 1976: 17).

Man könnte erwarten, daß der Berufsverband der Sozialarbeiter (und in der Bundesrepublik die entsprechenden Gewerkschaften) sich dieser besoldungspolitischen Probleme annähmen. Das ist bislang kaum der Fall gewesen, was vielleicht u.a. auch mit der Tatsache zusammenhängen mag, daß z.B. in den USA im nationalen Berufsverband (NASW – National Association of Social Workers) 2/3 aller Vorstands- und Leitungsposten von Männern bekleidet worden, obwohl sie nur etwas mehr als ein Drittel aller Mitglieder ausmachen. In diesem Zusammenhang soll ein kurzer Blick auf die Politik der Berufsverbände in der Frage des Sexismus geworfen werden. Nach langer Anlaufzeit haben sie zum Problem des Rassismus

Stellung bezogen und auf eine die ethnischen Minoritäten nicht mehr benachteiligende Zusammensetzung der eigenen Gremien geachtet. Nicht so im Fall der Geschlechtsdiskriminierung. Seit mehreren Jahren steht die Ratifizierung des »Equal Rights Amendment« zur amerikanischen Verfassung an, das generell jede Benachteiligung auf Grund der Geschlechtszugehörigkeit verbietet. Es gibt nur äußerst halbherzige Stellungnahmen dazu von den Berufsverbänden. Als in Kanada eine Regierungskommission zur Untersuchung der Lage der Frauen ihre Arbeit aufnahm und unzählige Experten und betroffene Organisationen in Hearings befragte, gab es keine Stellungnahme von der Canadian Association of Social Work. »Obwohl der Vorstand zu jener Zeit eingeladen wurde, um seine Meinung darzulegen, teilte der CASW-Vorstand der Untersuchungskommission mit, daß sie keine Stellungnahme abgeben würde. Anscheinend war die CASW damals der Ansicht, daß es hier um keine ‚national bedeutsame Frage' ging« (*Gelber* 1973: 2). Die amerikanische NASW hat per Beschluß der Jahreshauptversammlung ihrer Delegierten 1973 eine »Task Force on Women in Social Welfare«, später »NASW-Committee on Women's Issues« eingerichtet, die u.a. auch die Stellung weiblicher Sozialarbeiter in der Profession untersuchen soll. Erste Ergebnisse zeigten, daß 1974 nur 38 % der Ortsverbände Frauenprobleme auf ihren Tagesordnungen hatten und daß der Frauenanteil in den Führungsgremien der NASW weit geringer als ihr Mitgliederanteil war. Das Ziel des Komitee ist es: » . . .

1. sicherzustellen, daß Frauen den ihnen zustehenden Anteil bezüglich der Arbeitsplätze, Ausbildung, Beförderung, Vorstandsmitgliedschaft und anderen Führungspositionen im Gebiete der Sozialarbeit innerhalb der NASW erhalten,
2. solche Verfahren und Praktiken innerhalb der Profession zu verändern, die negative Einstellungen Frauen gegenüber widerspiegeln und die Frauen in untergeordneten Stellungen setzen,
3. solche Sozialplanungen und soziale Dienste zurückzuweisen, die die Bedürfnisse von Frauen mit deren Kindern mißachten . . .
4. die Verantwortung dafür zu übernehmen, sozialpolitische Entwicklungen mit dem Ziel zu beobachten und zu beeinflußen, Sexismus nicht nur in der Profession, Sozialarbeiterausbildung und sozialen Diensten zu eliminieren, sondern im Staat insgesamt« (*Kravetz* 1976: 425).

Inzwischen kann auf Erfolge verwiesen werden: 1970 waren 74,7 % Männer und 86 % Weiße in den nationalen Führungsgremien der NASW; 1976 waren es 50% Frauen und 30% ethnische Minoritäten (*Mahaffrey* 1976: 419). Monatlich erscheint eine NASW- Zeitschrift »Woman Power«, die vom Frauenkomitee herausgegeben wird, ebenso wie verschiedene Untersuchungsergebnisse über Sexismus im eigenen Berufsverband, sexistische Ausbildungsinhalte im Studiengang. Außerdem wurden auf der NASW-Jahresdelegiertenversammlung 1975 verschiedene Anträge des Frauenkomitees zur Verbesserung der beruflichen Stellung von Sozialarbeiterinnen angenommen. Das Komitee verschickt Schulungsmaterialien zur Frauenfrage in der Sozialarbeit. Auch das Council on Social Welfare Education (CSWE), das in den USA über die Anerkennung der einzelnen Studiengänge entscheidet, wendet inzwischen eine besondere Richtlinie zur Prüfung der Curricula hinsichtlich geschlechtsdiskriminierender Inhalte an.

Welche Aussagen lassen sich nun auf Grund des statistischen Materials über die Gründe für den geringen beruflichen Status von Sozialarbeiterinnen machen? Wir können vermuten, daß vor allem Kinder und Heirat und die dadurch bedingte Unterbrechung beruflichen Vorankommens, Teilzeitbeschäftigung, wohl auch geringere regionale Mobilität der verheirateten Frauen, sowie die in der Ausbildung bereits angelegte Kanalisierung weiblicher Studenten in bestimmte Arbeitsfunktionen und Berufsgebiete, die am unteren Ende der Bezahlungs-, Beförderungs- und Statusskala rangieren, insgesamt einander bedingende und verstärkende Faktoren sind. In der Literatur werden zudem noch weitere Gründe aufgeführt: niedrigere Qualifikation (was jedoch im Bereich der Sozialarbeit nur bedingt gilt), Mängel an intrinsischer Berufsmotivation, sowie fehlende Karriereplanung und geringes Durchsetzungsvermögen. Tatbestände solcher Art lassen sich jedoch kaum statistisch messen.

Insgesamt wurde jedoch im allgemeinen eine – wenn auch nicht im einzelnen quantifizierbare – negative Beeinflussung des beruflichen Status der Frauen durch alle genannten Faktoren behauptet, und man hat daraus geschlossen: »Geschlechtliche Unterschiede im beruflichen Erfolg müssen nicht notwendigerweise die Existenz von Vorurteilen (als einer Form subjektiven Sexismus – d. V.) beweisen . . .« (*Scotch* 1971: 7). Das war richtig, bis es gelang, durch statistische Gewichtung der einzelnen Faktoren ihren jeweiligen Beitrag z.B. zur Erklärung des ca. 12,5 % niedrigeren Durchschnittseinkommens amerikanischer Sozialarbeiterinnen 1968 zu errechnen, wobei sich zeigte, daß eine ansehnliche Restgröße verblieb: Einkommensdiskriminierung ausschließlich wegen des Geschlechts.

Es kann gezeigt werden, daß Frauen in denselben leitenden Funktionen weniger oft vertreten und geringer bezahlt werden als Männer, obgleich sie die gleichen Ausbildungsqualifikationen und sogar längere Berufserfahrung und Seniorität besaßen und öfter in Großstädten arbeiteten, wo die Gehälter etwas höher sind. Auf unverheiratete/alleinstehende Frauen treffen die oben aufgeführten statistisch erfaßbaren Faktoren für niedrigeren beruflichen Status nicht zu; dennoch errechnete *Gripton*, daß »die durchschnittlichen Gehaltsunterschiede zwischen den beiden Gruppen (alleinstehende Frauen und Männer – d. V.) bei konstant gehaltener beruflicher Stellung und Erfahrung 8,17 % betrug und daß der Anteil der Männer in den administrativen Berufspositionen verglichen mit denen der Frauen um 70% höher lag« (*Gripton* 1974: 85).

In einer Fallstudie untersuchten *Williams* u.a. 1971 den beruflichen Werdegang von 269 Diplom-Absolventen der Abteilung Sozialarbeit der Universität Texas. Dabei kontrollierten sie den Einfluß unterschiedlicher Dauer und Kontinuität der Arbeit und Berufserfahrung von Männern und Frauen: die Frauen verdienten weniger. Danach verglichen sie unverheiratete/alleinstehende Frauen mit verheirateten Frauen bei gleicher Dauer der Berufstätigkeit und Vollzeitbeschäftigung: beide erzielten gleich geringe Entlohnung. Die Kosten der Doppelrolle sind also nicht oder doch nur teilweise die Gründe für die Minderbezahlung.

Gould/Kim untersuchten 1972/73 die Bezüge von Hochschullehrern von 87 Schools of Social Work in den USA und Kanada. Dabei wurden fünf Variablen statistisch kontrolliert, die auf die unterschiedliche Einkommenshöhe von Männern und Frauen sicherlich Einfluß haben: beruflicher Status, Promotion, ethnische Zugehörigkeit, Zahl der Publikationen und Dauer der Lehrerfahrung. »Die Ergebnisse deckten auf, daß die fünf unabhängigen Variablen nur 23 % der Streuung (in der Einkommenshöhe – d. V.) verursachten« (*Gould/Kim* 1976: 53). Es existiert also Sexismus in der Profession, und man kann annehmen, daß sein Kern in der diskriminierenden Beförderungspraktik liegt. Hierzu wären Einzelfallstudien nötig.

Wenn wir hier den Tatbestand eines herrschenden Sexismus in der Sozialarbeit herausgearbeitet haben, so muß sich dieser auch im Bewußtsein der Betroffenen wiederfinden lassen. Bisher hat sich kaum offene Kritik am Sexismus innerhalb der Profession artikuliert. Wie schon früher beschrieben, hat das seine Gründe in der geschichtlichen Entwicklung dieses Berufs. Seit dem Beginn der »neuen« Frauenbewegung ab 1965 beginnt sich dies jedoch zu ändern. Alternative nichtsexistische Hilfsdienste für Frauen sind außerhalb der Sozialarbeit entstanden. Aber auch über neue Ansätze z.B. im amerikanischen Berufsverband ist oben berichtet worden. Sozialarbeiterinnen haben den Kampf gegen Sexismus aufgenommen, ein Problembewußtsein ist entstanden. In der einzigen mir bekannten empirischen Untersuchung wurden 1974 in Kalifornien 160 Sozialarbeiter, alle NASW-Mitglieder, per Fragebogen u.a. zum Problem des Sexismus in ihrem Beruf befragt (*Zietz/Erlich* 1976). Die Verteilung nach Männern/

Frauen, Alter und Berufsfeldern war in etwa repräsentativ. Die Wahrnehmungsquote des Sexismus im Beruf war erwartungsgemäß bei den Männern niedriger als bei den Frauen. Sozialarbeiterinnen in den verschiedensten Berufsfeldern haben begonnen, auf Grund der erfahrenen und bewußtgewordenen Diskriminierungen, Maßnahmen zu ergreifen. Sie haben in vielen Organisationen Frauenkomitees gebildet, sie haben Untersuchungsarbeit über sexistische Praktiken in ihrem Arbeitsbereich geleistet. In vielen Fällen konnten sie ihre Anstellungsträger zwingen, interne oder externe Untersuchungskommissionen und institutionalisierte Beschwerdeinstanzen für sexistische Berufsbenachteiligungen einzurichten. Sind dies zunächst Aktivitäten, die auf die Verbesserung des eigenen beruflichen Status der Sozialarbeiterinnen gerichtet waren und immerhin das Durchbrechen des traditionell mangelhaften Lohnarbeiterbewußtseins bedeuteten, so hat diese Bewegung sich doch auch folgerichtig den Problemen sexistischer Diskriminierung von Klientinnen in der Sozialarbeit zugewand.

In der Literatur entsteht manchmal der Eindruck, als sei die feststellbare sexistische Benachteiligung der Frauen in der Sozialarbeit Ergebnis männlicher Verschwörung und bewußten Handelns. Eine solche Erklärung geht am Kern des Problems vorbei, obwohl man sicherlich unzählige Beispiele sexistischen Handelns aufführen kann. Es ist in diesem Zusammenhang nützlich, einmal die Auswirkungen für die Sozialarbeiter zu beschreiben, die sich aus ihrer Stellung in einem als heute weiterhin als weiblich angesehenen Beruf ergeben (vgl. *Jehu* 1970). Bisher haben wir die Minorität der Männer in der Profession als Nutznießer des herrschenden Sexismus gesehen.

Auch in der Sowjetunion, wo rund 75 % aller Ärzte Frauen sind, ist die übergroße Mehrzahl der leitenden Stellungen von Männern besetzt. »Die sowjetische Medizin ist wie die Sozialarbeit in den USA: sie gibt einer jungen männlichen Minderheit die Möglichkeit zu einer steilen Verwaltungskarriere« (*Wilensky* 1968: 240). Trotzdem müssen Männer einen Preis zahlen für ihre nichtrollenkonforme Berufwahl. Ist es heute noch weiterhin praktisch unmöglich, ein »Hausmann« zu sein, so wußten Kindergärtner von vielerlei entmutigenden Reaktionen ihres sozialen Umfeldes zu berichten. *Kadushin* (1976) hat eine Befragung bei einer repräsentativen Auswahl (n = 259) von Sozialarbeitern durchgeführt, um solche »Rollenbelastungen« aufzuspüren. Dabei zeigte sich, daß viele Sozialarbeiter (38 %) sich nur ungern anderen Männern gegenüber als Sozialarbeiter zu erkennen geben, weil jene dann mit Verwunderung und Lächeln reagieren. 15 % empfinden eine unangenehme Spannung zwischen dem allgemein gefühlsorientierten Sozialarbeitsklima und ihren eigenen eher rationalen Problemlösungsstrategien. 43 % haben erlebt, daß Klientinnen ihnen ihre Probleme nicht offen schildern mögen. Auf die Frage, was Männer am meisten von der Sozialarbeit als Beruf abhält, antworteten 64 %: die vergleichsweise geringen Gehälter.

Viele der von uns bisher untersuchten Merkmale besonderer beruflicher Vorrangstellung der Männer können weniger durch die »Verschwörungstheorie«, sondern weit plausibler als Ergebnisse bestimmter Anpassungsprozesse männlicher Beschäftigter in einem »weiblichen« Beruf gedeutet werden. Viele berufliche Minderheiten haben sich auf bestimmte Teilarbeitsbereiche spezialisiert, die ihrer Geschlechtsrolle näher liegen. Ich glaube allerdings, daß Frauen, die in traditionelle Männerberufe eintreten, neben ihren eigenen Bemühungen, den Konflikt zwischen Frauen- und Berufsrolle zu minimieren, mindestens ebenso stark durch sexistische Praktiken in solche weibliche Berufsreservate abgedrängt werden. Bei den Männern geschieht etwas Ähnliches: »Inseln der Männlichkeit können daher innerhalb eines Berufs entstehen, der als weiblicher angesehen wird und dadurch wird der Rollenstreß zwischen Geschlechtsidentität und Berufsrolle für den Mann minimiert« (*Kadushin* 1976: 444).

Der herrschende patriachalisch strukturierte Sexismus stellt jedoch für männliche Minderheiten die materiell und dispositionsmäßig lukrativen Arbeitsreservate her. Und so finden sich denn, wie bereits beschrieben, überwiegend Männer in bestimmten Arbeitsgebieten, Methoden und Arbeitsfunktionen wie z. B. der Leitung und Verwaltung. Gerade letzteres demonstriert, wie Rollenbelastung minimiert wird: Administrative Tätigkeit wird als männlich erkannt, sie entbindet von direkter Klientenarbeit und entkommt dadurch möglichen geschlechtsbedingten Arbeitskomplikationen; sie wird nicht von (in der Sozialarbeit allerdings häufiger anzutreffenden) weiblichen Supervisoren kontrolliert und schließlich verdient »mann« dort mehr.

Wir wissen um die höheren Einkommen von Männern und daß dies zu einem Gutteil auf nichts anderem als eben der Geschlechtszugehörigkeit beruht. Aber Männer vergleichen ihre Bezüge mit denen von männlichen Kollegen aus anderen Berufen mit entsprechender Ausbildung, und dabei schneiden sie sehr schlecht ab. Frauen hingegen verdienen in der Sozialarbeit, ungeachtet der innerberuflichen Diskriminierung, durchschnittlich mehr als Frauen in vergleichbaren Berufen. Hinzu kommt, daß Männer in der Sozialarbeit, da häufiger verheiratet als ihre Kolleginnen und mit mehr minderjährigen Kindern, in der Regel ihr Einkommen auf mehrere Familienmitglieder verteilen. Das drückt sich z. B. darin aus, daß 31 % aller männlichen Sozialarbeiter in den USA 1968 eine bezahlte Nebenbeschäftigung ausübten, während dies nur für 8 % der Frauen galt (*Stamm* 1969: 43).

2.2. Exkurs: Empirische Untersuchungsergebnisse zur beruflichen Lage von Sozialarbeiterinnen/Sozialpädagoginnen (SA/SP) in Bremen [1]

Für die Untersuchung der beruflichen Situation weiblicher SA/SP in der BRD fehlen alle notwendigen statistischen Daten. Es gibt nicht einmal die Angabe der Gesamtzahl; das Statistische Jahrbuch weist SA/SP als Berufsgruppe nicht gesondert aus.

Tabelle 9: Anzahl und Geschlecht der beschäftigten SA/SP [2] in Bremen, 1978:

Geschlecht	Zahl d. SA/SP insgesamt	davon im öff. Dienst	%
Männer	696	658	69%
Frauen	322	290	31%
Insgesamt	1018 [3]	948	100%

Quelle: *Hansen/Remmers* 1978: 9

Daß in Bremen 94 % aller SA/SP im öffentlichen Dienst beschäftigt sind, ist für die Verhältnisse bundesweit höchst untypisch und schmälert die Generalisierbarkeit der folgenden Aussagen.

1 Ich stütze mich im folgenden auf die Untersuchung von *Hansen/Remmers*, Zur beruflichen Situation von Sozialarbeiterinnen und Sozialpädagoginnen in Bremen, unveröff. Abschlußarbeit an der HfSS Bremen 1978, die die einzige mir bekannte empirische Arbeit zu diesem Thema in der BRD ist.

2 Alle folgenden Angaben beziehen sich ausschließlich auf graduierte und diplomierte SA/SP.

Tabelle 10: Geschlechtsspezifische Verteilung der Bremer SA/SP auf einzelne Arbeitsfelder, 1978:

Bereich	absol. Frauen in %	absol. Männer in %
Amt für Familienhilfe	95 (65,1%)	51 (34,9%)
Kindertagesheime	362 (91,6%)	33 (8,4%)
Jugendfreizeitheime	27 (49,1%)	28 (50,9%)
Erziehungsberatungsstellen	8 (61,5%)	5 (38,5%)
Jugendamt	54 (46,2%)	63 (53,8%)
Sozialamt	10 (37,0%)	17 (63,0%)
Strafvollzugsamt	1 (7,7%)	12 (92,3%)
Heilpädagogische Kinder-/Jugendheime	30 (66,7%)	15 (33,3%)
Hauptgesundheitsamt	13 (92,9%)	1 (7,1%)
Krankenanstalten	10 (55,6%)	8 (44,4%)
Männerwohnheim	2 (50,0%)	2 (50,0%)
Mütterschule	5 (62,5%)	3 (37,5%)
Landgericht/Amtsgericht	5 (17,2%)	24 (82,8%)
Aufnahme- u. Beobachtungsheim	5 (45,5%)	6 (54,5%)
Martinshof	2 (40,0%)	3 (60,0%)
Senatorische Dienststellen	7 (41,2%)	10 (58,8%)
Schulbereiche	15 (75,0%)	5 (25,0%)
Sonstige	7 (63,6%)	4 (36,4%)
n = 948	658	290

Quelle: *Hansen/Remmers* 1976: 9

Bereiche mit einem erheblich höheren Frauenanteil als die Geschlechtsproportion aller praktizierenden SA/SP sind: Kindertagesheime, Gesundheitsämter und die sozialpädagogischen Tätigkeitsfelder in Schulen. Hier wird hauptsächlich direkt mit Kindern bzw. erwachsenen Klienten gearbeitet, aber, wie noch nachgewiesen wird, niedriger entlohnt als administrative Tätigkeiten.

Im Amt für Familienhilfe, den Erziehungsberatungsstellen, den heilpädagogischen Kinder- und Jugendheimen und der Mütterschule sind die Geschlechterelationen in etwa denen der Gesamtverteilung gleich; d. h. allerdings, daß hier absolut gesehen mehr Frauen als Männer arbeiten, es sich also immer noch um typisch weibliche Arbeitsfelder handelt. Dagegen sind Männer überproportional vertreten in den Jugendfreizeitheimen, im Sozialamt, im Jugendamt, im Strafvollzugsamt, im Land- und Amtsgericht, in Aufnahme- und Beobachtungsheimen und in den senatorischen Dienst-

stellen. Es fällt auf, daß alle Bereiche der Organisation, Leitung, Planung und Personalentscheidung Männerdomänen sind. Es herrscht also insgesamt eine innerberufliche geschlechtsspezifische Arbeitsteilung nach Klientengruppe, Klientennähe und Arbeitsfunktion.
Im deutschen Kontext ist wichtig zu wissen, in welchem Maße männliche und weibliche SA/SP beamtet oder angestellt sind, weil diese Trennung für die uns interessierenden Unterschiede der Qualifikation, Entlohnung und Karrieremuster bedeutsam sind.

Tabelle 11: Zahl der beamteten und angestellten SA/SP in Bremen nach Geschlecht, 1978:

	Frauen	Männer	Insgesamt
Beamte	174	167	341
in %	26,4	57,6	36
Angestellte	484	123	607
in %	73,6	42,4	64
Gesamt	658	290	948

Quelle: *Hansen/Remmers* 1978: 11

Mehr als die Hälfte aller männlichen SA/SP sind also Beamte, bei den Frauen hingegen nur ein Viertel. Es ist hinreichend bekannt, welche Privilegien (Bezüge, Arbeitsplatzsicherheit) der Beamtenstatus mit sich bringt.
Auch wenn man die Bezüge der Angestellten und Beamten jeweils gesondert auch nach Geschlecht vergleicht, ergibt sich in beiden Gruppen, daß Frauen in den niedrigen Besoldungsgruppen überwiegen, während die Männer in den höheren überrepräsentiert sind (*Hansen/Remmers* 1978: 14).
Die Einkommen in den oben beschriebenen »männlichen« und »weiblichen« Arbeitsfeldern der Sozialarbeit sind, wie nicht anders zu erwarten, unterschiedlich hoch. In den Bereichen der Kindertagesstätten, Schulsozialarbeit und Gesundheitsamt, in denen überwiegend Sozialarbeiterinnen arbeiten, befinden sich nur 6 % in den höheren Besoldungsgruppen, während es in den »männlichen« Arbeitsfeldern (z. B. Heime, Jugendfreizeitstätten, Sozialamt) 35 % sind:

Tabelle 12: Verdienstvergleich in »weiblichen« und »männlichen« Arbeitsfeldern (nach Besoldungsgruppen = BG), Bremen 1978

hohe BG A 11 – A 15 1b – 4a	mittl. BG A 10 4b	niedr. BG A 9 5b	
27 6,3%	292 68,1%	110 25,6%	Anzahl der SA/SP in »weibl.« Arbeitsfeldern (Schulen, Kindertagesheimen, Gesundheitsamt)
94 34,9%	113 42,0%	62 23,1%	Anzahl der SA/SP in »männl.« Arbeitsfeldern (Sozialamt, Jugendamt, Strafvollzug, Bewährungshilfe, Aufnahme- und Beobachtungsheime, sonstige Dienststellen
169 17,8%	538 56,8%	241 25,4%	Anzahl der SA/SP in allen Bereichen des öffentlichen Dienstes

Quelle: *Hansen/Remmers* 1978: 17

Die geschlechtsspezifische Einkommensschere öffnet sich weiter mit zunehmendem (Dienst-) Alter der Beschäftigten. So befanden sich z. B. in Bremen 1978 von allen Sozialarbeiterinnen unter 35 Jahren nur 6 % in den höheren Besoldungsgruppen, während es bei den jüngeren Sozialarbeitern mehr als doppelt so viele (13,7 %) waren. Dagegen sind von allen Männern über 45 Jahren 2/3 in den hohen Besoldungsgruppen, aber nur 2/5 der entsprechenden Gruppe der Sozialarbeiterinnen (Hansen/Remmers 1978: 18). Die Einkommensdiskriminierung gegen Frauen scheint also eine Doppelte zu sein: Benachteiligung wegen des Geschlechts und des Alters, denn Männer überwiegen in den hohen Besoldungsgruppen in jeder Altersgruppe. Augenscheinlich steigen junge Sozialarbeiter aus den niedrigen Verdienstgruppen schneller auf als Sozialarbeiterinnen.
Andererseits ist die Doppelrolle verheirateter SA/SP ein wesentlicher Grund für ihre untergeordnete Lage im Beruf. Es gab in Bremen (März 1978) keinen einzigen teilzeitbeschäftigten Sozialarbeiter/Sozialpädagoge, aber 100 Frauen, von denen 95 verheiratet sind. Dennoch wird auch dieser quasi objektive Benachteiligungsgrund durch Angaben über ledige Sozialarbeiterinnen/Sozialpädagoginnen relativiert, die ja keine Nachteile aus einer Doppelrolle erleiden:

Tabelle 13: Verdienstvergleich zwischen ledigen SA/SP nach Geschlecht, über 35 Jahre alt, Bremen 1978

Ledige Frauen über 35 J. in hohen Verdienstgruppen	33	24%
Ledige Frauen über 35 J. insg.	136	100%
Männer über 35 J. in den hohen Verdienstgruppen	76	55,5%
Männer über 35 J. insg.	137	100%

Quelle: *Hansen/Remmers* 1978 : 25

Selbst ledige Frauen (ohne Doppelbelastung, vollzeitbeschäftigt, mit langjähriger Berufspraxis) befinden sich nicht einmal halb so häufig in der hohen Verdienstgruppe wie ihre männlichen Kollegen.
Da die Qualifikation aller SA/SP in diesem Bremer Sample gleich ist, bleibt also ein durch keinen objektiven Faktor erklärbarer »Rest« beruflicher Benachteiligung weiblicher SA/SP, der in sexistischer Diskriminierung besteht.
Wir haben also für Bremen ein tendenziell vergleichbares Ergebnis wie für die USA und Kanada erhalten. Auch die folgenden statistischen Angaben für das gesamte Bundesgebiet belegen die Vergleichbarkeit, obwohl sie nur äußerst bruchstückhaft vorliegen.
In der amtlichen Berufsstatistik der Bundesanstalt für Arbeit werden in der Berufsklasse 86 die »sozialpflegerischen Berufe« statistisch erfaßt. Dazu gehören jedoch ganz unterschiedliche Arbeitsfelder, beruflicher Status und Qualifikationshöhen:

Tabelle 14: Entwicklung der Berufsgruppe 86 »Sozialpflegerische Berufe«, BRD

Jahr	Bestand an Beschäftigten	davon Frauen	
	absolut	absolut	in %
1950	67.000	58.000	87
1961	96.000	81.000	84
1970	155.000	167.000	82
1973	167.800	140.000	83

Quelle: *Stooss/Otto* 1977, Tab. 1, S. 176, *Frenzel* 1978 : 50/51

Die sozialpflegerischen Berufe sind also mit 83 % eindeutig Frauenberufe, aber mit steigendem Männeranteil.

Wir betrachten nun die Zahlen für sozialpflegerische Berufe im engeren Sinne. Das sind die Berufsordnungen 861 und 862 der Systematik der Bundesanstalt für Arbeit: »Sozialarbeiter, Sozialpfleger, Sozialpädagogen und Heimleiter«:

Tabelle 15: Die erwerbstätigen »Sozialarbeiter, -pfleger, -pädagogen, Heimleiter« (Berufsordnungen 861 und 862) im Jahre 1970 nach der allgemeinen und beruflichen Bildung sowie nach Geschlecht:

Allgemeinbildung und beruflicher Abschluß	Insgesamt in %	davon: Männer in %	davon: Frauen in %
Bis einschl. Hauptschulabschluß	51	55	49
davon: keinen beruflichen Abschluß	6	4	6
(nur) betriebliche Berufsausbildung	14	28	8
schulische Ausbildung (nach »Lehre«)	16	13	17
schulische Ausbildung (ohne »Lehre«)	15	10	18
Mittlerer Bildungsabschluß (Realschule)	38	32	41
davon: keinen beruflichen Abschluß	2	2	2
(nur) betriebliche Berufsausbildung	6	12	4
schulische Ausbildung (nach »Lehre«)	16	12	18
schulische Ausbildung (ohne »Lehre«)	14	6	17
Mit Abitur	11	13	10
darunter:			
mit Fachschule/Höhere Fachschule	4	3	4
mit Hochschule	2	5	1
Zusammen (n)	69.300	20.400	48.900
	100%	21%	79%

Quelle: *Stooss/Otto* 1977, Tab. 14, S. 189

Das Verhältnis von Frauen zu Männern ist hier 71 zu 29. Wir sehen, daß die Frauen eine höhere Qualifikation besitzen, sowohl in der schulischen wie in der schulischen Berufsbildung. Sozialpflegerische Berufe versprechen also immer noch – wenn auch in abnehmendem Maße – für männliche Berufsanfänger einen sozialen Aufstieg. »Ganz eindeutig herrscht der Herkunft nach die Mittelschicht bei den weiblichen Sozialarbeitern/Sozialpädagogen vor; unter den männlichen Sozialarbeitern/Sozialpädagogen finden sich relativ mehr Personen aus Arbeiterfamilien . . . Selbst bei dieser generellen Anhebung des Ausbildungsniveaus bleibt der . . . bildungsmäßige Vorsprung der weiblichen Sozialarbeiter zunächst erhalten« (*Kreutz* 1977: 24/25, *Kunow* kommt hier dagegen zu etwas anderen Ergebnissen: vgl. *Kunow* 1977, S. 22/23, Tab. 20). Die Erwerbstätigen der Berufsordnung 861 und 862 sind zu 3/4 Angestellte, jedoch sind 10 % der Frauen Arbeiterinnen (die Männer nur zu 6 %) und ebenfalls 10 % Beamtinnen (die Männer jedoch zu 15 %) vgl. *Stooss/Otto* 1977, Tab. 5, S. 179).

Untersuchen wir den professionalisierten Teil der sozialen Arbeit, vor allem ab 1970, als die Ausbildung durch die Schaffung von Fachhochschulen für Sozialarbeit/Sozialpädagogik verwissenschaftlicht wurde, so ergibt sich eindeutig ein sinkender Frauenanteil. Dies bestätigt unsere allgemeine These vom Zusammenhang zwischen Professionalisierung und Vermännlichung. So betrug 1970 die Zahl aller erwerbstätigen Sozialarbeiter/Sozialpädagogen mit mindestens Fachschul- und Fachhochschulausbildung 43 200. Davon waren 62 % Frauen und 38 % Männer (vgl. *Stooss/Otto*, Tab. 9, S. 183). In einer Schätzung der Berufsverbände gab es 1976/77 ca. 27 000 graduierte oder diplomierte Sozialarbeiter/Sozialpädagogen, davon ca. 60 % Frauen und 40 % Männer (vgl. *Hansen/Remmers* 1978: 9). Bei steigender Qualifikation sinkt also der Frauenanteil von 71 % auf 62 % auf 60 %.

Betrachten wir die Entwicklung der Studentenzahlen. *Kunow* referiert alle statistischen Angaben über die Geschlechtsproportionen der Studierenden im Bereich Sozialarbeit/Sozialpädagogik, vergleicht sie mit seiner eigenen Erhebung norddeutscher Fachhochschulen und kommt zu dem Ergebnis: »Nimmt man . . . Sozialarbeit/Sozialpädagogik zusammen, so ergibt sich nach der vorliegenden Untersuchung ein Verhältnis männlich zu weiblich von 37 % zu 63 % . . . Seit 1971 ist das bis dahin zu beachtende Ansteigen männlicher Studenten im Bereich Sozialarbeit/Sozialpädagogik rückläufig« (S. 97). Der leicht rückläufige Trend bei den Männern relativiert sich jedoch auf den Hintergrund der starken Zunahme des Frauenanteils an den Studierenden insgesamt. Und außerdem ist der Anteil der Studenten an den großen Ausbildungsstätten, z. B. an der Bremer Fachhochschule auch heute noch weit über 40 %.

Die zwischen Männern und Frauen bestehenden Einkommensunterschiede bei gleicher schulischer Qualifikation sind beträchtlich:

Tabelle 16: Die erwerbstätigen »Sozialarbeiter, -pfleger, Sozialpädagogen, Heimleiter« (Berufsordnung 861 + 862) 1970, nach Bildungsabschluß und nach durchschnittlichem monatlichem Nettoeinkommen:

Bildungsabschluß	Verdienst insgesamt		Männer		Frauen	
	in DM	in %	in DM	in %	in DM	in %
Hauptabschluß	766	87	1055	93	630	82
Realschulabschluß und dergl.	957	109	1170	103	889	115
Abitur	1144	130	1352	120	1013	131
Insgesamt (n = 69.300)	879	100	1131	100	773	100

Quelle: *Stooss* 1978, Tab. 3, S. 101

Die Entwicklung der Arbeitslosigkeit im Berufsfeld zeigt deutlich, daß weibliche Berufstätige und Berufsanfänger überdurchschnittlich betroffen sind. Waren 1974 schon rund 2/3 der Arbeitslosen der Berufsordnung 861 und 862 Frauen (nämlich 532 von 777 Arbeitslosen insgesamt), so stieg ihr Anteil bis September 1977 auf 3/4 (4.554 Frauen von 6.091 Arbeitslosen). Ähnliche Relationen bestehen auch bei den arbeitslosen Berufsanfängern mit Fachhochschulabschluß (vgl. *Stooss* 1978, Tab. 8 und 9, S. 104). Die hier zitierte Untersuchung kommt schließlich zu dem Ergebnis: »Insgesamt zeichnet sich damit innerhalb des sozialpädagogischen Berufsfeldes eine Umschichtung ab: Beschäftiger versuchen die Arbeitsmarktlage zu nutzen, um Arbeitsplätze – soweit dies von den Stellen her möglich erscheint – an Männer zu vergeben« (*Stooss* 1978: 105).

Insgesamt ist festzuhalten, daß in der Bundesrepublik, so wenig aufbereitet die Daten auch sind, der Trend zur »Vermännlichung« des sozialarbeiterischen Berufsfelds, wie wir ihn für die USA fundiert untermauern konnten, sich ebenfalls durchgesetzt hat. Wenn jedoch bei den Zahlen der Studierenden in den letzten Jahren ein Anstieg des Frauenanteils zu verzeichnen ist, so mag dies mit der Entwicklung des Berufs zusammenhängen. Viele zerstörte Hoffnungen über den Politisierungseffekt sozialarbeiterischen Handelns und ein zunehmendes Zurücknehmen sozialreformerischer Ansätze, begleitet von Mittelkürzungen im Sozialbereich, sowie das »Hängenbleiben« der Professionalisierung der sozialen Arbeit wirken demotivierend vor allem auf zukünftige männliche Studierende, die bislang das Sozialarbeitsstudium u. a. aus politischen oder sozialen Aufstiegsgründen wählten.

2.3. Der subjektive Faktor im beruflichen Handeln – geschlechtsspezifische Berufsausbildung

Es soll versucht werden zu ergründen, wie und auf welche Weise Sozialarbeiterinnen durch ihr eigenes Denken und Handeln zu ihrer beruflichen Benachteiligung beitragen. Dabei geht es nicht darum, den Opfern der Diskriminierung die Schuld zuzuschieben (was in der Literatur nicht selten geschieht), sondern der Tatsache Rechnung zu tragen, daß Frauen traditionell zu Passivität und Abhängigkeit sozialisiert wurden. Wie planen Frauen ihre berufliche Karriere, wie stark setzen sie sich für ihre Rechte, ihren beruflichen Aufstieg ein? Sind sie weniger beruflich, sondern eher geschlechtsspezifisch (»Helfersydrom«) motiviert?

Eine US-amerikanische Fallstudie über die Entscheidungskriterien zur Spezialisierung auf eine der drei Sozialarbeitsmethoden während des Studiums (*Brager/Michael* 1969) zeigt sehr deutlich, wie geschlechtsspezifisch unterschiedliche Berufsmotivationen und Erwartungshaltungen die Studierenden zwischen den Methoden wählen lassen. Aus dem Sample von 181 Studierenden hatten die Männer zu 54 % Gemeinwesenarbeit, zu 26 % Gruppenarbeit und nur zu 14 % Einzelfallhilfe gewählt. Im Studienführer der Columbia University, Studiengang Sozialarbeit, waren die Methodenbereiche entsprechend beschrieben: »Einzelfallhilfe bemüht sich um die Hilfe für Einzelne zur Erfüllung sozialer, ökonomischer und kommunikativer Bedürfnisse . . . Gemeinwesenarbeit dagegen mit planvoller, kollektiver Aktion, um soziale Probleme zu beeinflussen« (zit. nach *Brager/Michael* 1969: 597).

Die Befragungsergebnisse spiegeln genau die gesellschaftlich herrschenden Geschlechtsklischees wider: GWA-Einkommen sind höher, weil die Arbeit aggressive und engagierte Auseinandersetzung mit einflußreichen Männern des Gemeinwesens beinhaltet; relativ viel administrative Tätigkeit ist zu leisten; unregelmäßige Arbeitszeit wegen abendlicher Sitzungen politischer Gremien im Gemeinwesen. 40 % der Studentinnen (gegenüber nur 17 % der Studenten) fanden jedoch, daß ihre berufliche Karriere gegenüber den Familienverpflichtungen nachrangig ist.

Für Deutschland ergibt sich nur bedingt das gleiche Bild. Die Trennung von Sozialarbeit und Sozialpädagogik in Studium und Beruf war lange nur die Widerspiegelung der geschlechtsspezifischen Arbeitsteilung in der sozialen Arbeit. Sozialarbeit war Männerarbeit (Verwaltung, Ämter), Sozialpädagogik war Frauenberuf (Kindererziehung). Entsprechend verteilten sich die Studierenden geschlechtsunterschiedlich auf die beiden Fachbereiche. Seit der zunehmenden Verschmelzung von Sozialarbeit und Sozial-

pädagogik in Studium und Beruf läßt sich aber immer noch geschlechtsspezifisches Studierverhalten beschreiben. »Weibliche Studenten halten Gesundheitslehre, Psychologie und Pädagogik sowie Didaktik der Vorschulerziehung deutlich für wichtiger als männliche Studenten . . . Männliche Studenten bevorzugen Unterricht in Sozialpädagogik und Gemeinwesenarbeit« (*Kunow* 1977: 143). Die empirische Studie von *Kunow* kommt aber insgesamt zu dem Ergebnis, daß die Studierenden 1974/75 weder im Selbstbild, noch in der Fachbereichwahl, noch im bevorzugten späteren Berufsfeld die zu vermutenden erheblichen geschlechtsspezifischen Unterschiede zeigen (S. 141 ff). Im Ausbildungsbereich bestehen also Unterschiede zu den angelsächsischen Ländern. Andererseits relativieren sich *Kunows* Ergebnisse stark. Sein Untersuchungszeitraum war der Höhepunkt des gesellschaftspolitischen Studieninteresses im Bereich Sozialarbeit/Sozialpädagogik und gleichzeitig die Zeit der Aufwertung der Akademien zu Fachhochschulen. Die Triebfeder des steilen Anstiegs männlicher Studenten lag im politischen Interessensbezug und dem gewaltigen Professionalisierungssprung. Hier liegt der beste Beweis für die These vom Zusammenhang zwischen Professionalisierung und Vermännlichung. Das Fachhochschulstudium wurde rigoros theoretisch ausgerichtet (im Vergleich zur Akademieausbildung) und war gleichzeitig für Männer ohne Abitur Durchlaufstation zum Universitätsstudium. Im übrigen gehen die Zahlen männlicher Studierender an Fachhochschulen der Sozialarbeit bereits wieder zurück. Und es entsteht auch keine automatische Ausgewogenheit der Geschlechtsquoten im Berufsfeld aufgrund der Berufsanfänger, wie die oben dargestellte Bremer Situation zeigt.
Die Studentinnen der Sozialarbeit setzen in den USA auch beim Berufseintritt ihre geschlechtsspezifische Ausbildung fort. Gut 2/5 arbeiten als Einzelfallhelferinnen. Hier sind sie in noch stärkerem Maße der Supervision unterworfen als in anderen Berufsfunktionen. Wenn auch Supervision überwiegend von Frauen ausgeübt wird, so ist es die Institution selbst, die Überwachung und berufliche Unselbständigkeit erzeugt und damit die soziale wie berufliche Rollenzuweisung der Frauen verlängert. Bedeutete Supervision zunächst eine Art Meister-Lehrling-Beziehung, etablierte die psychoanalytische Einzelfallhilfe eine mehr therapeutische Beziehung, die dann im krassen Gegensatz zu den administrativ-kontrollierenden Funktionen der Supervision geriet. Supervision bedeutet ein Inabhängigkeithalten: »In vielen Einrichtungen der Sozialarbeit wird der/die Sozialarbeiter(in) nie zu einer eigenständigen Person . . . Dem Supervisanden wird nicht erlaubt, erwachsen zu werden« (*Toren* 1972: 74). Der meist weibliche Einzelfallhelfer erreicht somit nie einen wirklichen professionellen Status,

sondern verbleibt in der Rolle des Kindes: »Die langanhaltende und totale Natur der Supervision erinnert in gewissem Maße an das ‚silberne Band', mit dem eine Mutter ihre Töchter an sich bindet« (*Toren* 1972: 76). Dies ist insgesamt der Hintergrund, auf dem wir nun die geschlechtsspezifische Art der Berufsausübung, nämlich berufliche Motivation, Karrierewahl und -planung untersuchen wollen.

2.3.1. Psychologische Theorien zum Problem der Erfolgsangst berufstätiger Frauen und Merkmale der beruflichen Planung bei Sozialarbeiterinnen

Hier soll der These nachgegangen werden, daß Männer und Frauen ihre beruflichen Karrieren [1] in sehr unterschiedlicher Weise verfolgen und daß in unserer Gesellschaft die von Männern gezeigten beruflichen Verhaltensweisen eher mit Erfolgen (im Sinne von Beförderung, Entlohnung und Entscheidungskompetenzen) honoriert werden.

In der Literatur ist es inzwischen zu einem Gemeinplatz geworden, das verhältnismäßig schlechte Abschneiden von Frauen im Beruf pauschal mit nicht weiter untersuchten und hinterfragten Merksätzen wie den folgenden zu bedauern: Frauen besitzen eine geringere intrinsische Berufsmotivation; sie planen keine kontinuierliche Berufspraxis wegen Heirat, Ehe und Kinder; in ihrer Doppelrolle von Familie und Beruf erzielen sie ihre Erfolgserlebnisse aus dem erstgenannten Bereich; Frauen betreiben ihre akademische Ausbildung weniger wegen späterer Berufspraxis, sondern sehen Ausbildungsstätte und Arbeitsplatz eher als Heiratsmarkt; schließlich fehlt Frauen der Ehrgeiz und das Konkurrenzverhalten, sich im Beruf gegen Männer durchzusetzen. Vieles hiervon läßt sich statistisch belegen. Eine neuere empirische arbeitssoziologische Studie über Einstellungen zur beruflichen Mobilität von 500 Sozialarbeitern in Kanada (*Stolen* 1973) zeigt auf, daß wesentlich mehr Männer eine langfristige Tätigkeit anstrebten, Frauen hingegen periodische Unterbrechungen vorhersahen. Frauen waren im geringeren Maße als Männer zu regionaler Mobilität bereit, die oft beruflichen Aufstieg beinhaltete. Waren fast alle Männer mit MSW [2]-Abschluß vollzeitbeschäftigt, so waren es bei den befragten Frauen nur 69 %. In einer anderen kanadischen Untersuchung kommt die Verfasserin zu dem Schluß: »Es gibt Beweise dafür, daß Frauen anderen Arbeitsmustern

1 Im Englischen bedeutet der Begriff »career« weniger »Karriere« als vielmehr lediglich: zielgerichtetes berufliches Handeln, u. z. im Unterschied zu »Job« als einer eher unsteten, beliebigen, der Person äußerlichen Beschäftigung.

2 Vgl. Fußnote Seite 21.

in ihrem Beruf folgen: die kurzzeitige, diskontinuierliche Berufsorientierung professioneller Frauen (überwiegend verheiratete Frauen in ausführenden Positionen der klinischen Sozialarbeit – d. V.); die stärker professionelle Orientierung (eine starke Minderheit alleinstehender Sozialarbeiterinnen in Supervisionspositionen – d. V.); die stärker bürokratischer Orientierung (zumeist männliche Sozialarbeiter, viele Alleinstehende und kaum verheiratete Sozialarbeiterinnen in supervisions- und administrativen Stellungen – d.V.)« (*Mable* 1964: 43/45).

Die Darstellungen dieser besonderen Lage der Frauen im Beruf verbleibt jedoch meistens auf der beschreibenden Ebene. Zum Teil werden sie als nützliche Rechtfertigung bestehender Benachteiligungen für Frauen benutzt. Frauen wollen eben nicht beruflich erfolgreich sein und vorankommen. Das sei quasi ihre Natur. Zum Teil wird die Dimension geschlechtlicher Sozialisation zur Erklärung eingebracht: Frauen fehlt aggressives Durchsetzungsvermögen und Konkurrenzverhalten, um im beruflichen Wettbewerb zu bestehen. Diese verkommt bis zu individualpsychologischen Annahmen über die verinnerlichten Ängste von Frauen vor beruflichem Erfolg, dem sie aus dem Wege gehen, um nicht als unweiblich zu gelten. Stattdessen sollten wir versuchen, geschlechtsspezifische Unterschiede in der Berufsbefriedigung -motivation -planung etc. als realistisches Verhalten in einer gesellschaftlich gegebenen Arbeitsmarktstruktur zu interpretieren. Neben den durch Geschlechtsrollensozialisierung geprägten unterschiedlichen Berufsmotivationen müssen die motivationalen Auswirkungen des weithin immer noch geschlechtsstrukturierten Arbeitsmarktes selbst untersucht werden.

In der Arbeitssoziologie ist die Tatsache zunehmender Frauenerwerbstätigkeit bisher nicht in genügender Weise zu einem Thema geworden. Auch hier reproduzieren sich eher populärwissenschaftlich gängige Vorurteile, z.B.: der Mann verdient primär den Familienunterhalt; Hausfrauen- und Muttertätigkeit sind die wahre »Berufung« der Frau (Der heute zentrale Punkt, warum so viele Mütter in steigendem Maße berufstätig sind, bleibt erklärungsbedürftig.); der Mythos des Mannes als in seinem Beruf vollaufzugehende Persönlichkeit, von der sich die Frau als Abziehbild mit berufsmotivationalen Defiziten behaftet abhebt. Genau hierin sieht man erneut den objektiv sexistischen Charakter solcher »wissenschaftlichen« Ergebnisse. Sie haben ihre Parallele in den (in den 60ger Jahren vorherrschenden) rassistischen Theorien über die Motivations- und Aspirationsdefizite der schwarzamerikanischen Minderheit. Plausibler ist die Annahme, daß die feststellbar indifferente Herangehensweise an eine Berufstätigkeit bei Frauen eher Resultat der realen Einschätzung beruflicher Chancen ist (Un-

terbezahlung, eingegrenzte Berufsfelder etc.). Wenig attraktive Arbeitsmarktbedingungen für Frauen stimulieren sie nicht. Das ist nicht anders zu erwarten.
Ähnlich sind die Studien über unterschiedliche Arbeitszufriedenheit der Geschlechter einzuschätzen: Frauen seien mit ihrer Berufsarbeit weniger zufrieden, und sie verfolgten deshalb weniger motiviert ihre berufliche Karriere. Arbeitszufriedenheit resultiert jedoch aus Faktoren wie Höhe der Entlohnung, Prestige, Aufstiegschancen, Dispositionsmöglichkeiten u.ä. Es ist jedoch die Realität der weiblichen Berufsreservate (ausführende, minderqualifizierte Tätigkeit), die den Mangel an Arbeitszufriedenheit schafft und nicht umgekehrt. Weitere Erklärungen für niedrigere weibliche Berufsaspirationen mögen auch in der tagtäglichen Erfahrung persönlicher wie institutionalisierter Formen von Sexismus liegen.
Ein etwas anderer Frageansatz zu diesem Problem geht davon aus, »daß Frauen zu anderen Leistungs*zielen* sozialisiert werden, jedoch all die Komponenten des Leistungssyndroms zeigen – angestrengtes Streben, Ausdauer, Überwinden von Widerständen etc. Nach diesem Argument würde die weibliche Leistungsmotivation nicht durch die zumeist von der Forschung an Männern benutzten Ansporne angeregt, und daher würden sie im Testverfahren bezüglich der Motivation sehr niedrig abschneiden« (*Laws* 1976: 45). Die Frage ist also nicht so sehr, ob Frauen mehr oder weniger berufliche Motivation haben, sondern ob die Aspiration zu geschlechtsspezifisch unterschiedlichen Zielen kanalisiert werden, z.B. bereits durch rollenspezifische Erziehung und soziokulturelle Erwartungshaltungen. Untersuchungen zeigen, daß Studentinnen ihren Lerneifer drosseln, wenn sie ihre männlichen Kommilitonen überflügeln. Dasselbe passiert oft bei berufstätigen Frauen. Anknüpfend an die Untersuchung solcher Erscheinungen wurde die Hypothese von der Erfolgsangst (»fear of success«) von Frauen entwickelt. Dies war der Beitrag der Psychologie zur Klärung der Frage, warum Frauen bei sonst gleichen beruflichen Bedingungen (Qualifikationen etc.) »nicht ihren Mann stehen.« *Martina S. Horner* hat 1968 aufgrund eigener empirischer Untersuchungen folgende weithin akzeptierte These von dem »motive to avoid success« bei Frauen formuliert: »Die Erfolgsangst‹ . . . kann als ein innerpsychologischer Repräsentant des gesellschaftlich dominierenden Stereotyps benannt werden, der Kompetenz, Unabhängigkeit, Konkurrenz und intellektuelle Leistung als Merkmale ansieht, die grundsätzlich mit Weiblichkeit nicht übereinstimmen und gleichzeitig positiv mit Männlichkeit und geistiger Gesundheit korrelieren. Die Annahme, daß Leistungserfolge von negativen Konsequenzen begleitet sein werden, bringt Furcht bei sonst leistungsorien-

tierten Frauen hervor, die dann ihre Leistungen und ihr Aspirationsniveau zurückschrauben« (zit. nach *Horner* 1972: 157). Die Unzulänglichkeit dieser These besteht darin, daß im Grunde eine »Sozialisation ist Schicksal«-Sicht zugrunde liegt und gleichzeitig die Illusion entsteht, veränderte Sozialisationspraktiken könnten die später berufstätige Frau erfolgreich konkurrieren lassen. Die Annahme die »psychologischen Defizite« von Mädchen durch veränderte Erziehungspraktiken zu eliminieren, vergißt die Abhängigkeit geschlechtsspezifischer Sozialisationsprozesse von den gesellschaftlichen Verhältnissen. Diese Verhältnisse bestrafen generell abweichendes Verhalten, u.a. auch Geschlechtsrollenabweichungen: ». . . einiges von dem, was Erfolgsangst (bei Frauen – d.V.) genannt worden ist, könnte einfach die realistischen Erwartungen über negative Konsequenz des Abweichens von kulturellen Normen für geschlechtangepaßtes Verhalten widerspiegeln« (*Condry/Dyer* 1976: 72). Weibliche Erfolgsangst ist also weniger ein ansozialisiertes und verinnerlichtes psychisches Merkmal von Frauen, sondern das Ergebnis realistischen Abwägens von sozialen und individuellen Kosten, die für berufliche Erfolge zu zahlen sind (Ehekrise, Isolation im Betrieb, sinkender weiblicher und sexueller Marktwert).

Die vorangegangenen Überlegungen sollten dazu beitragen, für Berufstätigkeit relevante Verhaltensweisen von Frauen zu benennen, die bei den gegebenen Bedingungen erfolgreicher Berufsausübung einen Teil ihres nachrangigen Abschneidens erklären, aber gleichzeitig die Gefahren dieser psychologischen und sozialisationstheoretischen Annahmen, nämlich der Ausblendung der real existierenden gesellschaftlichen Ungleichheiten zwischen den Geschlechtern aufzuzeigen.

Versuchen wir, daß bisher Gesagte mit einer Untersuchung geschlechtsspezifischer Berufsplanung von Sozialarbeiterinnen zu verbinden und zu konkretisieren. Wir gehen dabei von der Annahme aus, daß in der professionellen Arbeit dem Element umsichtigen und planerischen Managements der eigenen beruflichen Karriere entscheidende Bedeutung für die berufliche Entwicklung zukommt. Es gibt zu diesem Problem unseres Wissens nur eine, bisher unveröffentlichte empirische Untersuchung von *M. E. Valentich* »Sex-Differences in Career Management among Social Workers« (1975), auf deren Ergebnisse sich die folgenden Ausführungen stützen.

Wir haben bereits generell die Verbindung von familialer geschlechtsspezifischer Sozialisation und beruflichen Verhaltensstrategien aufgezeigt. In ihrer wichtigen Studie hierzu zeigen *Fogarty/Rappoport* (1971) die ganze Breite geschlechtsunterschiedlicher Berufsorientierungs, -aspirationen

und -barrieren. Einige ihrer Ergebnisse lauten: Männer und Frauen messen ihrem Beruf unterschiedliche Wichtigkeit in ihrem Leben bei; Männer durchlaufen einen von ihrer familiären Situation wenig beeinflußten, langfristig und kontinuierlich angelegten beruflichen Aufstieg; Frauen hingegen zeigen durch Heirat, Kinder oder regionale berufliche Mobilität ihrer Ehemänner diskontinuierliche berufliche Laufbahnen; die berufliche Karriere der Männer hat Vorrang vor der ihrer Frauen; die Berufsaspiration der Männer steigt langfristig und insbesondere nach der Heirat an, die der Frauen (auch der alleinstehenden) fällt ab; Männer planen ihren beruflichen Werdegang und Laufbahn, Frauen tun das in wesentlich geringerem Maße (was inzwischen nicht weiter verwundern kann, da Frauen wegen der vielen unbekannten Größen in ihrer Zukunft: Ehe, Kinder, berufliche Entwicklung ihrer Ehemänner, sowie deren Einstellungen gegenüber beruflicher Tätigkeit ihrer Frauen effektiv schlechter planen können); Frauen fehlt die psychische Disposition zum aggressiven, konkurrenzhaften, selbstsicheren und entscheidungsfreudigen Vorantreiben der eigenen Karriere und sie leiden unter Erfolgsangst.
In ihrer empirischen Studie über das Karriereverhalten von 644 männlichen und weiblichen kanadischen Sozialarbeitern konnte Valentich nachweisen, daß die Geschlechtszugehörigkeit die unabhängige Variable ist in Bezug auf Karriereorientierung (generelles Muster der Karriere), Karrierestrategie (der Plan des Einzelnen zur Durchsetzung seiner/ihrer Karriere) und Karrieretaktik (das Verhalten des Einzelnen zur Erreichung ihrer/seiner Berufsziele und -interessen). Ob und wie die Klassenzugehörigkeit der Befragten korreliert, wurde nicht untersucht.

Figur 1: Karriereorientierungen

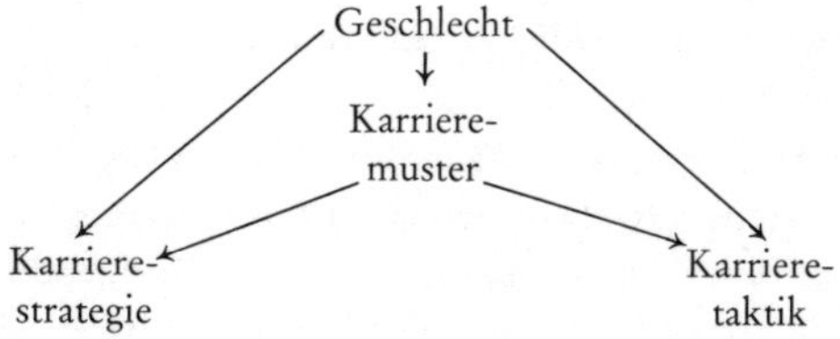

Die vorherrschenden unterschiedlichen Karriereorientierungen lassen sich in die Grundtypen der »verwaltend-leitenden«, »professionell-praktizierenden« und »ad hoc-diskontinuierlichen« einteilen. Die Hypothese, daß männliche Sozialarbeiter überwiegend im ersten, Frauen dagegen im letzten Typ überwiegen, ließ sich eindeutig belegen. Die Karrierestrategien lassen sich ihrerseits in »zielstrebig-planende« und »ungelenkt-driftende« unterscheiden. Wiederum korrelieren die Karriereplaner mit den Männern und die Karrieredrifter mit den Frauen (auch wenn beide dieselbe Karriereorientierung hatten). Die Karrieretaktiken unterscheiden sich vor allem im Ausmaß des selbstbewußten Eintretens und der Selbstbehauptung (»assertiveness«) in der Verfolgung der eigenen Karriereziele. Die Ergebnisse wiesen die Männer als weitaus durchsetzungskräftiger als die Frauen aus (u. z. auch dann, wenn Karriereorientierung und -strategien bei beiden Geschlechtern gleich waren).

Wie die obige Skizze andeutet, beeinflußt neben der Geschlechtszugehörigkeit auch die Karriereorientierung selbst sowohl Karrierestrategie als auch -taktik, und zwar in der Weise, daß die verwaltend-leitende Berufskarriere, unabhängig vom Geschlecht, besondere Durchsetzungskraft und planendes Handeln benötigt. Es zeigte sich in den Ergebnissen denn auch, daß es keine Unterschiede in den Karrierestrategien und -taktiken zwischen Männern und Frauen gab, die sich in verwaltend-leitenden Berufspositionen befanden. Schließlich zeigt die Studie auch auf, daß selbst bei gleicher Karriereorientierung, -strategie und -taktik von männlichen und weiblichen Sozialarbeitern die Sozialarbeiterinnen weniger beruflichen Erfolg (gemessen als Einkommenshöhe und Beförderung) hatten. Dieses Ergebnis weist auf den institutionalisierten Sexismus in dieser Profession hin und belegt somit die Ergebnisse im Kapitel 2.1. Das Ergebnis der Studie insgesamt zeigt also ein doppeltes: Auf dem Hintergrund geschlechtsunterschiedlicher Sozialisation tragen Sozialarbeiterinnen selbst durch ein weniger effektives Management ihrer beruflichen Karrieren zu ihrem nachrangigen Status bei. Gleichzeitig wirken jedoch institutionalisierte Mechanismen der beruflichen Diskriminierung. Zur Veränderung dieser Situation bedarf es deshalb auch unterschiedlicher Aktionen, die jeweils auf den entsprechenden Ursachenkomplex zielen.

Es fällt noch am leichtesten, die wichtigsten strukturellen Veränderungen aufzuzählen, die zur Verbesserung der beruflichen Lage der Sozialarbeiterinnen nötig wären: gewerkschaftliche Organisierung und Kampf um formalrechtliche berufliche Gleichbehandlung, Überwindung der Kosten der Doppelrolle (flexible Arbeitszeiten, Kindergärten, sozialpolitische Gleichheit zwischen Voll- und Teilzeitbeschäftigung o. ä.), Aufhebung der geschlechtsspezifischen Arbeitsteilung und entsprechenden Prestigeverteilung innerhalb der Sozialarbeit, positive Diskriminierung von Sozialarbeiterinnen etwa durch ein Quotensystem bei Beförderungen. Schwieriger ist es, die notwendigen Schritte anzugeben, die das berufliche Verhaltenspotential von Sozialarbeiterinnen verändern könnte. So wird vorgeschlagen, in der Sozialarbeiteraus- und -fortbildung Lehrangebote für Berufsplanung und Selbstbehauptungstraining [1] zu schaffen und spezielle Berufsberatungsdienste für Frauen anzubieten. Das ist nicht als Managerschulung zu verstehen, wie die Kritiker wohl argumentieren würden. Es kann nicht darum gehen, Sozialarbeiterinnen zu besonders aggressiv konkurierenden Kolleginnen zu trimmen. Aber es wäre äußerst zynisch, den Frauen die Hilfestellung zur Realisierung formal gleicher Lohnarbeitschancen mit dem Argument zu verwehren, das System der Lohnarbeit unterdrücke doch auch die männlichen Kollegen.

2.3.2. Geschlechtsspezifische Berufsmotivation: Helfersyndrom oder sozialer Aufstieg?

Warum sind gerade Frauen besonders motiviert zur Ausübung sozialer Arbeit? Wichtig bei der Analyse der stofflichen Seite der Sozialarbeit und des Zusammenhangs von Frauenrolle und Sozialarbeit ist die Untersuchung des Helfermotivs der Berufsausübenden. Bezeichnenderweise wird gemeinhin heute diese Diskussion etwas abschätzig unter dem Schlagwort »Helfersyndrom«, »Die hilflosen Helfer« u. ä. geführt.
Wir wissen, daß eine solche Studien- und Berufsmotivation nach wie vor sehr verbreitet ist. Nach Helfer (1971) bezeichneten 50 % der Befragten als Aufgabe der Sozialarbeit Hilfe. Als Berufsmotiv nannten ca. 2/5 »Helfen und Interesse am Menschen«. *Belardi* (1978) und *Kreutz* (1977) machen ähnliche Angaben. Diese statistischen Angaben sind jedoch nicht geschlechtsspezifisch. Die Daten über Bildungsstand und sozialer Herkunft, die stark geschlechtsmäßig differieren, werden von allen Autoren jedoch so interpretiert, daß der Sozialarbeiterberuf von den Männern vor allem als sozialer Aufstieg gewählt wird (vgl. *Kreutz* 1977: 24–26), woraus *Walser* wohl zu Recht auf eine eher instrumentelle Berufsmotivation der Männer schließt. Heute kommt hinzu, daß die Fachhochschulausbildung auch stark als Sprungbrett zum Universitätsstudium benutzt wird. (Ich kann nicht belegen, daß dies überwiegend von Männern versucht wird, vermute es aber.)
Diejenigen, die über das Helfersyndrom in der Sozialarbeit schreiben, bemerken bei ihrer Auflistung der Merkmale nicht die Parallele zur Mädchensozialisation: versteckte narzistische Bedürftigkeit nach Anerkennung, indirekte Aggression, Personenkonzentriertheit, Helfen, um geliebt

1 Vgl. *A. C. Wagner*, Selbstbehauptung und Geschlechtsrolle in der Hochschule, in: *Metz/Geckel* (Hrg.), Frauenstudium (erscheint 1979).

zu werden. *Walser* (1974) arbeitet sehr gut die Herstellung geschlechtsspezifischen Persönlichkeitsstrukturen heraus, die sich für sie hauptsächlich hinsichtlich Abhängigkeit, Affektivität, Aggressivität und Leistungsmotivation unterscheiden. Sie verfolgt den geschlechtsspezifischen Erziehungsprozeß bezüglich dieser Variablen und beschreibt die daraus resultierende weibliche Persönlichkeitsstruktur als »Sozialbilität«, definiert als emotionelle Abhängigkeit von direkter sozialer Anerkennung, Personenkonzentriertheit und passiven Aggressionsformen. Dies entspricht ziemlich genau der Beschreibung des Helfersyndroms bei *Schmidtbauer* (1977: 48 ff). *Walser* kann diesen Prozeß sowohl anhand von Ergebnissen empirischer Studien der amerikanischen Geschlechtsrollensoziologie (vor allem elterliches Erziehungsverhalten), als auch mit Hilfe psychoanalytischer Entwicklungstheorie (schwaches Über-Ich bei Mädchen wegen Angst vor Liebesentzug und demzufolge Abhängigkeit von sozialer Anerkennung) aufzeigen (S. 86–115).

Die Wahl eines sozialen Berufes mit dem Wunsch, Menschen zu helfen, entspricht also der allgemeinen personenbezogenen Motivationsstruktur von Frauen und ist gewissermaßen der Spezialfall einer angelegten Tendenz, die auch heute noch Mädchen in ihren Berufswünschen in die traditionellen Frauenberufe drängt, welche durch den Umgang mit Menschen gekennzeichnet sind.

Nun ist die Helfermotivation durchaus ambivalent. Einerseits ist sie für jede Berufstätigkeit im sozialen Bereich unabdingbar, andererseits sind die tyrannischen Krankenschwestern, die prügelnden Heimerzieher und die moralisierend-kontrollierenden Fürsorgerinnen die andere Seite der gleichen Münze. Das oft unbewußte Strafmotiv ist eine Reaktionsbildung auf abgewehrte oder verdrängte aggressive Triebregungen. Oder aber: »Indem Sozialarbeiter(-innen) Kriminelle, Prostituierte etc. ‚retten', verwahrlosten Jugendlichen helfen, können sie sich einerseits, da sie ja auf die andere Seite gehören, von diesen ‚Untugenden' distanzieren, indem sie diese auf ihre Klienten projizieren, andererseits sich selber helfen, indem sie sich mit den (‚Geretteten') Klienten identifizieren« (*Walser* 1974: 120). Es wäre daher notwendig, daß Sozialarbeiter/innen ihre Studien- und Berufsmotivation und ihre eigene Sozialisation reflektieren und aufarbeiten lernen, denn dann: ». . . könnte das ‚Helfersyndrom' nicht nur Gefahr, sondern Chance für eine berufliche Qualifizierung sein« (*Belardi* 1978: 44).

2.3.3. Feminismus und professionalisierte Sozialarbeit

Es gibt inzwischen mehr und mehr Sozialarbeiterinnen in den USA und Kanada, die gleichzeitig in der Frauenbewegung aktiv sind. Mit welchen

Mitteln versuchen Feministinnen, nichtsexistische Sozialarbeit zu betreiben und auf welche Weise können sie in der Profession beruflich überleben und ihre Rechte geltend machen? Zu letzterem wurde bereits einiges am Beispiel der Politik der Berufsverbände genannt. Das erstere ist noch wenig konkret. Bei Gesprächen mit feministischen Sozialarbeitern zeichnen sich jedoch einige Grundprinzipien beruflichen Handelns und Verhaltens ab, die im folgenden dargestellt werden sollen.

Die bürgerliche Frauenbewegung hat zum Entstehen der Sozialarbeit als einer weiblichen Profession in entscheidender Weise beigetragen und diese tief geprägt. Die Kraft der neuen Frauenbewegung seit Mitte der 60ger Jahre, vor allem in Nordamerika, wirkt sich wiederum auf die Sozialarbeit aus. Weite Bereiche der Selbsthilfebewegung, die von der Frauenbewegung organisiert ist, kooperieren oder konkurrieren mit staatlichen oder privaten sozialen Diensten. Nach der Phase rassischer Unruhen, die die farbigen Minderheiten zur wichtigsten Klientengruppe der Sozialarbeit werden ließen, sind es heute zunehmend Frauen in sozialer und psychischer Not, mit denen sich Sozialarbeit beschäftigt. Feministisch-politisch engagierte Frauen treten in den Beruf ein. In meinen Diskussionen mit solchen Sozialarbeiterinnen wurde sehr schnell klar, daß in weiten Bereichen die beruflichen Zielsetzungen von Feministinnen einerseits und politisch fortschrittlichen Sozialarbeitern andererseits (im Englischen als »radical social workers« bezeichnet) identisch sind. Aber es gibt auch charakteristische Unterschiede. Die Feministinnen beginnen ihre Analyse zumeist mit einer Kritik des Professionalismus der Sozialarbeit, dessen Merkmale als elitär, hierarchisch und männlich dominiert gekennzeichnet werden. Es herrscht eine starke Skepsis gegenüber Frauen, die meinen, gerade als Professionelle im Beruf ihr Expertenwissen und ihren Status für die Sache der Klientinnen besonders effektiv benutzen zu können. Für den Prozeß der Kooptierung von Protest durch Professionalisierung scheinen Feministinnen sehr sensibel zu sein. Die neue Frauenbewegung ist ja besonders dem Prinzip »Das Persönliche ist politisch« verbunden, d. h. der Vorstellung einer ganzheitlichen Persönlichkeit und der Verbindung der persönlichen, politischen und beruflichen Existenz. Künstliche Trennung von professioneller Expertin und engagierter Frau wird daher scharf kritisiert. Die Kosten der Professionalisierung werden besonders im Warencharakter der Interaktion von Klient und Sozialarbeiter gesehen, als eines Prozesses, der soziale und menschliche Distanz zwischen beiden schafft.

Auf der Ebene der berufständigen Politik haben in den letzten Jahren Feministinnen und andere Radicals in der nordamerikanischen Sozialarbeit gemeinsame Wege beschritten: gewerkschaftliche Organisierung in den zumeist unorganisierten privaten Trägern, Gründung gesonderter politisch ausgerichteter Berufsorganisationen (»Radical Professional Unions«), z. B.: National Social Welfare Workers Movement (SWWM), oder Bildung von »Radical Caucus«, d. h. Arbeitsgruppen engagierter Sozialarbeiter innerhalb der etablierten Berufsverbände, wobei Sozialarbeiterinnen oft im »Women's Caucus« organisiert sind. Auffällig in solchen Gruppen ist die Tendenz der Frauen, professionelles Handeln generell unter sich und gegenüber den Klienten zu entmystifizieren.

Obgleich viele feministische Sozialarbeiterinnen aus linksliberalen oder sozialistischen Bewegungen hervorgegangen sind, hat sich ihre Sexismusanalyse doch gerade in der Auseinandersetzung mit diesen oft traditionellen, geschlechtshierarchisch strukturierten Organisationen herausgebildet. Auf der Suche nach der Verbindung von praktischem mit persönlichen Engagement entwickelt die Frauenbewegung besondere Arbeitsformen, die sich auch in der feministischen Sozialarbeit wiederfinden. Die wichtigste Form ist das Arbeiten in kleinen Gruppen. In ihnen steht neben dem gemeinsamen Arbeitsziel (Kinderladen, Abtreibung, Frauenklinik etc.) vor allem der Arbeitsprozeß selbst im Mittelpunkt; insofern ist die Kleingruppe immer auch Selbsthilfe – oder Selbsterfahrungsgruppe. Vielerlei Kritik kann sich hier festmachen: Ineffizienz, eine Tyrannei der Strukturlosigkeit, soziale Abkapselung und Organisationsfeindlichkeit. Klar ist, daß auch in solchen Frauenkleingruppen Machtkämpfe stattfinden und Klassenunterschiede auftauchen. Der Prozeß der Bearbeitung solcher Probleme in diesen Gruppen ist jedoch so, daß der gesellschaftlich typische (und auch in linken Organisationen weitverbreitete) Konfliktlösungsmechanismus, der bei jeder Auseinandersetzung prinzipiell Gewinner und Verlierer hinterläßt, oft gewendet werden kann zu einer Situation akzeptierenden Verstehens. In allen Formen feministischer sozialarbeiterischer Berufspraxis ist die Kleingruppe immer ein Mittel oder ein Ziel der Arbeit.

Sozialarbeiterinnen organisieren sich mehr und mehr in Frauengruppen innerhalb ihres Berufsfeldes oder Trägerinstitution. Da Sozialarbeiter auf allen beruflichen Ebenen tendentiell die besseren materiellen Bedingungen genießen und es darüber hinaus frauenspezifische Forderungen wie Schwangerschaftsurlaub, Teilzeitbeschäftigung, Beförderungspraxis, betriebliche Kindergärten etc. gibt, finden sich in diesen Frauengruppen nicht nur Feministinnen. Es geht darum, zunächst lediglich die formal gleichen Konkurrenzbedingungen mit den männlichen Kollegen zu erringen, und daher ist dies auch keinen Rückfall in die Verewigung der Sozialarbeit als Frauenberuf. Sozialarbeiterinnen in solchen Gruppen behaupten darüberhinaus, daß Frauen in den sozialen Berufen öfter auf Grund ihrer eigenen Lebenserfahrung ein tiefergehendes Verständnis der Lage des Klienten besitzen als Männer. Die meisten Frauen wüßten, unabhängig von ihrem Klassenhintergrund, was es bedeutet, machtlos und abhängig (von Ehemann, Familie, Sozialbürokratie, Arbeitsplatz) zu sein, den beiden zentralen Kennzeichen der Klienten wie der Frauen insgesamt. Der Rückhalt in einer Frauengruppe gäben ihnen die Möglichkeit, über ihre eigene diskriminierte Situation in der Profession mehr die Gemeinsamkeiten mit den Klienten, vor allen den weiblichen zu sehen und eine entsprechende weniger kontrollierend-sanktionierende und den Klienten objektivierende Sozialarbeit zu praktizieren. Die solidarische, schwesterliche Hilfeleistung für Klientinnen, deren Motiv (anders als bei den politisch engagierten Sozialarbeitern, deren Hilfe oftmals vor allem aus der abstrakt-politischen Identifizierung mit dem Klassenschicksal der Klientengruppe resultiert) mehr aus dem Identitätsgefühl gleichartiger Lebenserfahrung und deren psychischer Verarbeitungsform zwischen Klientin und Sozialarbeiterin gespeist ist, gerät damit gleichsam zur Selbsthilfe für die Sozialarbeiterin. Die professionelle Distanz schwindet, wenn auch die bürokratischen Rahmenbedingungen weiterhin gegenteilig wirken können. Wie dies konkret aussieht, kann gut am Beispiel feministischer Therapie (z. B. in der psychiatrischen Sozialarbeit) verdeutlicht werden. Diese findet oft in der Kleingruppe statt. Die ganze Gruppentherapiebewegung einschließlich der Selbsthilfegruppen ist in engem Zusammenhang mit feministischen Aktivitäten entstanden; der Bruch mit der traditionell-klinischen Richtung psychoanalytischer Therapie mit ihrem sexistischen Weiblichkeitsbegriff ist durch die Frauenbewegung vehement vollzogen worden. Feministische Therapie entlastet Frauen von der latenten Möglichkeit sexueller Ausbeutung durch männliche Therapeuten (vgl. dazu *Chesler*, Frauen und Wahnsinn 1974, Kap. 5); sie ebnet das Gefälle zwischen professioneller Expertin und hilfloser Klientin durch Entschleierung angewendeter Techniken ein; beide Seiten können ihre Probleme einbringen. Der wichtigste praktische Beitrag feministischer Sozialarbeiterinnen besteht jedoch in der Errichtung und Unterstützung eines Netzes von alternativen Sozialhilfeprojekten für Frauen, die oft zunächst als Selbsthilfegruppen ohne jede professionelle Anleitung entstanden sind und in ihrer Existenz den Beweis für die äußerst lückenhafte Versorgung dieses Klientels durch die etablierte Sozialarbeit liefern. Hier bietet sich durch die Existenz dieser Gruppen als Ausdruck einer sozialen Bewegung die Möglichkeit, in der Profession Druck für nichtsexistischer Berufspraxis auszuüben, Sexismus in den eigenen Reihen anzuprangern oder, falls nötig, ein alternatives Berufsfeld in den Einrichtungen und Projekten der Frauenbewegung zu finden.

Der neue Feminismus beginnt, auf die Sozialarbeit einzuwirken. Feministische Sozialarbeit greift einige der wesentlichen, historisch gewachsenen Faktoren für die nachgeordnete Stellung der Frauen in der Profession an: Entmystifizierung professionalisierter Berufsausübung, Aufbau kollektiver Stärke in Kleingruppen zur organisierten Durchsetzung beruflicher Forderungen und Verbindung mit einer sozialen Bewegung, der Frauenbewegung, die einerseits eine Theorie zur Auseinandersetzung mit der eigenen Rolle als Frau im Beruf, andererseits ein Verständnis der gemeinsamen Arbeit mit den Klientinnen anbietet. Insgesamt beschreiben wir hier jedoch eine Entwicklung zur Auflösung sexistischer Tendenzen in der Sozialarbeit, die die Profession bisher nur am Rande zu beeinflussen beginnt.
Wir wollen uns zum Abschluß noch einem anderen Bereich zuwenden, von dem solche Entwicklungen auf die Profession vermutlich ausgehen könnten. Gemeint sind die Ausbildungsstätten für Sozialarbeit, die die Theorie und Praxis sozialer Arbeit und das professionelle Selbstverständnis erheblich beeinflussen. Wie stellt sich das Problem des Sexismus in der Sozialarbeiterausbildung dar?

2.4. Die Sozialarbeiterausbildung als Prozeß der Produktion und Verewigung sexistischer Diskriminierungen

Sexismus als Berufsbenachteiligung und sexistische Berufsausübung werden bereits in der Ausbildungsphase vorgeformt und über Lerninhalte vermittelt. Wir wollen Studienstruktur, Curricula und Unterrichtsmaterial daraufhin analysieren.
Wir haben gesehen, daß die Studierenden bereits bei Ausbildungsbeginn geschlechtsspezifisch verschiedene Berufsmotivationen mitbringen. Die traditionelle Sozialarbeiterausbildung verstärkt und verfestigt sie lediglich. In einer frühen Studie gaben amerikanische Studenten am Beginn ihres Studiums überwiegend soziale und theoretische Motivationen an, Studentinnen hingegen weitaus häufiger religiöse und karitative. Die bis vor kurzem ausnahmslos nach den drei Hauptmethoden der Sozialarbeit unterschiedenen Spezialisierungen innerhalb der Curricula verewigten zudem die immer erneute Rekrutierung und Ausbildung von Studentinnen zu Einzelfallhelferinnen und Studenten zu Gemeinwesenarbeitern. »Wir behaupten das Bestehen eines zirkulären Einflußmusters. Die Chancen und herrschenden Werte der verschiedenen sozialarbeiterischen Methoden begünstigen unterschiedliche Rekrutierung von Männern und Frauen. Die Geschlechtsverteilung läßt dann Berufsorientierungen und Einstellungen ent-

stehen, die ihrerseits normative Inhalte der Methoden beeinflussen; diese resultieren dann wieder in geschlechtsspezifischer Rekrutierung« (*Brager/ Michael* 1969: 595).
Die Strukturierung der nordamerikanischen Sozialarbeiterausbildung nach den Methoden Einzelfallhilfe, Gruppenarbeit, Gemeinwesenarbeit (und neuerdings) Sozialpolitik, -planung und -verwaltung, im Englischen als »method-tracking« bezeichnet, kann also als eine der wichtigsten Gründe für die Perpetuierung geschlechtsspezifischer Arbeitsteilung in der Sozialarbeit angesehen werden. Von welcher Einflußstärke dies ist, zeigt ein Vergleich zwischen zwei Studiengängen mit und ohne methodenspezialisierten Curricula. Im Gegensatz zu den offen geschlechtsspezifisch definierten Ausbildungszielen nach unterschiedlichen Methoden z. B. der Columbia University (vgl. Kap. 2.3) heißt es im Studienführer der University of Wisconsin/Madison: »Das Curriculum des Studienganges Sozialarbeit ist durch seinen problemzentrierten und multimethodischen Ansatz gekennzeichnet ... Alle Methoden werden in einer Abfolge gelehrt, indem Ähnlichkeit und Unterschiedlichkeit von Fähigkeiten und Kenntnissen herausgearbeitet werden, die sowohl zur Planung von Interventionsstrategien für verschiedene Ebenen sozialer Systeme notwendig sind, wie auch im Praktikum, in dem alle Studenten mit Einzelnen, Gruppen und Gemeinwesen arbeiten müssen« (zit. nach *Diangson* 1975: 46). In der Studie wurden die Einstellungen der Studierenden zu denselben Fragen, die *Brager/Michael* verwandt hatten, untersucht. »Es zeigt sich, daß in einem Studiengang ohne method-tracking ... die Studierenden sich nicht nach Geschlechtszugehörigkeit in verschiedenen Methoden spezialisierten, auch entsprachen die männlichen und weiblichen Einstellungen zur sozialarbeiterischenPraxis nicht den Geschlechtssterotypen. Die Ergebnisse lassen vermuten, daß Wandel in den Curricula der Sozialarbeiterausbildung Geschlechtsrollenstereotypen verändern können, die in der herkömmlichen Verfaßtheit der Sozialarbeitmethoden bestehen« (*Diangson* 1975: 44). Es mag sein, daß dieses Ergebnis zum Teil dadurch zustande kam, weil zwischen den Erhebungen von Brager/Michael (1968) und Diangson (1972) der Einfluß der Frauenbewegung stark zunahm; jedoch scheint die Annahme berechtigt, daß durch die Veränderung der Curricula weg von der Methodenzentriertheit ein gutes Stück Produktion und Verewigung von geschlechtsspezifischer Ausbildung und späterer Berufspraxis abgebaut werden kann, die sich für Sozialarbeiterinnen als diskriminierend erwiesen haben.
Werden in der gängigen Ausbildung sexistische Lehrinhalte vermittelt? Inhalte, die die bestehende Unterdrückung der Frauen in der Gesellschaft,

am Arbeitsplatz und in der Privatsphäre rechtfertigen, propagieren oder ignorieren und dadurch das verinnerlichte Selbstbild der Geschlechtsrollen der Studierenden verfestigen und entsprechende Ziele beruflicher Intervention gegenüber den Klienten vorschreiben? Nach der Inhaltsanalyse der allgemein benutzten Textbücher in den Vorlesungen aus den verschiedensten wissenschaftlichen Disziplinen müssen diese Fragen bejaht werden.

Im Grunde müßte eine solche Analyse zu einer Kritik des sexistischen Charakters der Sozialwissenschaften vorangetrieben werden. Das ist nicht Aufgabe dieser Arbeit. Ansätze dazu sind im Schrifttum der Frauenbewegung inzwischen vor allem bezüglich der Psychologie (insb. der Freudschen Psychoanalyse), Soziologie, Geschichte und Anthropologie vorhanden. »Sexismus war von Anfang an ein integraler Bestandteil der nordamerikanischen Soziologie«, das ist das Ergebnis der historischen Studie von *Schwendinger* (1973). Was für die Gesellschaft insgesamt gilt, daß nämlich immer die herrschenden Ideen die Ideen der Herrschenden sind, gilt natürlich auch für die bürgerlichen Wissenschaften (ein Gutteil von ihnen wird ja dort produziert): Die herrschenden soziologischen Theorien sind also immer die Theorien der herrschenden Soziologen, und diese sind (wie in der Gesellschaft) Männer. Ihr Untersuchungsgegenstand sind ebenfalls Männer in ihren »instrumentellen« Rollen als Interagierende in den gesellschaftlichen Institutionen: Betriebs- und Industriesoziologie, Berufs-, Arbeits- und Orgnisationssoziologie. Wo Frauen thematisiert werden, kommen sie fast ausschließlich als Mütter und Ehefrauen vor, oder als von der (männlichen) Normalität abweichende Restgröße oder einfach als Fußnote.

Für den Bereich der Sozialisationstheorie ist *Parsons'* Neuformulierung der Freudschen Theorie bezüglich der Geschlechtsrollen äußerst wichtig. Geschlechtsrollendifferenzierung ist Widerspiegelung immerwährender und funktional notwendiger Arbeitsteilung in der Familie gemäß instrumenteller und expressiver Führerschaft. Was ist daran sexistisch? »In Parsons Analyse des amerikanischen Wertesystems ist der allerwichtigste Wert der instrumentelle Aktivismus, und da es Männer sind, die diese Verhaltensweise ausüben, sind sie auch in einer begünstigten Position« (*Bart* 1971: 738). In jenen Theorien wird die gesellschaftliche Ungleichheit der Geschlechter reproduziert und als natürlicher und gesunder Zustand suggeriert.

Es ist interessant zu verfolgen, welche gesellschaftlichen Gruppen in der soziologischen Literatur sonst noch als expressiv bezeichnet werden: Farbige Minoritäten und Studenten (vor allem wenn sie rebellieren) und alte

Menschen, alles relativ machtlose Gruppen. Es ist sexistisch, wenn *Kinseys* Zerstörung des Freudschen Märchens vom vaginalen Orgasmus in seinem 1953 erschienenen Buch »Sexuelles Verhalten der Frau« 13 Jahre lang systematisch »übersehen« wurde (bis zur Veröffentlichung der Arbeiten von *Masters/Johnson*). Das gleiche Prädikat verdient der Professor, der einer Studentin auf ihre Frage, ob sie eine Seminararbeit über die gesellschaftliche Stellung der Frauen in den Südstaaten der USA schreiben könne, antwortet: »Haben Sie nicht bereits im letzten Semester etwas über Frauen geschrieben?« Ist es wirklich so abwegig, einen Zusammenhang zwischen der Freudschen Theorie des weiblichen Kastrationskomplexes und dessen Verarbeitung in Abscheugefühle den eigenen Genitalien gegenüber und der Entwicklung und Verbreitung der sogenannten Intimsprays (die sehr wahrscheinlich gesundheitsschädlich sind) zu konstruieren?
Die Auswirkungen sexistischen Wissenschaft, wie z. B. der Soziologie und Psychologie, zeigen sich exemplarisch, wenn wir nun konkret das in der Sozialarbeiterausbildung verwendete Unterrichtsmaterial untersuchen. Die Institutionen der Familie und Ehe und die familiale Sozialisation sind z. B. wichtige Lerngebiete. In einer vergleichenden Inhaltsanalyse von sechs oft benutzten Standardtexten in der universitären Ausbildung zu diesem Themenkreis (alle zuerst 1964–68 erschienen) wurde u. a. die Darstellung der weiblichen Sexualität herausgearbeitet. Die Ansammlung von wissenschaftlich falschen, aber gesellschaftlich herrschenden ideologischen Klischees ist erschreckend. Männer haben angeblich einen biologisch bedingten stärkeren Sexualtrieb, wohingegen Frauen veranlagungsbedingt niedrigeres Orgasmuspotential besitzen; frigide Frauen leiden oft an einem Männlichkeitskomplex; Frauen erfahren Sexualität in einem Liebeszusammenhang, Männer hingegen Liebe in einem sexuellen Zusammenhang; es wimmelt von frustrierten Ehemännern, die von ihren Frauen depriviert werden; »sexuell aktive« Frauen müßten einen Psychiater aufsuchen etc. (vgl. *Erlich* 1971). Eine andere Untersuchung über die Darstellung weiblicher Sexualität in der amerikanischen populärwissenschaftlichen Eheberatungsliteratur der letzten 20 Jahre kommt zu dem Schluß: »Es zeigt sich, daß die Frau angeblich immer noch geringere sexuelle Interessen und Erfahrungen als der Mann habe, dem die instrumentelle Rolle zugeschrieben wird, die Sexualität seiner Frau zu entwickeln. Kritische Implikationen neuerer Forschung zum multiorgastischen Potential der Frau werden in diesen Textbüchern fast gänzlich ignoriert . . . Die neuen Ergebnisse zur weiblichen Sexualität scheinen in die alten Schläuche männlich/weiblicher Beziehungen gegossen zu werden. Wo Frauen ermutigt werden, mehr Initiative zu ergreifen, geschieht das nur zu dem Zwecke, ih-

ren Ehemännern mehr Freude zu schenken, statt mehr Autonomie für ihre eigene Sexualität zu erreichen« (*Gordon/Schankweiler* 1971: 459, 465).
In der Darstellung der weiblichen Geschlechtsrollensozialisation beherrschen Freud und Parsons das Feld: Ausbildung der expressiven Qualitäten und Sublimierung sexueller Triebe zur Weiblichkeit und Mütterlichkeit. In fast allen Curricula gibt es den Grundkurs »Human Growth and Development«. Bücher wie *Erikson*, Childhood and Society, sind die Basistexte. Erikson reserviert für die Beschreibung der Adoleszenz ein Drittel seines Buches, jedoch nur einen einzigen Abschnitt für die Entwicklung der weiblichen Jugendlichen. Das Bild der Familie als Institution ist traditionell. Die Kleinfamilie gilt uneingeschränkt als Modell, an dem Abweichungen zu messen sind. Die Sozialarbeit hat aber gerade mit diesen Abweichungen zu tun, z. B. mit den immer zahlreicher werdenden Mutter-Kinder-Familien. Die Wissenschaftssprache wehrt sich noch dagegen, überhaupt den Begriff »female-headed family« zu benutzen, statt dessen heißt es stigmatisierend in den Texten und amtlichen Statistiken »uncompleted« family-unit, »broken« und/oder »disorganized« homes. Das Schlimmste, was in einer Familie passieren kann, ist Rollenwechsel, d. h. instrumentelle Fähigkeiten bei der Frau und expressive beim Mann. Die meisten Autoren prognostizieren zu diesem Fall Ehekrisen, z. B. konkret im Fall der berufstätigen Ehefrau/Mutter. Und es besteht kein Zweifel, wer zum Sündenbock für die hieraus angeblich resultierenden Probleme gemacht wird. Schulversagen und Kriminalität der Kinder sind Resultate mütterlicher Deprivierungen wegen ihrer Doppelrolle (vgl. *Laws* 1971).
Welche Ratschläge erteilen die wissenschaftlichen Texte zur Familienhilfe den Studierenden für ihre spätere Praxis? Anpassung der Klienten an die traditionell definierten Geschlechtsrollen. Einer der profiliertesten Vertreter akademischer Psychologie, *Bruno Bettelheim* lehrte noch 1965: »Wir müssen mit der Erkenntnis beginnen, daß Frauen, so sehr sie auch gute Wissenschaftler oder Ingenieure sein wollen, sie doch zunächst und zuallererst frauliche Begleiterinnen von Männern und Mütter sein wollen« (zit. nach *Weisstein* 1971: 207). Entsprechende Vorstellungen finden wir bei den renommierten Vertretern der Familientherapie, die Pflichtlektüre in der Sozialarbeiterausbildung sind, auch wenn sie ganz unterschiedliche Theorieansätze verfolgen. Der Pionier dieser Disziplin *Nathan Ackermann* betrauert nostalgisch das Verschwinden des Familienvaters als dominanten Vorstand des Hauses, und viele therapeutische Interventionsstrategien zielen darauf ab, dem Ehemann/Vater die Rückkehr in seine Machtposition zu erleichtern. »Ross Speck (ein ansonsten sehr fortschrittlicher Familientherapeut – d.V.) schlägt vor, daß der Therapeut Techniken vor-

führt, die sein männlicher Klient dazu benutzen kann, sich wieder als Familienoberhaupt zu etablieren« (zit. nach *Schwartz* 1973: 68). Ähnlich schreibt *Satir* in ihrem Buch »Conjoint Family Therapy«: »Der Therapeut erkennt selber Rollen an, wenn er einer Familie gegenübertritt und sie behandelt . . . Wenn er die Familiengeschichte aufnimmt, bezieht er deren Mitglieder in einer relevanten Reihenfolge ein. Er nimmt *zuerst den Vater* als Haushaltsvorstand und als nächstes die Mutter« (1967: 97). Solche Beispiele ließen sich beliebig fortsetzen. Beim Lesen von Fallberichten aus der Familienhilfe und -beratung zeigen sich dann die Auswirkungen (bewußt oder unbewußt) angewandter sexistischer Interventionsstrategien.

Es ist im Zusammenhang mit sexistischen Lehrinhalten auch wichtig herauszufinden, wie in der sozialarbeiterischen Fachliteratur, etwa den Zeitschriften als jeweils aktuellstem Stand der Theorienbildung und daher beliebter Lektüre in der Ausbildung, die Bedeutung des Faktors der Geschlechtszugehörigkeit von Sozialarbeiter und Klient gewürdigt wird. Dabei zeigt sich, daß in den Artikeln noch allzuoft eine geschlechtsneutrale Sozialarbeiterwelt zum Vorschein kommt. Sicherlich wird heute zunehmend mehr über die speziellen Probleme von Frauen als Klientinnen geschrieben. Es geht jedoch vielmehr darum, zu sehen, ob der Faktor Geschlechtszugehörigkeit da, wo sie relevant ist, konsequent und durchgängig beachtet wird.

Schwartz analysierte acht Jahrgänge der renommiertesten amerikanischen Sozialarbeiterzeitschriften »Social Work« (1965–73). Ihr Ergebnis war, daß die Geschlechtszugehörigkeit des Sozialarbeiters so gut wie nie aus den Artikeln hervorging. So wird z. B. das Problem diskutiert, das aus der unterschiedlichen Klassenzugehörigkeit von Sozialarbeiter und Klient resultiert. Der Klient aus der Arbeiterklasse erwartet mehr direkte Hilfe, Unterstützung und Struktur als der aus der Mittelschicht. Schwartz fragt nun an dieser Stelle: »Würden z. B. männliche Unterschichtsklienten dieselbe Art von ‚Anleitung und Aktion' von einem weiblichen Therapeuten erwarten, oder würde sich ihre Erwartung sowohl auf ihr Bild von Männlichkeit als auch auf das des Mittelschichtsstatus gründen? Würde die Gleichheit im Geschlecht, trotz der Klassenunterschiede, einer Unterschichtsklientin helfen, sich gleichberechtigter einer Mittelschichttherapeutin gegenüber zu fühlen und dadurch ihre Einstellung zur Therapie zu verändern?« (*Schwartz* 1974: 178) Der ursprüngliche Artikel gab weder die Geschlechtszugehörigkeit der Sozialarbeiter noch der Klienten an. Viele Artikel handeln über die Problematik farbiger, armer Klienten, die sich meist unbewußt mit den Werten der weißen Sozialarbeiter der Mittelschicht identifizieren. Aber keiner in dem untersuchten Sample stellt die

Frage nach dem Bedeutungsfaktor Geschlechtszugehörigkeit. Dabei wissen wir inzwischen viel über den Zusammenhang weiblicher Dominanz und verunsicherter Männlichkeit in schwarzen Familien. Dies mag der wirkliche Grund sein, warum schwarze männliche Klienten eher weiße denn schwarze Sozialarbeiter bevorzugen. Die Lektüre von *Eldridge Cleaver* »Seele auf Eis« hätte der Sozialarbeit diesen Zusammenhang klargemacht.

In der Familien- und Eheberatungsliteratur hat sich hingegen die Ansicht durchgesetzt, daß Therapeut und Kotherapeut unterschiedlichen Geschlechts sein sollten, damit jeder der Ehepartner oder Familienmitglieder besonders bei sexuellen Problemen einen gleichgeschlechtlichen Zuhörer findet.

Generell aber bleibt die Geschlechtszugehörigkeit der Klienten im Schrifttum oft unerwähnt. Klassenhintergrund und ethnische Herkunft der Sozialempfänger oder Patienten in Krankenhäusern werden analysiert; die Tatsache aber, daß es überwiegend Frauen sind, bleibt unbeachtet. Die sozioökonomische Lebenslage jugendlicher Delinquenten wird untersucht, die offensichtlich geschlechtsspezifische Definition von Verwahrlosung oder z. B. die Tatsache, . . . »daß mehr als die Hälfte der Mädchen, die 1965 vor dem Jugendgericht standen, wegen Delikten angeklagt waren, die keine gewesen wären, wären sie von Erwachsenen begangen worden« (zit. nach *Schwartz* 1974: 183), ist noch nicht zum Thema in der Sozialarbeiterliteratur geworden.

Welche Schritte werden unternommen, um bereits in der Ausbildung zur Sozialarbeit den Studierenden ein Problembewußtsein zu Fragen des Sexismus zu vermitteln? Zunächst einmal ist festzustellen, daß sich seit etwa 1971 der Einfluß der Frauenbewegung auch im akademischen Bereich durch Forschungsprojekte, Publikationen und Tagungen bemerkbar machte. Eine Reihe wissenschaftlicher Fachzeitschriften haben Sondernummern zur Frauenfrage in ihrem Bereich herausgebracht, etwa das »Journal of Marriage and the Family« November 1971, »Social Work« November 1976, »Journal on Social Issues« 1976, »Social Case Work« Februar 1976.

Eine Menge Untersuchungsarbeit über sexistische Berufungs- und Förderungspraktiken an den Universitäten wurde unter Beteiligung von Studierenden geleistet und entsprechende Kampagnen durchgeführt. Durch Regierungserlaß sind die staatlichen amerikanischen Universitäten heute verpflichtet, nach einem Quotensystem Frauen und Mitglieder rassisch-ethnischer Minoritäten zu berufen. Veränderungen im Curriculum aller Sozialwissenschaften zielen zunächst auf die Errichtung von »women's studies«

hin (ähnlich der »black studies« Ende der 60er Jahre). Diese sind zumeist fakultätsübergreifend und interdisziplinär organisiert, oft aber auch als Pflichtlehrveranstaltung der einzelnen Disziplinen verankert. 1972 gab es an 500 Universitäten und Colleges der USA insgesamt 750 »Women's Courses« (nach: *Meisel/Friedmann* 1975).
Zumeist werden solche Lehrveranstaltungen von Lehrenden und Studierenden gemeinsam durchgeführt. In einem »Who is Who and Where in Womens Studies« (1974), herausgegeben von einem feministischen Verlag, werden 4658 women's courses an 885 (von insgesamt ca. 2000) Universitäten und Colleges aufgeführt, von 2964 Dozenten und Dozentinnen durchgeführt. 112 Einrichtungen bieten »Women's Studies Programm« an, fünf Institutionen verleihen ein M.A. in women's studies und an der State University of New York, Binghampton kann frau/man in women's history promovieren. [1] Es gibt feministische wissenschaftliche Zeitschriften, die regelmäßig erscheinen und von jeder nordamerikanischen Universitätsbibliothek bezogen werden. Mehrere Periodika haben einen Anhang zur Besprechung der neuesten wissenschaftlichen Veröffentlichungen und Forschungsvorhaben in women's studies. Ohne die Existenz dieser Hilfsmittel hätte auch diese Arbeit nicht geschrieben werden können.
Die Absichten solcher Frauenprojekte sind vielfältig: Konfrontation der Studierenden mit ihren eigenen Geschlechtsrollen durch Einbringung eigener Erfahrungen in den Unterrichtsstoff, Aufarbeitung wissenschaftlicher Ergebnisse zur gesellschaftlichen Stellung der Frau, Analyse der Klientinnen und zumeist der Versuch des Transfers der erworbenen Kenntnisse in andere Lehrveranstaltungen, um der Gefahr der curricularen Isolierung, des Gettos »Frauenstudien«, zu entrinnen. Das Ziel ist dann schließlich das Überflüssigwerden der Frauenstudien durch deren Integration in das gesamte Curriculum. Die bereits erwähnte »Task Force on Women« des amerikanischen Berufsverbands der Sozialarbeit hat 1974 eine Befragung aller 93 Sozialarbeiterstudiengänge über deren Angebote zu Frauenfragen durchgeführt. Mehr als die Hälfte derer, die antworteten, hatten bereits solche Lehrveranstaltungen durchgeführt. Oft haben sich interne Frauenkomitees aus Dozentinnen und Studentinnen gebildet mit Aktionszielen wie: Beschaffung von Kindergärten für die Kinder verheirateter Studentinnen an oder in der Nähe der Ausbildungsstätte, Wiederberufung von Dozentinnen, die wegen Heirat und Kindern ausgeschieden waren, Einrichtung von Halbtagsstudiumsmöglichkeiten für Studierende mit Kindern o. ä. (vgl. *Boehm* 1974).

1 Über Frauenstudium und Frauenforschung in den USA: *Schöpp-Schilling* 1978.

Ein Teil der Frauenstudien versucht dem schon beschriebenen Problem mangelnden beruflichen Durchsetzungsvermögens und fehlender Planung der beruflichen Laufbahn bei Sozialarbeiterinnen bereits in der Ausbildung beizukommen. Kurse in Berufsplanung und Berufsberatung und workshops zur Stärkung des Selbstbewußtseins werden speziell (aber nicht nur) für Frauen angeboten. Es besteht heute bei den Studierenden ein Problembewußtsein über den Sexismus in der Profession; es ist ein Thema in den Lehrveranstaltungen, das nicht mehr nur von engagierten Feministinnen eingebracht und von Studenten lächelnd abgetan wird. Es wäre zu hoffen, daß sich dies auch in der westdeutschen Sozialarbeiterausbildung erreichen ließe, nicht zuletzt, um die Interessen der Klientinnen in der Praxis besser durchsetzen zu können.

Wie stellt sich die Situation an Hoch- und Fachhochschulen in Deutschland dar? Die ausführliche Darlegung des Frauenstudiums von *Schmidt/Harzbach* (1977) anläßlich der ersten Berliner Sommeruniversität für Frauen bestätigt für die BRD alle in diesem Kapitel gemachten Angaben über die Lage von studierenden und lehrenden Frauen in diesen nach wie vor patriarchalischen Institutionen. »Als ein Chemieprofessor in Hamburg seine Veranstaltung mit der Bemerkung: ‚Ich sehe, hier sitzen auch einige Damen, die Übung wird recht kompliziert, sie sollten sich die Teilnahme noch mal überlegen', eröffnete, waren die Frauen nicht empört, sondern völlig fertig« (*Zipfel* 1978: 28). Das ist offener Sexismus. Wichtiger, weil viel weiter verbreitet ist folgender Fall: »Um das Strafverhalten von Kindern zu untersuchen, wurden Sozialdaten der Familien untersucht. Die Daten der Ehefrauen, die entscheidende erste Sozialisationsfaktoren sind, wurden denen der Ehemänner einfach angeglichen. Die Kommilitonin, die diesen Umstand bemängelte, erntete nur Unverständnis und Unwillen.«

Texte zur Theorie der Gemeinwesenarbeit beschreiben den Stadtteil als ausschließlich von Männern bewohnt: »Es wäre lohnend, eine vergleichende Sozialökologie der Altersklassen, Familienstände und Lebensphasen zu schreiben und das unterschiedliche Gewicht der jeweiligen näheren und weiteren räumlichen Umwelten zu erfassen« (*Müller/Nimmermann* 1973: 31). Eine vergleichende Sozialökologie der Geschlechter wäre aber notwendig, denn: »Wenn auch alle Bevölkerungsteile von den Bedingungen im Stadtteil betroffen sind, so doch nicht in gleicher Weise und gleicher Intensität. Während die Männer in der Regel den größten Teil des Tages am Arbeitsplatz außerhalb des Stadtteils verbringen, ist dieser für die Mehrzahl der Frauen und Kinder der Hauptlebensbereich« (*Raab* 1979: 33). Die Gemeinwesenarbeit trifft also hauptsächlich auf Frauen (und Jugendliche/Kinder), ist sich aber theorestisch ihrer geschlechtsspezifisch bestimmten

Adressatengruppe nicht bewußt. An dem folgenden Beispiel einer gewissermaßen »verkehrten« Argumentation zur Frage der Folgen mütterlicher Erwerbstätigkeit wird klar, wie tief verwurzelt sexistische Vorstellungen allerorts sind: »(Keiner) käme auf die Idee, einen berufstätigen Vater zu fragen . . . »Wenigstens um der Kinder willen, Herr Meier, Sie wissen doch, ein Vater, der immer für seine Kinder da ist, die Vaterbindung eben, ist durch nichts zu ersetzen. Vor allen Dingen in den ersten Jahren, wo die kindliche Persönlichkeit und das soziale Verhalten entscheidend geprägt werden. Na ja, und wenn die Kleinen dann in die Schule kommen, wo sollen sie dann nachmittags bleiben, wenn Sie weiter arbeiten gehen: und wenn Unterrichtsstunden ausfallen, keiner zu Hause ist, wie wollen Sie denn das machen? Und wer kümmert sich um die Hausaufgaben? Wissen Sie, neuerdings haben wir ja immer mehr zu tun mit den vielen verhaltensgestörten Kindern. Und die Drogensucht, Alkoholismus, das greift immer stärker in unserer Jugend um sich. Ich will damit ja nicht sagen, das . . . aber . . . ach, Sie finden ihre Berufstätigkeit auch als Vater wichtig? Aber ich bitte Sie, bei den unbefriedigenden Arbeitsverhältnissen, alles fremdbestimmt heutzutage, ein Rädchen im Getriebe – und die beste Ausbildung haben Sie schließlich auch nicht . . . Da haben Sie es doch zu Hause viel besser, freie Arbeitseinteilung und so, vorbei die Hetze und der Streß, und Sie haben das beruhigende Gefühl, Ihren Kindern ein guter umsorgender Vater zu sein« (*Doormann* 1978: 22).

In Deutschland stellen Studentinnen 30 % aller Studierenden (damit rangiert die Bundesrepublik auf Platz 20 hinter Spanien!), und die Hälfte von ihnen verteilt sich auf nur 5 von 75 möglichen Fächern. Frauen sind weder Subjekt noch Objekt der Wissenschaft. Aber es gibt auch inzwischen viele Ansätze zur Entwicklung von »Frauenstudien«. Berliner Sommeruniversität, 30 Frauenreferate in den Asten (sogar ein Frauen-AStA an der Universität Frankfurt), Lehrveranstaltungen zu Frauenthemen, Frauenprojekte. Dabei gibt es im »normalen Wissenschaftsbetrieb« enorme Widerstände. »Die Schwierigkeit beim Kampf um Frauenstellen ist einmal, daß man zuallererst brüllend ausgelacht wird und dann einem gesagt wird, nach wie vielen Erlassen sowieso keine Stellen da sind . . . und selbst linke Männer unterstützen einen da nicht . . . die meisten Frauenthemen werden in Form von Lehraufträgen bearbeitet, der ausgebeutetsten Form von wissenschaftlicher Arbeit überhaupt« (*Döhring* 1978: 30).

2.5. Über die ökonomische Funktionalisierung des weiblichen Arbeitsvermögens in der sozialen Arbeit

Wir haben den Sexismus in der sozialen Arbeit von beiden Seiten beschrieben: von den subjektiven Verhaltensformen und den institutionalisierten Verfahrensweisen. Wir wollen jetzt noch einmal einige Gedanken aufnehmen, die um eine mögliche Erklärung der vorgefundenen Tatsache sexistischer beruflicher Benachteiligungen des weiblichen Personals in der sozialen Arbeit kreisen. Wir suchen diese Erklärung in der Analyse des Zusammenhangs des spezifisch weiblichen Arbeitsvermögens (in seiner in der sozialen Arbeit verberuflichten Form) mit den gesellschaftlichen Aufgaben dieses Berufs unter den Bedingungen des kapitalistischen Arbeitsmarktes. Es ist auffällig, daß sich die englischsprachige Literatur mit diesen Fragen kaum beschäftigt. Sie ist pragmatisch auf das Aufdecken eines schlechten Zustands – Sexismus in der sozialen Arbeit – zum Zwecke der schlagkräftigen Agitation und Forderungen ausgerichtet.

Die deutsche Literatur hingegen, so gering ihr Umfang auch ist, nimmt gerade die obengenannte Fragestellung zum Ausgang ihrer Überlegungen; so z. B. die Arbeiten von *Walser, Kickbusch* und *Beck-Gernsheim/Ostner*. Dabei müssen sich die Autorinnen zunächst einmal mit dem herrschenden politökonomischen Ansatz kritisch auseinandersetzen, da dieser die Sonderbedingungen weiblicher Arbeitskraft völlig unzureichend problematisiert. »Marx selber . . . hat sich nach seinen eigenen Worten politökonomisch mit dem »Produktionsprozeß des Kapitals« beschäftigt: das war sein Erkenntnisinteresse. Die Produktionsverhältnisse im Haus, die Verausgabung der weiblichen Arbeitskraft, die Arbeitsbedingungen, unter denen Frauen in der patriarchalischen Familie 1. Kinder produzieren, 2. die Arbeitskraft des Mannes, 3. die eigene Arbeitskraft reproduzieren und Gebrauchswerte (mitunter auch Waren) herstellen, kurzum die Konsumption der weiblichen Arbeitskraft, hat ihn nicht interessiert« (*Schröder* 1978: 111).

In der Tat gibt es noch keine politische Ökonomie der Frauenarbeit als Haus- und Lohnarbeit. Gerade die soziale Arbeit als Verlohnarbeitung von Frauentätigkeiten bietet sich als Fallstudie für ein solches Vorhaben an. Dazu bedarf es der Problematisierung und Neudefinition zentraler polit-ökonomischer Begriffe. Es geht dabei vor allem um die marxsche Arbeitswertlehre und insbesondere die darin enthaltene Begrifflichkeit von produktiver und unproduktiver Arbeit, denn in ihnen versteckt sich ein männerspezifisches Vorurteil. Die Arbeiterklasse erscheint immer als Männerklasse, Lohnarbeit meint die des männlichen Lohnarbeiters als Fa-

milienvater. Die Erklärung der Minderbezahlung von Lohnarbeiterinnen bewegt sich auf der Ebene der herrschenden Ideologie des weiblichen Zuverdienstes und ignoriert z. B. alle alleinstehenden arbeitenden Frauen. Unbezahlte Hausarbeit, Doppelarbeit, Gebährarbeit müßten als geschlechtsspezifische Tatbestände (Leichtlohnarbeit also als Geschlechterlohn) in die Politökonomie eingeführt werden; ebenso die Tatsache des doppelten Herrschaftsverhältnisses, die Familie betreffend: Patriarchalische Produktionsweise im Haus (Aneignung unbezahlter weiblicher Haus- und Reproduktionsarbeit durch den Familienvater) und kapitalistische Produktionsweise außer Haus. Es bedarf also der Klärung des Verhältnisses von Kapitalismus und Patriarchat, denn spätestens seit *Bornemanns* »Das Patriarchat« (1975) ist klar geworden, daß die Jahrtausende währende männliche Vorherrschaft mit der Durchsetzung der kapitalistischen Produktionsweise keineswegs zerstört wurde, sondern nur eine neue historisch spezifische Form angenommen hat.
Schließlich muß insbesondere die Verengung des marxschen Begriffs der produktiven Arbeit problematisiert werden, denn dadurch wird einträchtig mit der bürgerlichen volkswirtschaftlichen Gesamtrechnung heute etwa die Hälfte der gesamtgesellschaftlich verausgabten Arbeitszeit (die Hausarbeit) ausgeblendet, da sie keinen Tauschwert schafft bzw. Lohn erhält. Sicher war der Begriff »produktive Arbeit« ursprünglich nicht wertend gemeint, seine Definition jedoch (Sphäre der direkten Mehrwertproduktion, dem Kapital unmittelbar gegenüberstehend, die dort beschäftigten meist männlichen Lohnarbeiter als Kern oder Avantgarde der Arbeiterklasse) ließ sie zur »wichtigen« werden. Demgegenüber wird nun darauf verwiesen, daß alle beruflich organisierte Arbeit auf Formen privater Reproduktionsarbeit angewiesen und daß ihr Inhalt die Produktion menschlicher Arbeitskraft selbst ist. Die Reproduktionssphäre erhält dadurch einen gesellschaftlich zentralen Stellenwert und damit die Untersuchung der in ihr hauptsächlich verausgabten Frauenarbeit. [1] Die so von Orthodoxien befreite Analyse öffnet den Zugang zum Verhältnis von weiblichem Arbeitsvermögen und Sozialarbeit.
Augenscheinlich sucht der Arbeitsmarkt neben fachlich-geschlechtsneutralen Qualifikationen auch bestimmte Fähigkeiten, die eher personen- und zwar geschlechtsgebunden sind. *Beck-Gernsheim* untersucht diese geschlechtsspezifischen »Grundqualifikationen« von Arbeitsvermögen. Die Inhalte und Besonderheiten weiblichen Arbeitsvermögens müssen aus dem Gegensatz von Berufs- und Hausarbeit abgeleitet werden. Die jahrtau-

1 Vgl. hierzu die Literaturangaben bei *Beck-Gernsheim/Ostner* 1978, Fußnote 22, S. 268.

sendlange Trennung dieser beiden Arbeitsbereiche hat zu ihrer Ausfüllung unterschiedliche Arbeitsvermögen hervorgebracht und diese wiederum verschiedene persönliche Dispositionen geprägt, die heute als geschlechtsspezifische Arbeitsqualifikationen auftreten. Ein Gutteil der Hausarbeitsqualifikationen sind allerdings auch heute wichtig für bestimmte Berufsarbeiten, z. B. in den »Frauenberufen«; es sind vor allem »nichtberufliche« Dispositionen (Personenorientierung, Hege- und Pflegeneigung, Bereitschaft zur Einfügung usw.). Genau diese weiblichen Dispositionen werden als »stille Qualifikation« in betriebliche Strategien aufgenommen und für betriebliche Zwecke genutzt. » . . . daß Frauen – aufgrund der mit der grundlegenden geschlechtsspezifischen Arbeitsteilung vermittelten Orientierung und Fähigkeiten – vielfach gerade stärker als Männer ein Engagement zu arbeitsinhaltlicher Aufgabenerfüllung besitzen, daß sie deshalb weniger als Männer über Fähigkeiten verfügen, Einkommens-, Status- und Karriereinteressen durchzusetzen. Das hieße: gerade die Bereitschaft und Fähigkeit der Frauen, andere Personen und ihre Bedürfnisse wahrzunehmen und ihre Arbeit daran auszurichten, führt – über ihre betriebliche Nutzung und berufliche Einpassung – zu den zahlreichen Formen ihrer beruflichen Unterprivilegierung. Hier wird deutlich, wie die besonderen Interessen, Ansprüche und Orientierungen, die Frauen in die Berufe einbringen, zu ihrem eigenen Nachteil ausgenutzt und gegen sie selbst gewandt werden, indem sie als Mangel (an Durchsetzungsfähigkeit, Ehrgeiz, Konkurrenzverhalten, Karrierestreben usw.) und nicht als Vorhandensein inhaltlich besonderer Qualitäten und gesellschaftlich notwendiger Fähigkeiten interpretiert und bewertet werden« (*Beck-Gernsheim* 1976: 11–12).

Auf diesem Hintergrund lassen sich auch die immer wieder diskutierten Maßnahmen zur beruflichen Integration der Frau einschätzen. Allen Vorschlägen liegt die Annahme zugrunde, daß Mädchen und Frauen ihren benachteiligten Sonderstatus am Arbeitsmarkt letztlich selber verschulden, z. B. dadurch, daß sie sich in wenigen Berufsfeldern konzentrieren. Wäh███ren sie nur flexibler in ihrer Berufswahl! Aber erstens ist die traditionelle weibliche Berufspräferenz meist nicht freiwillig, sondern Ergebnis der Blockade von Gewerkschaften, männlichen Kollegen, Berufsberatern und Lehrern. Und zweitens sind Frauen nicht nur in weiblichen Berufen überdurchschnittlich von Arbeitslosigkeit betroffen, sondern auch dort, wo sie in der Minderheit sind. Der Vorschlag also, Mädchen in Männerberufen Ausbildungen zu verschaffen, müßte von einer Veränderung dieser Berufe begleitet sein. »Aber genau diese Frage . . . ist nie ernsthaft gestellt worden. Statt dessen lautet die Annahme einfach, die traditionellen Berufswünsche der Mädchen seien »unangepaßt«. Die antitraditionelle Berufsberatung paßt sich damit dem Muster der etablierten Berufsforschung und -theorie an, die dominant von Gesichtspunkten des Arbeitskräftebedarfs bestimmt wird, die subjektiv-soziale Bedeutung der Berufe dagegen konsequent außer acht läßt« (*Beck-Gernsheim/Ostner* 1978: 261).

Der andere Vorschlag fordert eine bessere Berufsausbildung für Mädchen, um ihre berufliche Chancengleichheit zu erreichen. Das wäre zweifellos hilfreich, aber die Erfahrungen von Frauen mit qualifizierter Berufsausbildung zeigen gerade, daß sie auch bei gleicher Höherqualifikation hinter den Männern wenn nicht sogar in der Entlohnung, so vor allem im Karriereverlauf, Aufstieg und Leitungsfunktion zurückbleiben. Für die Sozialarbeit wurde der Beweis hierzu im zweiten Teil geführt. Der Grund dafür liegt in den geschlechtsspezifischen Sonderbedingungen des Arbeitsmarktes, die den ökonomischen Wert einer Ausbildungsqualifikation relativieren oder andere, extrafunktionale, nämlich geschlechtliche Merkmale überbewerten.

In dem Berufswunsch vor allem zukünftiger Sozialarbeiterinnen nach einer »Arbeit mit Menschen« schwingt das Interesse nach nichtentfremdeter Arbeit mit. Das ist eine Berufsauffassung, an der private Träger und der Staat durchaus schon aus ökonomischen Gründen ein Interesse haben. Denn Frauen bringen ohne Verausgabung von Ausbildungskosten bereits wichtige Berufsqualifikationen mit: Fähigkeiten auf dem Gebiet der *Beziehungsarbeit* (vgl. zu dieser Begrifflichkeit: *Kickbusch* 1978). Beziehungsarbeit ist Gefühlsarbeit mit Menschen, und obwohl sie als Sozialarbeit Lohnarbeit ist, entzieht sie sich doch wegen ihrer Bedürfnis- und Gebrauchtswertorientiertheit ein Stück weit der völligen kapitalistischen Vereinnahmung. Interagierende Menschen in ihren Träumen, Wünschen und Bedürfnissen lassen sich nicht auf den Warenbegriff reduzieren. Die Frauen bezahlen dies allerdings teuer. »Das Da-sein der Frau für Bedürfnisse ist zugleich Ansatz ihrer Ausbeutung im Privaten: Es ist Ansatz für sexuelle Verfügbarkeit für (Ehe)mann . . . für Aggressionen . . . für selbstverständlich verlangte Dienste von Mann und Kindern« (*Kickbusch* 1977: 16). Aber das gleiche gilt auch für die Berufstätigkeit. Hilfe für die Klienten rangiert vor materiellen Berufsinteressen (mit den in dieser Arbeit dokumentierten Resultaten).

An diesem Punkt berühren wir noch einmal eine frühere Fragestellung. Auf welche Weise haben Sozialarbeiterinnen selber Anteil an dem sexistischen System beruflicher Benachteiligungen, wie partizipieren sie subjektiv daran? Eine Gruppe Frankfurter Sozialarbeiterinnen, die sich alle gleichzeitig als Teil der Frauenbewegung verstehen, haben meiner Kenntnis nach als Einzige zentral auch diese Frage nach den heimlichen Gratifikationen der Sozialarbeit als Beziehungsarbeit gestellt. »Wir haben uns nach längerem Jammern entschlossen, nicht mehr über Aufopferung, über Identifikation, Versagen, Altruismus zu reden – ohne zugleich über unsere Machtgelüste, unsere Machtausübung, unseren Voyeurismus, unsere Arroganz der Demut zu sprechen« (Sozialarbeiterinnengruppe Frankfurt 1978: 22). Die Gruppe stellt dann die Frage nach der beruflichen Macht, bisher ein Tabuthema: »Die Macht, die uns suspekt erscheint, ist die *Leistungsmacht*! Sie ist schmutzig und unmoralisch. Die Identität: Ich bin, was ich kämpfe. Stabilisierung über offene Beherrschung, Überdrückung, sadistisches Konkurrieren, *sichtbare männliche Größe*. Die einzige Macht, die uns nicht suspekt ist, ist die *Versorgungsmacht*, die wir als Frauen in sozialen Berufen innehaben. Unsere Identität: Ich bin, was ich gebe. Stabilisierung in der Sozialarbeit läuft über Abhängigmachen, masochistisches Helfen; *unsichtbare, mächtige weiblich-mächtige, weiblich-mütterliche Größe*« (Sozialarbeiterinnengruppe 1978: 23). Dies ist ein wichtiger, ehrlicher Gedanke. Denn die berufssoziologische Analyse, die uns erklärte, warum und zu wessen Nutzen Sozialarbeiterinnen diskriminiert bleiben, darf nicht ein Alibiargument für die Unveränderlichkeit dieses Zustandes sein. Sozialarbeiterinnen müssen sich fragen, ob sie Berufsmacht erobern wollen, und zwar in Abwägung der menschlichen Kosten. ». . . Vom Weiblichen, dann Linken, dann feministischen Ansprüchen her wollen wir nicht Vorgesetzte werden . . . Wir sind uns zu gut und zu edel, um uns auf Positionen und den Kampf um Positionen einzulassen, währenddessen holen sich Männer . . . Planstellen, Projekte, Geld, Leitungsposten . . . Vielleicht kriegen wir eine Art Schwindelgefühl angesichts der Möglichkeit eigener Macht – der Sockel macht einsam, ungeliebt . . . wir tragen den Stolz der Entrechteten« (Sozialarbeiterinnengruppe: 1978: 23). Die Analyse betont also den Doppelcharakter, die Last und die Lust der Beziehungsarbeit als Gefühlsarbeit mit Menschen, denn neben selbstlosem Helfen gibt sie auch Macht – »Versorgungsmacht« – über andere. Weibliche/sozialarbeiterische Fähigkeiten können also auch zu Machtausübung, Liebe zu Kontrolle werden . . . Einfühlungsvermögen, die zentrale weibliche Qualität, ist keine positive Eigenschaft an sich. Man kann damit: Nähe herstellen, verstehen, sich identifizieren und zugleich kontrollieren, Familienbalance halten, Spannungen herstellen oder vermeiden.« (Sozialarbeiterinnengruppe 1978: 31).

Diese Gedanken sollen nicht als billige Möglichkeit mißverstanden werden, nach der Devise: »Die Opfer haben selber Schuld« zu verfahren. Solange die Lebens- und Arbeitssituation der Frau/Mutter/Sozialarbeiterin/

Klientin lautet: »Ich bin, was ich gebe«, muß der herrschende Tatbestand der ausbeuterischen Funktionalisierung dieser weiblichen Disposition in Beziehungen, Ehe, dem Arbeitsmarkt und in den Sozialeinrichtungen aufgedeckt, beschrieben, angeprangert und verändert werden.

3. Sexismus im Berufsfeld – die Diskriminierung der Klientinnen durch die Sozialarbeit

3.1. Deliquente Frauen: weibliches abweichendes Verhalten und Kriminalität

Eines der traditionellen Interventionsgebiete der Sozialarbeit ist die sogenannte Verwahrlosung und das dissoziale Verhalten von Menschen: Fürsorgeerziehung, Jugendgerichtshilfe, Sozialarbeit im Gefängnis, Resozialisierungsarbeit, Bewährungshilfe u. ä. Außer wenn von Mädchenheimen die Rede ist, werden in der Literatur fast nur männliche Probanden erwähnt. Daneben entsteht jedoch, angeheizt durch die Massenmedien, das Bild beängstigend steigender weiblicher Kriminalität. Diese sei zunehmend gewalttätiger Natur und wohl dem Prozeß allgemeiner Emanzipierung der Frau geschuldet. Diese Behauptung wird im folgenden statistisch zu überprüfen sein.

Richtig ist, daß die Rate weiblicher Kriminalität ansteigt und daß dieses Problem langsam in die fachliche Diskussion aufgenommen wird. Amerikanische kriminologische Fachzeitschriften greifen das Thema in Sondernummern auf, so z. B.: Issues in Criminology, Vol. 8 (2) 1973; Delinquency Vol. 23 (2), 1977; regierungsamtliche Untersuchungskommission zur Lage weiblicher Delinquenter werden eingesetzt z. B. Report of the National Advisory Committee on the Female Offender, Kanada 1977. Für Deutschland ist diese Entwicklung dokumentiert in: Kriminologisches Journal 4/1978. Verschiedenste Organisationen der Frauenbewegung initiieren Programme und Aktionen für und mit weiblichen Gefangenen. Die American Bar Assiociation, der nationale Verband amerikanischer Rechtsanwälte, richtet ein ständiges »Female Offender Resource Center« (Beratungszentrum für Straftäterinnen) ein. All dies sind Reaktionen auf eine gesellschaftlich relevante Erscheinung zunehmender weibliche Delinquenz, die bedrohlich erscheint, weil ein absolut geschlechtsrollenunkonformes Verhalten zugrunde liegt. Das Kennzeichnende der weiblichen Kriminalität war bislang ihre Geringfügigkeit und soziale Unsichtbarkeit. Sie war typisch weiblich, eben unbedeutend: Kaufhausdiebstahl und Verletzung strikt gezogener sexueller Verhaltensnormen. Frauen besaßen keine kriminogenen (d. h. männliche) Energien. Nun jedoch begehen Frauen zunehmend »männliche« Delikte, und damit wird das Bild der kindlich-unverantwortlichen, verführten oder unreflektiert-triebhaften Gesetzesbrecherin unhaltbar. Ritterlichkeit und Paternalismus des Gerichts scheinen unter den Bedingungen von Gefängnisrevolten (an denen auch weibliche Häftlinge teilnehmen) oder der Militanz politischer Straftäterinnen nicht mehr angebracht.

Die Theorien der weiblichen Kriminalität entsprechen der bisherigen sozialen Unsichtbarkeit ihres Untersuchungsgegenstandes. Aber sie sind Musterbeispiele sexistischer Wissenschaft. An der Praxis der Institutionen des Strafvollzugs, in denen Sozialarbeiter(innen) häufig arbeiten, werden wir die geschlechtsdiskriminierenden Auswirkungen der Theoriebildung untersuchen können.

Da deutsche Literatur zu diesem Problemkreis sehr gering ist (lediglich ältere biologisch ausgerichtete oder rein juristische) und die amerikanische fast ausnahmslos unübersetzt geblieben ist, erscheint es deshalb sinnvoll in diesem Abschnitt verhältnismäßig breit Informationen über Art und Ausmaß weiblicher Kriminalität, sowie über die Geschichte der wissenschaftlichen Theoriebildung zu vermitteln.

Auf dem Gebiet von Deliquenz und Verwahrlosung steht die Sozialarbeit in einem besonders engen, aber eindeutig untergeordnetem Verhältnis zur Justiz. Wenn wir im gesamten Rechtswesen starke sexistische Tendenzen werden nachweisen können, so ist anzunehmen, daß die Sozialarbeit in diesem Bereich als ausführende und nachbetreuende Institution ebenfalls sexistisch arbeitet. Will sie sich davon befreien, muß sie neben der Analyse des gesellschaftlich herrschenden Sexismus vor allem die sexistische Funktionsweise der Justiz erkennen.

3.1.1. Geschichtliche Etappen der kriminologischen Theoriebildung: Sexualisierung der weiblichen Kriminalität

»Die vielleicht umfassendste Aussage, die man über die weibliche Kriminalität in den USA machen kann, ist, daß sie fast völlig von den Kriminologen und Sozialwissenschaftlern ignoriert wurde« (*Simon* 1975 a: 3). So oder ähnlich beginnen fast alle Bücher und Artikel zur Frauenkriminalität. Wie kommt das? Neben der schon genannten Tatsache des geringen akademischen Ansehens, welches die etablierten Wissenschaften der Erforschung weiblicher Probleme beimessen und der männlichen Dominanz in diesem Bereich, ist vor allem die statistische Geringfügigkeit weiblicher Kriminalität ein ausschlaggebender Grund. Konsequenterweise war denn auch die Frage nach dem Grund der niedrigen weiblichen Kriminalitätsraten lange Ausgangspunkt der wissenschaftlichen Untersuchungen. Wir wollen im folgenden einen Überblick über die verschiedenen Stadien der Theoriebildung geben und dann diejenigen Erklärungsansätze besonders verfolgen, die von der Analyse der gewandelten sozioökonomischen Stellung der Frau ausgehen und (z.T. einander widersprechende) Aussagen über das Wesen weiblicher Kriminalität heute machen. Diese sollen dann anhand statistischer Daten überprüft werden. Allgemein läßt sich feststellen: Fast alle, vor allem die frühen Theorien sexualisieren weibliches Strafverhalten. Sexualität ist die Wurzel allen weiblichen Verhaltens, also sind kriminelle Frauen ebenfalls vorrangig sexuell motiviert. In einer neuen Variante dieser Theorie liegt das Frauenbild der braven, keuschen Hausfrau und Gebärerin zugrunde. Weicht sie etwa durch kriminelles Handeln von dieser Rolle ab, sind zunächst ihre reproduktiven Organe als Anhaltspunkte zu untersuchen (z. B. heute noch routinemäßige Gesundheitsuntersuchungen auf Geschlechtskrankheiten und Intaktheit des Jungfernhäutchens bei Heimeinweisung von Mädchen in den USA). Ein anderer Ansatz unterstellt, daß Frauen von Natur aus »schlecht« sind, immer auf Verführung und Sex bedacht. Die deshalb notwendige gesellschaftliche Sexualrepression, auch durch Gerichte, hält potentielles triebbedingtes Anwenden illegitimer Mittel in Schach. Auch die Straftaten werden weitgehend sexualisiert: Prostitution meint (nicht zu akzeptierende) Promiskuität (statt ökonomischer Notwendigkeit), Kaufhausdiebstahl wird über die Kleptomanie »wissenschaftlich« als nymphomanisch motiviert erklärt. Das amerikanische Arbeitsministerium bezahlte unlängst eine Auftragsforschung, in der u. a. über den Zusammenhang von Kaufhausdiebstahl und Menstruationszyklus nachgedacht wurde. Und schließlich wird unter dem Einfluß vulgarisierter Freudscher Theorie jede weibliche Straftat zu einer Ersatzhandlung für das als verloren betrauerte Objekt, den Penis. In der Erklärung zur männlichen Kriminalität fehlt jedoch jeder sexuelle Hinweis. Weibliche Kriminelle sind vermännlicht, denn kriminelles Handeln ist ein männliches Reservat. Diese Behauptung gilt auch gerade für das äußere Erscheinungsbild. Man mißt zwar nicht mehr wie *Lombroso* (1894) Schädelumfang, Größe und Behaarung, aber weibliche Gefangene werden immer noch als derb, muskulös, eben unweiblich dargestellt. Welchen Einfluß Anstaltskleidung, die Kost, mangelnde Bewegung und Freizeitaktivitäten auf die äußere Erscheinung ausüben, wird nicht beachtet. Stattdessen werden Maßstäbe der gepflegt-femininen Mittelschichtsfrau an die Straftäterinnen angelegt, die ganz überwiegend aus der Arbeiterklasse stammen. Insgesamt zeigt sich, daß die Theorien zur weiblichen Devianz bis in die sechziger Jahre des 20. Jahrhunderts sexistisch und mittelschichtsgeprägt waren (und in den USA darüberhinaus auch rassistisch). Die folgenden untereinander widersprüchlichen Annahmen über das weibliche Wesen im Zusammenhang mit kriminellen Handeln kehren in der Literatur immer wieder: Die Frau ist manipulierend, unmoralisch, kalt und berechnend (*Lombroso*); die Frau manipuliert die männlichen Sexualtriebe, um bestimmte Ziele zu erreichen (*Thomas*); die Frau ist von Natur aus hinterlistig und betrügerisch (*Pollack*); die Frau ist minderwertig, konservativ, phantasielos; die Frau ist triebhaft-sexuell, unmoralisch, aggressiv.

Wenden wir uns nun den verschiedenen Theorien in ihrem zeitlichen Entwicklungsablauf zu. *Lombroso* schrieb ein Buch »Das Weib als Verbrecherin und Prostituierte« (1894), das zum ersten Mal mit dem moralischen Ansatz brach, daß alle Kriminellen verdorben seien. Er versuchte stattdessen große Zahlen von Verbrecherinnen anatomisch zu »vermessen« (Schädelumfang etc.), um seine biologische Theorie von der Kriminalität als einer Art physiologisch bedingtem Leiden zu untermauern. Lombrosos Ansatz mag heute belächelt werden, aber sein Buch hat in den USA 1974 seine 20. Auflage erreicht. Biologische Kriminalitätstheorien finden sich auch in der neueren amerikanischen und deutschen Literatur zur Genüge (vgl. Beispiele bei *Klein* 1973: 4 und *Dürkop/Hardtmann* 1974: 221 und 1978: 24 ff). Lombroso sieht Kriminalität als Atavismus, d. h. als Überbleibsel einer primitiven Kulturstufe der Menschheit. Bei den von ihm untersuchten Straftäterinnen findet er eine statistisch signifikante Anzahl biologischer Atavismen, gespitzte Ohren, Häutchen zwischen den Fingern u. ä. Die Lösung des Problems weiblicher Kriminalität ist die Sterilisation der betroffenen Frauen, um die Vererbung kriminogener Merkmale zu unterbinden. Aber warum ist die weibliche Kriminalitätsrate so niedrig? Weil zum Verbrechen Intelligenz, Leidenschaft und Aktivität nötig sind, allesamt männliche Eigenschaften als Ausdruck einer höheren, differenzierten Entwicklungsstufe.

W. I. Thomas' Buch »The Unadjusted Girl« erschien 1923 und hat ebenfalls einen biologischen Ausgangspunkt. Männer sind »katabolic«, d. h. von animalischen, starken Trieben dirigiert, die destruktiven (= kriminellen) wie auch kreativ-künstlerischen Ausdruck finden können. Frauen sind »anabolic«: bewährend, Sexualität meidend, ruhend. (Die moderne Soziologie von *Parsons* meint nichts anderes mit ihrem Begriffspaar instrumentale und expressive Geschlechtsrollenmerkmale.) Für Thomas bestimmt sich Art und Wesen weiblicher Kriminalität als Ausbruch aus biologischen, ansozialisierten und durch Rechtsnormen sanktioniertem Rollenverhalten. Die weibliche Kriminelle erscheint als Verführerin, die ihre (nach Thomas' Meinung kaum vorhandene) Sexualität vortäuscht und manipulativ einsetzt, um bestimmte Ziele zu erreichen. Nicht ihre Motive sind sexuell, sondern ihre Mittel sind es. So ist z. B. Prostitution nicht promiskuitive Triebhaftigkeit, sondern sexuelles Mittel zum Erwerb von Geld – eine richtige Einschätzung, die sich heute keineswegs durchgesetzt hat. Kriminelle Frauen sind untersozialisiert und verhalten sich abweichend von der Norm. Deshalb braucht man sie auch nicht zu sterilisieren (vgl. *Lombroso*), sondern durch erzieherischen Strafvollzug rollenkonform zu trainieren. Diese Ansichten bestimmen die Heimerziehung für Mädchen bis heute. Und sie markieren gleichzeitig den Übergang vom Schuld- und Sühnestrafvollzug zur Rehabilitation und Prävention, wo statt der Verhaltenskontrolle durch Strafe eine Verhaltenskonditionierung durch Sozialisierung versucht wird. Warum ist die weibliche Kriminalität so gering? Weil, so Thomas, die meisten Frauen von ihren Männern/Vätern ständig beschützt/überwacht werden und ihre Sozialisation mit dem Ziel der Bewahrung ihrer Keuschheit vor allen bei allen Mittelschichtsfrauen stark genug verankert ist. Werden einige jedoch kriminell, was im wesentlichen »unmoralisch« bedeutet, ist das kein Grund zur Beunruhigung. Frauen sind gesellschaftlich marginal und deshalb sind es auch ihre abweichende Verhaltensweisen. Machtlos wie die Kinder, sind Frauen nicht wirklich schuldig und verantwortlich; eine Sichtweise, die sich bis heute in mancher richterlichen Ritterlichkeit bei der Urteilsfindung ausdrückt. Diese Ritterlichkeit ist sexistisch, denn sie entspringt der Arroganz des Mächtigen.

Freud hat nichts über Frauenkriminalität geschrieben, aber seine Theorien der Weiblichkeit, von der Frauenbewegung längst als sexistisch enttarnt, finden sich, wie verflacht auch immer, in den meisten Schriften zum Thema, so z. B. bei *Davis, Pollack* und *Konopka*. Dort ergibt sich folgendes Bild der devianten Frau. Sie versucht, ein Mann zu sein. Ihre Rollenrebellion ist Ausdruck ihres Verlangens nach dem Penis. Weibliche Kriminalität entsteht also aus sexueller Unangepaßtheit, und das Heilmittel dagegen ist die Therapie, deren Ziel die Versöhnung der Frau mit ihrem durch ihre Biologie festgelegten Schicksal ist. Kriminelle Frauen sind auf einer frühen Stufe ihrer Persönlichkeitsentwicklung steckengeblieben, sie haben den Übergang zur Weiblichkeit als Ablösung des Penisneids durch Mütterlichkeit nicht richtig vollzogen. »Daß man dem Weib wenig Sinn für Gerechtigkeit zuerkennen muß, hängt wohl mit dem Überwiegen des Neids in ihrem Seelenleben zusammen, denn die Gerechtigkeitsforderung ist eine Verarbeitung des Neids . . . Wir sagen auch von den Frauen aus, daß ihre sozialen Interessen schwächer und ihre Fähigkeiten zur Triebsublimierung geringer sind als die der Männer« (*Freud*, Gesammelte Werke 1968, Band 15: 144).

Da ist wieder das Bild von der Frau als eines auf einer niedrigeren Kulturstufe stehendes, mit hauchdünner Sozialisation in ihren vor allen sexuellen Trieben notdürftig unterdrückten Wesens, das atavistisch durch Devianz

rebelliert. Ich glaube, daß sich hinter solchen Frauenenbildern eine Menge männlicher entwicklungsgeschichtlicher Angst verbirgt. Denn es zieht sich durch alle Schriften zum abweichenden Verhalten von Frauen eine eigenartige Widersprüchlichkeit: einerseits ist das erklärungswürdige Phänomen das geringe Ausmaß weiblicher Kriminalität, deren Harmlosigkeit, das Fehlen angeblich kriminogener Energien wie Intelligenz etc., die als männlich assoziert wird. Aber andererseits wird ein Bild von der Frau als dem biologisch stärkeren, weniger anfälligeren, raffinierteren, archaisch-triebhafteren Wesen gezeichnet. Neben gesellschaftlicher Machtlosigkeit und Marginalität gesellt sich bedrohliche hintergründige Stärke. Angst vor weiblicher Devianz als einem Ausbruch irrationalen (= femininen) und daher wenig berechenbaren und erklärlichen Verhaltens scheint bei den zumeist männlichen Kriminologen durch wissenschaftliche Ignorierung oder verharmlosende Beschreibung bewältigt zu werden. Auch in dem gegenwärtigen öffentlichen Lamentieren über die ansteigende weibliche Kriminalität, vor allem der gewalttätigen, sehe ich solche Bewältigungsversuche: Sexualisierung z. B. politischer Straftäterinnen (»starke Emanzipationslust«) oder Ehegattenmörderinnen (»lesbisch«).
In der Studie des Ehepaars *Glueck* »Unraveling Juvenile Delinquency« (1934) werden zum ersten Mal einige soziale Indikatoren zur Bestimmung von Mädchenkriminalität erörtert: Ausbildungsniveau, Wohn- und Beschäftigungssituation. Aber die Autoren dringen nicht zu einer soziologischen Analyse vor. Anstelle der biologischen und psychologischen Pathologie tritt ein klinisch-medizinischer Ansatz. In ihrem Sample von 500 delinquenten Mädchen waren 86 % geschlechtskrank, hatten 72 % einen extremen niedrigen IQ und 54 % uneheliche Kinder. Ihr Urteil lautete: »ein Haufen gestörter, kranker und asozialer Schädlinge.« Die angebotene Präventivstrategie zur Verhinderung weiterer Verwahrlosung fällt dann wieder in die altbekannten Denkschemata zurück. Da diese Mädchen nicht gelernt haben, ihre sexuellen Triebe zu kontrollieren, sollten freiwillige Sterilisierung und zeitlich nicht begrenzte Heimeinweisung »zu ihrem Schutz« vorgenommen werden.
Otto Pollack »The Criminality of Women« (1950) bricht in einer Beziehung mit der Tradition, indem er nicht mehr von niedrigen Kriminalitätsraten der Frauen ausgeht. Seiner Meinung nach bleiben ihre Straftaten weitgehend unentdeckt. Frauenkriminalität ist versteckte Kriminalität, schwer zu entdecken, weil sie im sozialen Nahraum der Frau als Mutter (Kindesmißhandlung) und Hausfrau (Fälschung, Kaufhausdiebstahl, Ehebruch, Abtreibung) geschieht; weil Frauen oft Männer zur Tat anstiften, selber aber im Hintergrund bleiben; vor allem aber, weil sie naturgemäß

betrügerisch und hinterlistig sind. Dies sind weibliche psychologische Charaktermerkmale, durch ihre Biologie bestimmt. Während Männer eine mangelhafte Erektion nicht verbergen können, können Frauen einen Orgasmus vortäuschen. Frauen üben sich außerdem alle vier Wochen in der Kunst der Verstellung, wenn sie ihre Menstruationsperiode so gut es geht verbergen. Frauen sind rachsüchtig, denn die Menstruation erinnert sie regelmäßig daran, daß sie nie ein Mann sein können. Dies sind keine schrulligen Ansichten. Beispielhaft sei der deutsche Kriminologe *Hans von Hentig* zitiert, der 1963 ausrechnete, daß Westdeutschlands Frauen pro Jahr insgesamt ca. 75 Mill. »Frauenschwächen« (= Menstruationen – d.V.) haben und besorgt feststellt: » . . . es ergeben sich 75 Mill. Gefahrenpunkte im Verlauf des Jahres. Das soziale Leben einer Nation ist also angefüllt von Krisenmöglichkeiten, die wir zu einem großen Teil nicht ahnen« (zit. nach *Dürkop/Hardtmann* 1974: 221).

Neben der hohen Zahl unentdeckter weiblicher Straftaten führt Pollack als zweiten Faktor für die statistische Geringfügigkeit der Frauenkriminalität »chivalry« an, das nachsichtige, ritterliche Beschützerverhalten der Strafverfolgungsbehörden. Ritterlichkeit ist eine versteckte Form von Frauenfeindlichkeit (vgl. *Schmidt* u. a. 1973). Die Justizbehörden z. B. in den USA wenden jedoch diese Ritterlichkeit – wie wir später noch sehen werden – durchaus selektiv an: Nachsicht für die vom tugendsamen Pfad abgeirrte weiße Mittelschichtsfrau, Härte gegenüber Frauen der ethnischen Minoritäten. Insgesamt sind Pollacks Theorien hochaktuell. Sie spiegeln sich noch 1967 in einem regierungsoffiziellen Untersuchungsbericht: »Ein großer Teil der amtlich so gering verfolgten Beteiligung von Frauen an der Kriminalität kann zurückgeführt werden auf den verdeckenden Effekt der weiblichen Rolle, der erfolgreichen Benutzung von Arglist und Verstellung, ihre Anstiftung der Männer zu Kriminalität (der Lady Macbeth Faktor) und dem Zögern auf Seiten der Straferfassungs- und Strafvollzugsbeamten, Frauen für ihre Taten verantwortlich zu machen (der Ritterlichkeitsfaktor).« (Presidents Commission on Law Enforcement and the Administration of Justice 1967: 57).

In ihrem noch heute als Standardwerk zur weiblichen Verwahrlosung geltenden Buch »Adolescent Girls in Conflict« (1966) untersuchte *Konopka* Mädchen, die in Fürsorgeheimen leben. Anstelle der biologischen Weiblichkeit wird nun die psychische betont. Wichtige Gründe für Mädchendelinquenz sind Gefühle der Einsamkeit, der Abhängigkeit, der sozialen Isolation. Konopka wählt auch eine neue Untersuchungsmethode. Sie befragt die Mädchen, und ihre Analyseergebnisse widerspiegeln daher zum großen Teil deren verinnerlichte Unterdrückung. Es ist allerdings die Frage, ob Einsamkeit, Abhängigkeits- und Isolationsgefühle, die die Mädchen mitteilen, nicht genausogut Widerspiegelung ihrer objektiven Lage im Heim sind. Aber für die Autorin münzt sich das sofort zu universellen, naturgemäßen, emotionalen Unterschieden zwischen den Geschlechtern um, die mit der Dichotomie männlich- instrumental, weiblich-expressiv übereinstimmen. Die Gründe weiblicher Deliquenz sind demnach eher persönliche Frustations- und Insuffiziensgefühle über blockierte Zugangsmöglichkeiten zur weiblichen Rolle. Da diese Rolle jedoch in besonderem Maße sexuell bestimmt ist, landet auch Konopka am Ende wieder bei der Feststellung, daß die untersuchten Mädchen vor allem unter sexuellen Problemen leiden. Aber welche heranwachsenden Jugendlichen hätten diese Schwierigkeiten nicht? Indess: Mädchen landen dafür im Heim, Jungen nicht.

Als Zusammenfassung mag das folgende Zitat von *Klein* stehen: »Kriminalität, männlich definiert, scheint gewalttätige, offene zu bedeuten; während »damenhafte« Kriminalität sich gewöhnlich auf sexuelles Vergehen und Kaufhausdiebstahl bezieht. Frauen werden immer hübsch etikettiert, egal *welche* Deliktart sie begehen. Sind sie gewalttätig, so sind sie »männlich« und leiden unter chromosomalen Mangelerscheinungen, Penisneid oder Atavismen. Verhalten sie sich konform, sind sie manipulierend, sexuell unangepaßt und promiskuitiev. Die *ökonomischen* und *sozialen* Realitäten der Kriminalität – die Tatsache, daß arme Frauen Straftaten begehen und daß die meisten weiblichen Vergehen Eigentumsdelikte sind – werden übersehen; das weibliche Verhalten *muß* als *sexuell* definiert sein, bevor man sich damit auseinandersetzt, weil Frauen nur in der sexuellen Sphäre zählen. Das Thema der Sexualität ist der rote Faden in den verschiedenen, oft widersprüchlichen Theorien« (*Klein* 1973: 27).

Im folgenden wollen wir versuchen, diese ökonomischen und sozialen Realitäten der weiblichen Kriminalität darzustellen. Bisher gibt es bestenfalls Bruchstücke eines solchen Erklärungsansatzes. Sie sind zumeist von Feministinnen vorgetragen worden. Ein solcher Versuch muß seinerseits Erklärungen für die verhältnismäßig geringe Kriminalitätsrate von Frauen anbieten. Warum wurden von den 51% der Bevölkerung, den Frauen, 1972 nur 16 % polizeilich festgenommen? Allerdings waren es 1953 erst 10 %. Warum der Anstieg?

Um diese Frage zu beantworten, müssen wir zunächst die statistischen Daten zur Frauenkriminalität erheben. Das ist ein schwieriges Unterfangen, denn es zeigt sich, daß die herrschende Geringschätzung des Themas sich in fehlenden statistischen Daten über das Geschlecht der Straftäter reproduziert. Vor allem aber müssen die Erklärungen von der gesellschaftlichen

Lage der Frau und deren möglichem Wandel ausgehen. Dies würde dann eine Auseinandersetzung mit der zunehmend in der öffentlichen Meinung vertretenen These erlauben, die zunehmende Emanzipation der Frau und die Aktivitäten der organisierten Frauenbewegung trieben die weiblichen Kriminalitätsraten in die Höhe. Diese Auseinandersetzung ist gerade für feministische Kriminologen und Sozialarbeiter wichtig, die den Versuch gesellschaftlich mächtiger Interessen erkennen, die Frauenbewegung als einen kriminogenen Faktor zu diffamieren. Sodann muß die Frage beantwortet werden, ob es nicht eine Verwischung der gesellschaftlichen Klassenverhältnisse darstellt, weibliche Kriminalität als gesondertes Problem zu analysieren. Wir wollen also zunächst einmal prüfen, ob es eine frauenspezifische Kriminalität gibt und dazu einen Blick in die Statistiken werfen, sodann fragen, wie sich diese erklärt und schließlich untersuchen, wie das Recht, die Rechtsprechung (und später der Strafvollzug) selbst weibliche Kriminalität als besonderen Tatbestand produzieren und reproduzieren.

3.1.2. Weibliche Kriminalitätsraten, »Ritterlichkeit« und sexistischer Charakter der Rechtsprechung und des Strafvollzuges

Warum werden Frauen verhältnismäßig seltener straffällig als Männer?

Tabelle 17: Anteil der Frauen an der Zahl aller polizeilichen Festnahmen und an der Zahl aller Verurteilten, USA und BRD, in %.

	Polizeiliche Festnahmen: USA	Polizeiliche Festnahmen: BRD	Verurteilungen: USA	Verurteilungen: BRD
1961	11.26			
1963	11.86	15.4	7.0	11.5
1964	11.93	15.4	7.1	11.5
1965	12.12	15.2	6.8	11.2
1966	12.33	14.8	7.2	10.9
1967	12.67		6.7	11.3
1968	13.82		7.9	12.8
1970	14.58	17.0	8.5	13.1
1971	15.07		9.1	
1973	15.27			
1975	16.01			

Quellen: USA: *Simon* 1975a, Tab. 4.1 und 5.2, S. 37 u. S. 54. BRD: *Göppinger* 1973 : 360; *Einsele* 1975, Tab. 1a, S. 611

Wir sehen, daß der Anteil der Frauen an den Festnahmeraten und Verurteilungen ansteigt, und zwar ab ca. 1968. Insgesamt bleibt der Frauenanteil jedoch gering. Warum?

Wenn man Kriminalität als eine Form abweichendes Verhalten definiert, als eine unter mehreren Verarbeitungsformen, mit denen Menschen ökonomische und soziale Krisensituationen zu meistern suchen, so geraten andere, frauenspezifische Problemlösungsstrategien – vor allem körperliche und seelische Krankheit und Prostitution – in den Blick, die gesellschaftlich als nichtkriminelles Ausagieren toleriert sind. Prostitution ist zwar (noch) als kriminell definiert, aber strafrechtlich kaum erfaßt und als eine institutionalisierte Verhaltensweise akzeptiert. Die Ausklammerung allein dieser Formen vorwiegend bzw. ausschließlich weiblichen abweichenden Verhaltens aus der Definition bzw. Erfassung von Kriminalität mag ein Teil der Antwort auf unsere obige Frage sein.

Ein anderer Grund liegt wohl in dem verschiedenartigen Gebrauch sozialer Kontrollen. Frauen werden zur Anpassung an striktere Normen erzogen und für Wohlverhalten belohnt, während Männer auch für manche Übertretung allgemeiner Verhaltensnormen belohnt werden. Eine ganze Reihe männlicher Helden der Kulturindustrie (Cowboys, Abenteurer, u. ä.) handeln ungesetzlich, sind aber akzeptiert. Entsprechende Frauenvorbilder fehlen.

Insgesamt liegt jedoch die Vermutung nahe, daß die Kriminalitätsrate der Frauen sich nach der Art und Zahl der Gelegenheiten bestimmt, die sie zum Begehen von Straftaten haben. Ohne automechanische Kenntnisse keine Autodiebstähle, keine Scheckbetrügereien und Steuerhinterziehung ohne Zugang zu bestimmten beruflichen Positionen; wohl aber Kaufhausdiebstähle, denn das ist vorzugsweise der Ort, wo Frauen mit der Warenwelt in Berührung sind. Die traditionelle Stellung der Frau als Hausfrau und Mutter schließt viele kriminelle Handlungen aus Mangel an Gelegenheit und Zugang aus. Allein die Tatsache gestiegener Zunahme weiblicher Erwerbstätigkeit kann nach dieser Hypothese die Zunahme weiblicher Kriminalität begründen.

Welchen Anteil hat die Ritterlichkeit der Justiz an den relativ niedrigen weiblichen Kriminalitätsraten? Das statistische Bild ist zunächst eindeutig: »Zusammengefaßt ergibt sich heute für die Frage, wie Frauen auf den verschiedenen Stufen des Justizapparates behandelt werden, folgendes: Obwohl auf 6,5 Festnahmen eine Frau kommt, ist unter 9 Verurteilten nur 1 Frau und ins Gefängnis gehen von 30 Verurteilten nur 1 Frau« (*Simon* 1975 a: 87). Für die BRD gelten die gleichen Relationen. Die Zunahme weiblicher Kriminalität könnte nun als Rückgang an Ritterlichkeit erklärt werden, einem zunehmend geringer werdenden paternalistischen Beschützerverhalten von Polizeibeamten und Richtern. Aber die Tatsache, daß die Zunahme der weiblichen Festnahmeraten ganz unterschiedlich in den verschiedenen Deliktarten ist, entkräftet dieses Argument. Die Gerichte scheinen nämlich ihre Nachsichtigkeit nach einem bestimmten System zu variieren. Für alle nicht gewalttätigen traditionellen Frauenstraftaten, wie z. B. Urkundenfälschung und Drogenmißbrauch erhalten Frauen mildere Urteile, für gewalttätige Kriminalität, wie z. B. schwerer Raub, jedoch eher schwerere. Für Straftaten, die als sexuelle Vergehen definiert sind, wie z. B. jugendliche Promiskuität und Verwahrlosung sind die Strafen überdurchschnittlich hart. Die Vermutung liegt nahe, daß die Härte des Gesetzes gemäß der Stärke der Rollenabweichung variiert, die eine bestimmte Straftat charakterisiert. »Frauen, die ein männliches Delikt begehen, zahlen den Preis für ihr Verhalten, indem sie eher als ein Mann behandelt werden« (*Simon* 1975 a: 49). Chevalry wirkt also nur oberflächlich zugunsten von Straftäterinnen. Sie ist »Belohnung« von Rollenkonformität im Verbrechen, aber eben auch Bestrafung weiblicher Devianz, wenn sie neben der Rechtsnorm auch die gesellschaftlich definierte Geschlechtsrollennorm verletzt. Insgesamt ergibt sich nach Durchsicht der Literatur zur Ritterlichkeitsthese folgender Schluß: »Die vorliegenden Daten zur unterschiedlichen Behandlung der Geschlechter durch das Rechtssystem illustrieren, daß die »beschützte Frau« oft härter behandelt wird als die Männer . . . wer schützt die weibliche Straftäterin vor ihren Beschützern?« (*Anderson* 1976: 354 f).

Für die deutsche Literatur kommt *Stein-Hilbers* (1978 und 1979) zusammenfassend zum gleichen Ergebnis. »Das faktische Ermessen der Polizei kann sich zugunsten von Frauen auswirken, wenn sie sich a) nach der Art ihres Delikts und b) nach ihrem Verhalten gegenüber Beamten geschlechtsrollenkonform verhalten. Beim Fehlen dieser Voraussetzungen sind umgekehrte Effekte denkbar. Die Ermittlungs- und Erledigungsstruktur von Staatsanwaltschaften wirkt sich eher benachteiligend für Frauen aus. Für eine Frauen begünstigende Verurteilungspraxis ergeben sich kaum Anhaltspunkte. Mit einer härteren Sanktionspraxis ist dann zu rechnen, wenn a) sie typisch männliche Straftaten begehen und/oder b) ihr Verhalten der gesellschaftlich definierten Sexualrolle widerspricht. Möglicherweise wird in spezifischen Fällen (z. B. Drogenabhängigkeit) ihr Verhalten eher auf der Krankheitsdimension interpretiert« (*Stein-Hilbers* 1978: 290).

Soweit die Frauenbewegung Arbeitsprojekte mit Straftäterinnen durchführt, lauten ihre Forderungen daher auch einhellig: Ablehnung jeder »ritterlichen« oder einer sonstwie Frauen aufgrund ihres Geschlechts besonders behandelnden Rechtssprechungspraxis. Diese Einsicht beruht auf der Analyse, daß Ritterlichkeit nur der oberflächliche Ausdruck eines sexistischen Justizwesens ist. Wie das Rechtssystem klassenspezifisch operiert, so funktioniert es auch geschlechtsspezifisch (und auch rassenspezifisch: 70 % der weiblichen Gefangenen in den USA sind farbig und gleichzeitig arm). Das gesamte Rechtssystem müßte also auf sexistische Tendenzen hin untersucht werden. Feministische Kriminologen sehen den Sexismus im Justizwesen als ein wesentliches Erklärungsmoment weiblicher Kriminalität an (vgl. *DeCrow* 1969, *Adler* 1975 a, *Kanowitz* 1969 und 1973). Was sind aber die Merkmale sexistischer Justiz? Die Entstehung des Rechts, lange vor der Ausformung von Klassengesellschaften, ist, wie *Bornemann* in »Das Patriarchat« (1975) oder schon *Engels* ausführten, ein Akt der Männer zum Schutz ihres privaten Eigentums zunächst an Vieh, Werkzeug und nach der Etablierung des Patriarchats auch an Land und schließlich an Töchtern und Ehefrauen. Viele Überbleibsel des archaischen Rechtszustandes, der für Frauen das Fehlen jeder Rechtssubjektivität bedeutete, die sie mit Sklaven, Kindern und Geisteskranken auf eine Stufe stellten, galten bis in jüngste Zeit. Frauen werden Rechte verweigert, die Männer hatten (vom Wahlrecht bis zur Kreditaufnahmeberechtigung und bis zur heute geltenden ungleichen Rentengesetzgebung, Schutzrechte des Mannes als Eigentümer seiner Frau, Verluste der meisten Rechte der Frauen nach der Heirat); die gesetzliche »Doppelmoral« (die Prostituierte wird straffällig, ihr männlicher Klient nicht; ein Ehemann kann rechtlich gesehen seine Ehefrau nicht vergewaltigen etc.); Schutzbestimmungen für die Frau: die strafrechtliche Sonderbehandlung der Frau geht immer von der Annahme ihrer geringen strafrechtlichen Verantwortlichkeit aus. Frauen als Komplizen ihrer straffälligen Ehemänner galten lange als unschuldig, weil durch ihre Männer zur Mittäterschaft gezwungen. Hinter arbeitsrechtlichen Schutzbestimmungen (vielleicht subjektiv als soziale Maßnahme intendiert) stehen oft genug in Wirklichkeit handfeste ökonomische Männerinteressen. Sie bescheren Frauen Konkurrenznachteile im Verkauf ihrer Arbeitskraft. *DeCrow* behauptet für die USA, daß männliche Gewerkschaftsführer sich bemühen, Frauen aus den gut bezahlten Facharbeiterpositionen herauszuhalten, von denen viele körperliche Arbeit und unregelmäßige Arbeitszeiten beinhalten und daß sie sich der gesetzgebenden Gewalt bedienten, um ihre Ziele zu erreichen. Für Deutschland gilt wiederum das gleiche. Der proletarische Antifeminismus beherrschte weite Teile der deutschen Arbeiterbewegung. Bis 1901 weigerten sich einzelne Gewerkschaften, Frauen als Mitglieder zuzulassen. »Die Prämisse der sozialistischen Theorie der Frauenemanzipation, wonach die Einbeziehung der Frauen in die Erwerbstätigkeit die Voraussetzung für den gemeinsamen Kampf von Männern und Frauen und damit auch für die Emanzipation sei, hat bis 1933 in den Gewerkschaften nie recht Fuß fassen können . . . Diese

Praxis (die antifeministische Praxis der Gewerkschaften – d.V.) war weitgehend bestimmt vom Konkurrenzkampf zwischen Männern und Frauen auf dem Arbeitsmarkt« (*Pinl* 1977: 17).

Die frauenfeindlichen Frauenlohngruppen in Deutschland sind zwar als verfassungswidrig abgeschafft worden, aber als Leichtlohngruppen (angeblich leichte Arbeit zum gesundheitlichen Schutz der Frau) existieren sie bis heute. All dies stellt einen Verstoß gegen den Gleichbehandlungsgrundsatz der Geschlechter dar, der bis heute nicht in der Verfassung der USA zu finden ist. Seit 1923 ist in jeder Legislaturperiode das »Equal Rights Amendment« eingebracht worden, aber bis heute noch nicht von den notwendigen Zweidritteln aller Bundesstaaten ratifiziert. Dieser Zusatz zur Verfassung lautet lediglich: »Gleiche Rechte nach dem Gesetz dürfen von den Vereinigten Staaten oder den Bundesstaaten niemandem aufgrund seines Geschlechts vorenthalten oder eingeschränkt werden.«

Wie gestaltet sich der Strafvollzug für Frauen im Gefängnis? Wie wir gesehen haben, werden verhältnismäßig wenig Frauen zu Gefängnisstrafen verurteilt und noch weniger sitzen tatsächlich in Strafanstalten ein:

Tabelle 18: Zahl der Gefängnisinsassen nach Geschlecht (USA):

	Männer		Frauen	
Jahr	Anzahl	%	Anzahl	%
1960	66.161	95,2	3.313	4,8
1965	84.264	95,1	4.311	4,9
1967	83.241	95,1	4.264	4,9
1968	74.400	95,6	3.450	4,4
1969	68.426	95,0	3.632	5,0
1970	71.479	95,0	3.798	5,0
	75.692	95,4	3.659	4,6

Quelle: *Simon* 1975a, Tab. 6.1., S. 66

Für die BRD war der entsprechende Anteil weiblicher Gefangener:

Tabelle 19: Anteil weiblicher Gefangener an allen Gefangenen in der BRD, in %:

1961 = 5,9%	1969 = 3,7%
1963 = 5,3%	1970 = 3,2%
1965 = 4,8%	1974 = 2,9%
1967 = 4,2%	1975 = 2,6%

Quelle: *Einsele* 1975 : 642 (und eigene Ergänzung ab 1970)

Schon aus der Tatsache der geringen Zahl mag sich die für die weibliche Kriminalität insgesamt typische Feststellung ergeben: »Die Frauen in den Gefängnissen hat man als die ,vergessenen Straftäter' bezeichnet« (*Simon* 1975 a: 64). Die Zahlen zeigen auch keinerlei Anstieg; in der BRD fallen sie. Es gibt daher auch nur wenige Frauengefängnisse (in den USA 40, in Kanada nur eine, in der BRD fünf). 70–80 % der Insassinen sind Mütter, die Hälfte davon alleinstehend. Werden sie in den Hunderten von Kilometern entfernt gelegenen Frauengefängnissen untergebracht, reißt jede Verbindung zu Kindern und sozialem Nahraum ab. Die Reintegration ist erheblich erschwert. Werden sie jedoch in die gemischten Gefängnisse eingeliefert, stellen sie eine isolierte winzige Minderheit dar, für die es keinerlei gesonderte Einrichtungen gibt. »Eine bundesweite Gefangenenuntersuchung von 1973 . . . stellte fest, daß Männergefängnisse durchschnittlich zehn Berufsausbildungslehrgänge pro Institution haben verglichen mit durchschnittlich 2,7 in Frauengefängissen . . . Die Männergefängnisse boten Lehrgänge in so einkommensattraktiven Gebieten wie Elektronik, Drucken, Klempnerei, Datenverarbeitung an . . . Im Gegensatz dazu boten die Frauengefängnisse Haushaltsführung, Kosmetik, Krankenhilfe und Bürogehilfinnenausbildung an« (American Bar Association 1976: 2).
In den Männergefängnissen mit Frauenabteilungen gibt es so gut wie keine speziellen Programme, was bei deren offensichtlich geschlechtsrollenkonformem Integrationscharakter vielleicht gar kein so großer Verlust ist. Bei einer Befragung weiblicher Strafgefangener gaben neun von zehn an, nach ihrer Freilassung sich selbst und ihre Kinder durch eigene Erwerbstätigkeit unterhalten zu müssen. »Obwohl mit sehr viel geringerer Wahrscheinlichkeit zu Gefängnishaft verurteilt als Männer, sind die den Frauen gebotenen Rehabilitierungs- und Berufsausbildungsmöglichkeiten, sind sie erst einmal in Haft, sehr viel geringer als die der Männer« (*Simon* 1975 a: 76). Dasselbe gilt für Gesundheitspflege, Beratung, Freizeitprogramm etc. Deutsche Untersuchungen zum Frauenstrafvollzug kommen zu den gleichen Ergebnissen (vgl. *Dürkop/Hardtmann* 1978: 45–58). In gewisser Weise befinden sich die Frauen in den separaten Abteilungen der Männergefängnisse in Isolationshaft. Das Rehabilitationsziel des Strafvollzugs für Frauen ist im besonderen Maße am traditionellen Weiblichkeitsbild orientiert. Der weit verbreitete Paternalismus der Vollzugsorgane arbeitet dem Bild des abhängig hilflosen, kinderähnlichen Status der Frau zu, gleichzeitig wirkt das sich neu entwickelnde medizinische Rehabilitationsmodell in die gleiche Richtung. Es definiert Kriminalität als Krankheit und die Gefangenen als Patienten. Frauen haben übrigens immer im besonderen Maße als medi-

zinische Versuchskaninchen gedient und auch heute scheinen vornehmlich weibliche Gefangene den neuen chemotherapeutischen und psychochirurgischen Methoden der Verhaltenskontrolle unterworfen zu werden (vgl. *Klein* 1973 a).

Es gibt auch einige Vorteile, die weibliche Gefangene z. B. in Frauengefängnissen genießen. Diese sind oft kleiner, besser ausgestattet, besitzen weniger rigide Sicherheitsvorkehrungen, sind oftmals neueren Datums, schreiben keine Anstaltskleidung vor und liegen in idyllisch abgelegenen Gegenden. Aber dies ist wiederum nur Ausdruck der Kehrseite des Paternalismus. Neben der Verderbtheit oder der kindlichen Hilflosigkeit der Gefangenen tritt das Bild der fehlgeleitenen, wegen ihrer Anzahl und ihrer Vergehen nicht wirklich gefährlichen, sondern eher gesellschaftlich peinlich erscheinenden kriminellen Frau. Dies ist u. a. auch der Grund, warum die Anhängerinnen des Equal Right Amendment in den USA für die Abschaffung des geschlechtsseparaten Strafvollzugs plädieren. Denn Gefängnisse, die nach Geschlecht unterscheiden, diskriminieren ebenso wie Schulen, die nach Hautfarbe segregiert sind. Viele Frauengruppen haben derweil Projekte in Frauengefängnissen begonnen und spezielle Forderungen zur Veränderung des Strafvollzugs aufgestellt. Die landesweite National Organisation of Women (NOW) hat einen Ausschuß »Task Force on Women in Jail« eingerichtet, der in vielen Gefängnissen verschiedene Projekte durchführt: »legal rap sessions«, eine Art Rechtsberatung; »womens medical self-help«, medizinische Selbstuntersuchungsgruppen; Selbsterfahrungsgruppen; Mutter-Kind-Besuchsprogramme (vgl. *Pendergrass* 1974, *Scott* 1974, *Brodsky* 1974). In Deutschland gibt es indessen nur einzelne Initiativen zu Projekten von Frauen für inhaftierte Frauen, die als Berichte in der Studie von *Dürkop/Hardtmann* (1978) abgedruckt sind.

3.2. Abweichendes Verhalten und soziale Kontrolle von Mädchen

Die öffentliche Zwangserziehung für Jugendliche ist eines der zahlenmäßig größten Berufsfelder in der sozialen Arbeit. Insbesondere in der Fürsorgeerziehung in Heimen hat es immer wieder Skandale gegeben, so z. B. Anfang der 70er Jahre während der sogenannten »Heimkampagnen«. Aber in den Aktionen und Schriften dazu werden die Probleme weiblicher Fürsorgezöglinge nicht problematisiert. Das läßt sich jedoch nicht mit ihrer geringen Anzahl begründen, wie im Falle der Erwachsenenkriminalität. Denn 1975 waren 34 % aller Minderjährigen in der Fürsorgeerziehung (FE) Mädchen; in der freiwilligen FE waren es sogar 36 %. Zählt man nur die

Älteren (15 bis unter 18jährige), so gleichen sich die Anteile für Jungen und Mädchen fast aus (46 % in FE und 53 % Mädchen in FEH) (vgl. *Stein-Hilbers* 1979: 291).
Ohne weiter auf die Genese jugendlichen abweichenden Verhaltens einzugehen, müssen vor allem zwei Ursachen genannt werden. Die zunehmende ökonomische Verelendung der Jugend (Jugendarbeitslosigkeit) und der fortschreitende Zerfall der Familienstruktur. Beide Faktoren wirken klassenspezifisch und bedingen einander gegenseitig. Dennoch ist eine geschlechtsspezifische Untersuchung jugendlicher Verwahrlosung wichtig, und zwar aufgrund geschlechtsspezifisch unterschiedlich abweichenden Verhaltens und vor allem wegen der bis heute bestehenden stark sexistischen Justizpraxis.
Auch für diesen Bereich gilt: »(Es) sei darauf verwiesen, daß die Fachliteratur sowohl der Sozialarbeit als auch der Kriminologie bisher das Problem der Heimerziehung jugendlicher Mädchen weitgehend vernachlässigt hat. Der überwiegende Teil aller Schriften zu abweichendem Verhalten als auch zu seiner Kontrolle durch die Heimerziehung beschäftigt sich ganz selbstverständlich mit männlichen Jugendlichen« (*Stein-Hilbers* 1979: 288).
Die bisherigen Erklärungsversuche sind schnell zusammengefaßt. Weibliche Jugendliche zeigen weniger abweichendes Verhalten. Tun sie es doch, so verletzen sie weniger die Strafgesetze als vielmehr die weibliche Geschlechtsrollenerwartung, indem sie »sexuell ausagieren«. In den Heimen sind Mädchen schwieriger zu kontrollieren, sie reagieren stärker emotional. Die Jugendgerichte behandeln sie wie ihre erwachsenen Geschlechtsgenossinen mit mehr Ritterlichkeit. Dies ist die gängige Meinung in der Literatur. Die wird jedoch in einigen Studien inzwischen empirisch bestritten. »Während weiße Mädchen nur 1/6 an der Gesamtzahl (aller vor dem amerikanischen Jugendgericht behandelten Fälle – d.V.) ausmachen, stellen sie fast 50 % aller für eine Einweisung in eine Institution Vorgeschlagenen; das bedeutet, daß dreimal so viele Mädchen als Jungen zur institutionellen Verwahrung vorgeschlagen werden« (zit. nach *Chesney-Lind* 1973: 52). Es ist also ein auffälliger und daher erklärungsbedürftiger Tatbestand, daß Mädchen so häufig zwangsweise in Heime gesteckt werden, während ihr Anteil im Jugendgefängnis, wie bei erwachsenen Frauen, nur bei 3 % liegt. Die Erklärung liegt darin, daß die richterliche paternalistische Einstellung bei Mädchen davon ausgeht, daß bei ihnen Sozialisationshilfen besonders wirksam sein könnten. Dem liegt die richtige Einsicht zugrunde, daß Mädchen stärker häuslichen erzieherischen Einflüssen unterliegen und von diesen geprägt werden. Um so mehr ist abweichendes Mädchenverhalten als Fehltritt, schlechter Einfluß oder elterliches Erziehungsversagen in-

terpretierbar und erscheint Sozialkontrolle als öffentliche Erziehung erfolgversprechend. Dies geschieht dann zu ihrem Schutz vor verderblichen Umwelteinflüssen vorzugsweise in ländlich abgeschiedenen Heimen. Geraten Mädchen doch vor das Jugendgericht [1] so geschieht das weit häufiger als bei Jungen wegen geringfügiger Vergehen, die, von Erwachsenen begangen, keine Delikte wären.

So ergab eine Untersuchung der Haupteinweisungsgründe für freiwillige Erziehungshilfe und Fürsorgeerziehung, daß diese für Mädchen zu mehr als der Hälfte in »Umhertreiben, sexuelle Auffälligkeit« bestanden, bei den Jungen hingegen zu 2/3 in »Eigentumsdelikten, Arbeitsunlust und Schulschwänzen« (vgl. *Pongratz/Hübner* 1959: 98). Andere Ergebnisse (*Specht* 1967: 22 und *Hartmann* 1970) bestätigen diese ausgeprägt geschlechtsspezifischen Einweisungsgründe in die Fürsorgeheime. Daß dies das Produkt rechtlicher und richterlicher »Sexualisierung« des abweichenden Verhaltens von Mädchen ist, hinter dem die Berichte, Aussagen und Gutachten der Sozialarbeiter stehen, läßt sich durch die Ergebnisse mehrerer Studien zur selbstberichteten Delinquenz belegen: Die Rate tatsächlicher, weil von den befragten Jungen und Mädchen selbst angegebene Delinquenz zeigt für die Mädchen weitaus höhere Raten und einen weitaus geringeren Anteil von Sexualdelikten als von den Statistiken ausgeworfen.

Chesney-Lind zeigt auf, daß Mädchen dreimal so häufig wie Jungen zu Heimaufenthalt und Jugendgefängnis verurteilt werden und dreimal solange dort bleiben (vgl. Tab. 4 und 5 bei *Chesney-Lind* 1973: 63 f), aber eben auf Grund von Vergehen, die als sexuelle Normenübertretungen definiert sind. Wir sehen daran, daß das Gericht keinerlei ritterliche Nachsicht bei Mädchen zeigt, deren Verhalten in extensivster Weise als sexuell abweichend definiert werden kann, im Gegenteil. Die doppelte, sexistische Moral, daß Jungen vor der Ehe ihre sexuellen Erfahrungen sammeln müssen, Mädchen hingegen ihre Unschuld zu bewahren haben, eine Einstellung, die man bereits als gesellschaftlich überholt ansehen möchte, hat zumindest für die Justiz noch heute Gültigkeit. Denn die Praxis der Heimeinweisung geschieht in Deutschland auf der Grundlage des § 64 JWG (Jugendwohlfahrtsgesetz), in dem das Kriterium der Verwahrlosung als Entscheidungsgrundlage genannt ist. Dieses Kriterium ist ein äußerst unbestimmter Rechtsbegriff, der bei Mädchen eine deutlich andere inhaltliche Füllung erfährt als bei Jungen. So führt z. B. der Kommentar zum Bürgerlichen Gesetzbuch, *Palandt* (37. Aufl. 1978) als Beispiel für eine drohende Verwahr-

1 Eine Jugendstrafe verbüßten 1975 in der BRD (14–25jährige) insgesamt 5.416, davon 5.200 Jungen und 156 (= 2,9%) Mädchen. Errechnet nach Stein-Hilbers 1977: S. 17/18.

losung den außerehelichen Verkehr eines 16jährigen Mädchens an, mit dem Zusatz »aber meist anders beurteilt, wenn mit demselben Mann und ernste Heiratsabsichten«.

Die Verhältnisse in den Mädchenheimen haben sich durch die öffentlichkeitswirksame Heimkampagne der sechziger Jahre wenig verändert. Erst Skandale in jüngster Zeit (z. B. Isenbergheim in Bremen) haben wieder Aufmerksamkeit für den Umstand erregt, daß Mädchen in Heimen besonderen Bedingungen und Diskriminierungen unterworfen sind. Mädchenheime sind besonders häufig in kirchlicher Trägerschaft, was sich bei den katholisch geleiteten in einer besonders sexualfeindlichen Erziehung ausdrückt. »Die Möglichkeit, für einen Anlernberuf ausgebildet zu werden oder gar eine Lehre zu absolvieren, bleibt den Jungenheimen vorbehalten . . . Demzufolge sind auch mehr als 50 % der Kurse, die Mädchen in der öffentlichen Erziehung überhaupt besuchen können, auf das Erlernen von Kochen, Säuglingspflege und Erster Hilfe bezogen und stellen nicht im eigentlichen Sinne berufsqualifizierende Lehrgänge dar« (*Stein-Hilbers* 1979: 292/3). Aber der Hinweis auf kirchliche Trägerschaft entlastet die staatlichen Fürsorgeheime keineswegs von dem Vorwurf einer sexistischen Doppelmoral in ihren pädagogischen Konzeptionen. Eine Aktenanalyse von 51 Anträgen auf Heimeinweisung von Mädchen in einem Jugendamt einer westdeutschen Großstadt von 1970 zeigt in 23 Fällen Ausführungen über die unerwünschten sexuellen Beziehungen der Mädchen: »sexuell triebhaft«, »frühreif«, »sexuell erheblich verwahrlost«, »gibt sich mit Ausländern ab«, »Verhältnis zu einem Mann, dem sie hörig ist« u. a. (*Rosen* 1977: 211). Die Mädchen werden immer noch zwangsweise gynäkologisch untersucht, und der Befund »Defloration« steht in den Aktenvermerken der Sozialarbeiter als ein Indiz für Verwahrlosung. Öffentliche Jugendhilfe drängt die Mädchen also heute in eine Geschlechtsrolle, die noch traditioneller bestimmt ist als die inzwischen herrschende Definition. Indem sie die Mädchen in den Heimen in keiner Weise auf ein eigenverantwortliches Leben in einer Partnerschaft vorbereitet oder mit einer verwertbaren Qualifikation ausstattet, zwingt sie sie, überstürzt in eine Privatbeziehung zu flüchten, um der Heimkontrolle zu entfliehen. Das bedeutet aber in der Regel, lediglich den Kontrolleur zu wechseln, nicht selten in der Gestalt eines Zuhälters: fast 1/4 der in der Aktenanalyse untersuchten Mädchen gingen nach Abschluß der öffentlichen Erziehung vermutlich oder nachweislich der Prostitution nach.

Welche Trends zeigt die Rate der Mädchenkriminalität heute? Kamen in den USA Anfang des Jahrhunderts mehr als 50 Jungen auf ein delinquentes Mädchen, so ist das Verhältnis heute nur noch fünf zu eins; zwischen 1960 und 1972 stieg die Zahl der Festnahmen von Mädchen wegen schwerer Verbrechen um 306 %, die der Jungen um 82 % (*Adler* 1975: 88 und 95). In Hamburg betrug der Zuwachs der Kriminalitätsziffer (statistisch ausgewiesene Kriminalität bestimmter Personengruppen bezogen auf 100000 Personen dieser Gruppe) für die männlichen Heranwachsenden und Jugendlichen zwischen 1963 und 1970 das Anderthalbfache, während der Anteil der weiblichen Heranwachsenden und Jugendlichen sich verdreifachte bzw. vervierfachte (*Gibser* 1975: 7 f). Fast 2/3 der Mädchenkriminalität (Hamburg) bestand jedoch in einfachem Diebstahl (Kaufhausdiebstahl), der Anteil von Gewaltdelikten war äußerst gering.

Tabelle 20: Art und Umfang der von Mädchen 1966/67 begangenen und bei der Polizei bekannten Delikte in Hamburg:

	absolut	in %
Gewaltdelikte und Sittlichkeitsdelikte (Körperverletzung, Raub, Unzucht m. Kindern)	28	1,3%
schwerer Diebstahl	54	2,5%
einfacher Diebstahl	1404	65,2%
Unterschlagung	75	3,5%
Begünstigung und Hehlerei	57	2,6%
Betrug	250	11,6%
Urkundenfälschung	93	4,3%
sonstige Delikte (u. a. Widerstand gegen die Staatsgewalt, Sachbeschädigung, Beleidigung, Vergehen wider die Öffentliche Ordnung)	193	9,0%
Gesamt:	2154	100,0%

Quelle: *Gibser* 1975: 55.

Es stehen keine genaueren statistischen Angaben zur Mädchenkriminalität zur Verfügung, die wie im Falle der Frauendelinquenz Analysen über den Zusammenhang vom Wandel der gesellschaftlichen Stellung von Mädchen, Geschlechtsrollenwandel und Entwicklung der Mädchenkriminalität erlauben. Es scheint, als ob diese stärker ansteigt als bei den erwachsenen Frauen, aber wie ihr innerer Strukturwandel aussieht, wissen wir nicht. Die wenigen Untersuchungen zu diesem Thema (z. B. die hier verwendeten Arbeiten von *Gipser* 1975 und *Adler* 1975) folgen alle strikt dem strukturell-funktionalen Ansatz in seiner Weiterentwicklung zur Anomietheorie, die Kriminalität als durch die Diskrepanz zwischen gesellschaftlich-kulturell festgelegten und erstrebenswerten Zielen und dem unterschiedlichen Zugang zu den legalen Mitteln und Wegen zur Erreichung dieser Ziele erklärt, wobei die Frage der klassenbedingten Ungleichheit von Mitteln wie Bedürfnissen verschwimmt. Auch die Untersuchung der sozialökonomischen Lage von weiblichen Jugendlichen (Ausbildungs-, Wohn- und Berufssituation) unterbleibt. Statt dessen steht die Analyse des Sozialisationsprozesses als Erklärung abweichenden Verhaltens von Mädchen im Vordergrund. Dieser ist auch ohne Zweifel von großer Bedeutung, denn der wichtige Faktor Berufstätigkeit, der für die Entwicklung der Frauenkriminalität bedeutsam ist, wirkt bei Mädchen unter 18 Jahren in weit geringerem Maße. Ihr Verhalten bleibt insgesamt weiter durch die totale ökonomische und sozialisationsmäßige Abhängigkeit von der Familie bestimmt. Dies gilt allerdings in unterschiedlich starkem Maße für Mädchen verschiedener Klassenherkunft. Das familiale Geschlechtsrollentraining in der Unterschicht ist immer noch wesentlich rigider als in der Mittelschicht. *Gipser* untersucht in ihrer Studie bei 112 delinquenten Hamburger Mädchen den Zusammenhang zwischen den Deliktarten, der Klassenherkunft und ihren Rollenleitbildern (traditionelle, emanzipative). Delinquente Mädchen der Unterschicht als junge Hausfrauen oder Lehrlinge besitzen hiernach traditionelle Rolleneinstellungen (kein Wunsch nach Berufstätigkeit; Ehe und Mutterrolle erwünscht) und begehen rollenstützende Delikte wie Kaufhausdiebstähle zur Erlangung von Gütern wie Kleidung und Kosmetika, die u. a. für die Partnersuche wichtig erscheinen. Delinquente Mädchen der Mittel- und Oberschicht als Schülerinnen und Studentinnen besitzen eine emanzipative Rolleneinstellung (Doppelrolle von Berufstätigkeit und Ehefrau wünschenswert und möglich), begehen rollensymbolisierende Delikte (wie Drogen- und Alkoholmißbrauch, Prostitution, unerlaubter Lokalbesuch) als Illusion scheinbarer Selbständigkeit und Unabhängigkeit (vgl. *Gipser* 1975: 121/22). Nun zeigen Studien zur selbstberichteten jugendlichen Delinquenz jedoch, daß das tatsächliche delinquente Verhalten von Mädchen und Jungen gar nicht so stark voneinander abweicht. Das bedeutet, daß die klaren geschlechtsspezifischen Unterschiede in den obigen Tabellen wahrscheinlich nicht als geschlechtsspezifisch unterschiedlicher Häufigkeit bestimmter Merkmale, sondern eher als Ausdruck der von der geschlechtsspezifischen Rollenzuweisung abhängigen unterschiedlichen Bewertung zu interpretieren sind. Mit anderen Worten: Polizei, Gerichte und Sozialarbeiter führen einen geschlechtsselektiven Zuschreibungsprozeß delinquenter Handlungen durch.

3.3. Ansätze einer sozioökonomischen Analyse weiblicher Devianz

Die unterschiedliche Behandlung von Frauen und Mädchen durch Polizei, Gericht, Strafvollzug und Sozialarbeit hat ihren Grund weniger in den individuellen Vorstellungen der dort agierenden Männer über das Wesen der Frau als vielmehr in der unterschiedlichen Stellung der Geschlechter im Produktions- und Reproduktionsprozeß. Wenn Frauen zum Teil weniger gewalttätige Kriminalität begehen, hängt das damit zusammen, daß sie (auch heute noch, aber in geringer werdendem Maße) marginal in der Gesellschaft und daher auch in ihrer Kriminalität sind. Wenn sich diese gesellschaftliche Randstellung abbaut und Frauen ihren gesellschaftlichen Standort sozial und ökonomisch verändern, wird sich das sowohl in der Angleichung der Gesetze und der Rechtsprechung ausdrücken. Der Streit der Meinungen in der Literatur geht letzten Endes darum, ob das Wesentliche an der weiblichen Kriminalität ihr Anstieg als Reflex auf die veränderte gesellschaftliche Stellung und Emanzipation der Frau ist (vgl. *Adler* 1975), oder ob die insgesamt niedrige Rate der weiterhin herrschenden nachrangigen Stellung der Frau geschuldet ist (vgl. *Simon* 1975).

3.3.1. Kontroverse um den Wandel der gesellschaftlichen Stellung der Frau als Beeinflussung weiblicher Kriminalität

Untersuchen wir beide Positionen nacheinander anhand der Bücher der beiden Autorinnen. In ihrer Studie »Sisters in crime – the rise of the new female criminal« geht *Freda Adler* von der These aus, daß durch die zunehmende Emanzipation der Frau in Beruf, Ehe, Familie und sozialer Stellung insgesamt diese heute mehr Gelegenheit und Zugänge zur Kriminalität habe: »In der Weise, wie Frauen gleiche Chancen in den Bereichen legitimer Betätigung fordern, erzwingt sich eine gleiche Anzahl von entschlossenen Frauen Zugang zur Welt der schweren Kriminalität« (*Adler* 1975: 13). Adler behauptet, daß die weibliche Kriminalität ansteigt, auch bei der gewalttätigen Kriminalität. Dabei müssen Frauen sich ihren Platz in der bisher männlich dominierten und kontrollierten Unterwelt richtiggehend erobern, denn das organisierte Verbrechen in den USA, etwa die Mafia, die ja als Verband von Familien organisiert ist, ist im Geschlechtsrollenverhalten äußerst konservativ.
Die Festnahmestatistik zeigt für die USA den überproportionalen Anstieg weiblicher Kriminalität (1960–72; Zahlen in Klammern beziehen sich auf jugendliche Delinquenz). Raub: Frauen + 277 % (508 %), Männer + 169 % (+ 250 %), Betrug: Frauen + 280 % (+334 %), Männer + 50 % (+ 84 %), Diebstahl: Frauen + 303 % (+ 177 %), Männer + 82 % (+ 70 %), Einbruch: Frauen + 168 %, Männer + 63 %. In New York tauchen die ersten ausschließlich weiblichen Banden auf; die gewaltanwendenden politischen Bewegungen wie die »Black Panther Party« (*Angela*

Davis) und die Weathermen (*Bernadine Dohrn*), die ihren Namen nicht ohne Grund in das geschlechtsneutrale weather underground änderten, oder Terroristen, wie die Symbiotic Liberation Army (*Patricia Hearst*) werden von allen Frauen zumindest gleichberechtigt mitgeführt. Für Deutschland gilt das in noch stärkerem Maße für die Rote Armee Fraktion und ihr ähnliche Gruppen. »Die Bundesrepublik Deutschland ist . . . das einzige Land, in dem Frauen ca. 60 % der Beteiligten ausmachen (bei Terroranschlägen – d.V.) und in dem Frauen auch planend und ausführend tätig waren« (*Dürkop*, 1978: 264). »Frauen schließen viele der sozialen wie kriminellen Lücken, die sie von den Männern trennten. Je näher sie kommen, um so ähnlicher scheinen und handeln sie« (*Adler* 1975: 30). Die soziale Rolle erklärt heute weibliche Kriminalität adäquater als die Geschlechtsrolle: »Soziale Erwartungen und soziale Rollen, einschließlich der kriminellen, tendieren zunahmend zur Vereinheitlichung« (*Adler* 1975: 52). Bei der jugendlichen Delinquenz ist der Angleichungsprozeß der Geschlechter besonders deutlich. Lediglich die Rechtsprechung und der Strafvollzug behandeln bestimmte jugendliche Straftäter besonders geschlechtsunterschiedlich. Das Gericht übernimmt die Rolle des Erziehungsberechtigten und versucht vor allem bei den Mädchen, die gesellschaftliche Doppelmoral aufrechtzuerhalten. Objektiv geschieht jedoch dasselbe wie bei der Erwachsenenkriminalität. Steigende soziale Erwartungen und mehr Chancengleichheit für Mädchen z. B. in der Ausbildung, Engagement in der Frauenbewegung und Emanzipation nivellieren die bisherigen Unterschiede und gleichen auch die Kriminalitätsraten an.

In der geschilderten Position können drei wesentliche Behauptungen festgehalten werden:

1. Das Wesentliche an der weiblichen Kriminalität heute ist der rapide Anstieg in allen Bereichen.
2. Der Grund dafür liegt im Wandel der gesellschaftlichen Stellung der Frau, die heute zunehmend mehr Gleichheit besitzt.
3. Weibliche Kriminalität verliert zunehmend ihre geschlechtsspezifische Form und nähert sich der männlichen in der Weise an, daß Gelegenheiten und Zugänge zu gesellschaftlichen wie kriminellen Bereichen sich für beide Geschlechter tendentiell angleichen.

Wir wollen nun die Gegenposition, die allen drei Behauptungen widerspricht, vorstellen. Auch diese geht bei ihrer Analyse der weiblichen Kriminalität von der Untersuchung der gesellschaftlichen Lage der Frau aus. *Rita J. Simon* »Women and Crime« hat 1975 als erste eine umfassende statistische Analyse der weiblichen Kriminalität vorgelegt. Sie weist zunächst darauf hin, daß die Annahme, es gäbe mehr Gleichheit für Frauen in der

Gesellschaft, theoretisch deren Kriminalitätsrate ganz unterschiedlich beeinflussen kann. Straftaten, die erst durch Zugang zu bestimmten Berufspositionen möglich werden (z. B. white-collar crime, Betrug, Unterschlagungen, Scheckfälschung), mögen ansteigen, bestimmte Gewalttaten wie Mord können sinken, denn diese sind oftmals motiviert durch die Frustration der Abhängigkeit, Ungleichbehandlung, Unterdrückung und Ohnmachtsgefühlen, die durch Beseitigung der Diskriminierungen in Ausbildung und Beruf aufgehoben würden. Wie hat sich nun die gesellschaftliche Situation der amerikanischen Frau seit dem 2. Weltkrieg entwickelt? Demographische Daten werden zunächst auf die Frage hin untersucht, ob es einen Wandel in der Familien- und Kinderzentriertheit der Frau gibt. Dabei zeigt sich, daß Frauen heute später heiraten und daß die Geburtsraten dramatisch abgesunken sind. Die Familiengröße ist also gesunken, aber die Verheiratetenquote hat unter Berücksichtigung der ansteigenden Wiederheirat insgesamt kaum abgenommen; die Anzahl verheirateter Frauen ohne Kinder hat sich nicht verändert. »Aber kleinere Familien bedeuten nicht, daß die weibliche Sozialisation einen grundlegenden Abschied von den traditionellen Mustern nimmt« (*Simon* 1975 a: 21).

Die Rate weiblicher Berufstätigkeit stagniert, wenn man die kriegsbedingten Schwankungen nicht berücksichtigt, bei rund einem Drittel aller Erwerbstätigen. Allerdings ist der Anteil der verheirateten Frauen an der weiblichen Erwerbstätigkeit enorm gestiegen. Frauenbeschäftigung ist also keineswegs eine Tendenz neueren Datums.

Die Untersuchung der Verteilung der weiblichen Arbeitskraft über die Berufsskala zeigt ebenfalls kaum Veränderungen:

Tabelle 21: Verteilung aller abhängigen Beschäftigten nach Geschlecht, USA, in %

Jahr	White Collar		Blue Collar		Dienstleistungen		Landwirtschaft	
	Männer	Frauen	Männer	Frauen	Männer	Frauen	Männer	Frauen
1948	30,8	49,3	47,7	22,2	6,1	20,5	15,4	8,0
1952	31,8	51,6	49,1	21,4	6,0	21,5	13,1	5,9
1956	33,5	52,1	48,3	18,6	6,4	23,1	11,9	6,2
1960	37,4	55,3	46,6	16,6	6,5	23,7	9,6	4,4
1964	38,4	56,2	47,0	16,7	7,0	23,9	7,6	3,3
1966	38,6	57,6	48,0	17,1	7,1	22,7	6,4	2,6
1968	39,7	59,1	47,7	17,1	6,9	21,8	6,0	2,1
1970	41,9	60,5	47,0	16,0	6,7	21,7	5,3	1,8
1971	41,0	61,1	45,3	14,9	8,3	22,3	5,4	1,7

Quelle: *Simon* 1975a, Tab. 3.4., S. 24

Die relative Verteilung von Frauen und Männern über die Berufsgruppen bleibt konstant; die meisten Frauen sind nach wie vor in white-collar Berufen tätig. Diese unterscheiden sich jedoch in die Positionen mit hoher Qualifikation, Prestige, Entscheidungsbefugnis und hohem Einkommen und die in jeder Weise rangniedrigeren Verkaufs- und Büroangestelltenpositionen. In den ersteren befinden sich 2/3 aller Männer, aber nur 1/3 aller Frauen (vgl. *Simon* 1975 a: 25).

Auf dem Gebiet der Ausbildung haben Frauen erhebliche Fortschritte erzielt. Waren 1950 von allen Studenten, die den ersten akademischen Grad (Bachelor) verliehen bekamen noch 3/4 Männer und 1/4 Frauen, so waren es 1975 nur noch 55 % Männer und 45 % Frauen (vgl. *Simon* 1975 a: 26). Jedoch hat diese Tatsache keine ausgleichende Wirkung auf die Einkommensunterschiede zwischen Männern und Frauen gehabt, im Gegenteil. Berufstätige Frauen sind heute einkommensmäßig stärker diskriminiert als früher, auch wenn man die Beschäftigungsarten statistisch kontrolliert oder das Ausbildungsniveau konstant hält (vgl. *Simon* 1975 a, Tab. 3.6. und 3.7.).

Insgesamt ist das jährliche durchschnittliche Einkommen von Frauen in den USA im Vergleich zu dem der Männer gefallen; in Deutschland liegt der Frauenlohnanteil ziemlich unverändert bei 68 %. »Das derzeitige Bild, das sich aus diesen Statistiken über den gegenwärtigen Status der amerikanischen Frau ergibt, ist keineswegs völlig verschieden von dem Bild, das man vor ein oder sogar vor zwei Jahrzehnten hätte zeichnen können« (*Simon* 1975 a: 30). Eine materielle Veränderung der gesellschaftlichen Lage der Frau hat nicht stattgefunden und deshalb ist im Gegensatz zu Adler auch keine grundsätzliche Veränderung in Art und Ausmaß weiblicher Kriminalität zu vermuten. Wir wollen das anhand konkreter statistischer Daten zur Entwicklung weiblicher Kriminalität verdeutlichen und dabei insbesondere die Zeitperiode ab 1967 beachten, die wohl gemäß der »Emanzipationstheorie« besonderen Wandel bzw. Zunahme der weiblichen Kriminalität zeigen müßte.

Wir kennen bereits aus der Tabelle 17 die allgemeine Entwicklung steigender weiblicher Kriminalität: Wir wollen die Zahlen nun nach Deliktarten unterteilen. Die jährlich erscheinenden FBI-Statistiken bilden zwei große Untergruppen: Typ I »schwere Delikte«, darunter fallen alle gewalttätigen schweren Verbrechen wie Mord, Totschlag, Vergewaltigung, schwerer Raub sowie Delikte, die wegen ihrer Häufigkeit als ernst angesehen werden, wie Diebstahl (über 50 Dollar), Einbruch, Autodiebstahl u. ä. Typ II sind alle übrigen Delikte von Betrug, Urkundenfälschung über Prostitution, Drogenvergehen, Trunkenheit etc. Gemäß dem Image der neuen aggressiven Straftäterinnen würde man besonders unter der Rubrik »schwere Delikte« einen überproportionalen Anstieg vermuten, was sich statistisch auch belegen läßt:

Tabelle 22: Anteil der Frauen an der Zahl polizeilicher Festnahmen für »schwere Delikte« (Spalte 1) und Frauenanteil an allen Festnahmen (Spalte 2), USA, in %

Zeit	1	2
1953	9,40	10,84
1957	9,29	10,63
1961	11,57	11,26
1965	14,37	12,12
1969	16,58	13,82
1970	18,04	14,58
1971	18,34	15,07
1972	19,25	15,27
1974		16,01

% Veränderung:
1953–72 = + 0,52/Jahr
1958–72 = + 0,68/Jahr
1967–72 = + 0,84/Jahr

Quelle: *Simon*, Tab. 4.1., S. 37

Zunehmend mehr Frauen begehen also »schwere Delikte«. Außerdem steigt auch der Anteil der wegen schwerer Delikte festgenommenen Frauen an allen festgenommenen Frauen von 7,8 % (1953) auf 25,2 % (1972), aber diese Zunahme ist für die Zeit ab 1967 nicht höher als der gesamtdurchschnittliche Zuwachs (vgl. Simon 1975 a: 38).
Unterteilen wir »schwere Delikte« weiter in ihre beiden Gruppen der Gewaltdelikten und der Eigentumsdelikte, so zeigt sich:

Tabelle 23: Unterteilung der »schweren Delikte« und prozentualer Anteil der Frauen an der Gesamtzahl aller Festnahmen wegen Gewalt- und Eigentumsdelikten, USA:

Jahr	Gewaltdelikte	Eigentumsdelikte	schwere Delikte
1953	11,93	8,46	9,40
1955	12,03	8,36	9,12
1957	13,06	8,51	9,29
1959	12,73	10,07	10,54

Jahr	Gewaltdelikte	Eigentumsdelikte	schwere Delikte
1961	11,61	11,44	11,47
1963	11,56	12,87	12,65
1965	11,41	14,49	14,37
1967	10,79	16,00	15,03
1969	10,63	17,96	16,58
1970	10,50	19,71	18,04
1971	10,91	20,06	18,84
1972	11,01	21,35	19,35
1974	10,20	21,20	
% Veränderung pro Jahr:			
1953–72	– 0,05	+ 0,05	+ 0,52
1958–72	– 0,07	+ 0,86	+ 0,68
1967–72	+ 0,04	+ 1,07	+ 0,84

Quelle: *Simon* 1975a, Tab. 4.3., S. 39

Frauen begingen 1974 etwas weniger gewalttätige Delikte als 1953 oder 1967. Das Bild der Straftäterin, die unerschrocken in die männliche Domäne der Gewalt und des Verbrechens eindringt, ist falsch. Der entscheidende Anstieg liegt bei den Eigentumsdelikten, hier ist der Anstieg am höchsten für die Zeit ab 1967. Wir wollen nun die steigenden weiblichen Eigentumsdelikte weiter aufgliedern:

Tabelle 24: Frauenanteil an den wichtigsten Einzeldelikten innerhalb von Gewalt- und Eigentumsdelikten, USA, in %

	Gewaltdelikte			Eigentumsdelikte		
Jahr	Mord	Raub	schwere Körperverletz.	Einbruch	Diebstahl	Autodiebstahl
1953	14,1	4,3	15,9	2,0	13,9	2,6
1957	14,7	3,9	17,5	2,0	13,2	2,7
1961	15,9	4,9	15,2	3,2	18,0	3,7
1965	16,3	5,3	14,4	3,8	23,2	4,2
1969	14,8	6,3	13,2	4,3	27,2	5,1
1971	16,0	6,4	13,9	4,8	29,1	6,0
1972	15,6	6,6	13,9	5,1	30,8	5,7
% Veränderung:						
1953–72	+ 0,08	+ 0,12	– 0,10	+ 0,16	+ 0,89	+ 0,16
1958–72	– 0,06	+ 0,14	+ 0,13	+ 0,19	+ 1,18	+ 0,18
1967–72	+ 0,04	+ 0,28	+ 0,06	+ 0,20	+ 1,20	+ 0,28

Quelle: *Simon* 1975a, Tab. 4.5., S. 42

Innerhalb der Eigentumsdelikte liegt der entscheidende Anstieg also bei Diebstahl, was bei Frauen zu 80 % Kaufhausdiebstahl bedeutet. Welches sind die am stärksten gestiegenen Delikte für Frauen bei den übrigen Deliktarten?:

Tabelle 25: Andere Delikte: Frauenanteil an allen Festnahmen, USA, in %

Jahr	Unterschlagung, Betrug	Unterschriften- und Geldfälschung	Vergehen gegen Familie und Kind	Drogenmißbrauch	Prostitution, Pornographie, Glücksspiel u. ä.
1953	18,3	14,0	9,3	15,7	73,1
1957	14,4	14,8	9,0	15,6	69,2
1961	15,7	17,5	11,2	15,4	71,8
1965	20,7	19,2	11,0	13,4	77,6
1969	36,3	23,2	11,4	15,4	78,5
1971	27,4	24,8	11,6	16,3	77,4
1972	29,7	25,4	12,3	15,7	73,5
% Veränderung:					
1953–72	+ 0,60	+ 0,60	+ 0,16	0	+ 0,02
1958–72	+ 1,10	+ 0,74	+ 0,26	– 0,05	+ 0,32
1967–72	+ 1,26	+ 0,80	+ 0,18	+ 0,40	– 0,74

Quelle: *Simon* 1975a, Tab. 4.7., S. 44

Urkundenfälschung (Schecks), Betrug und Unterschlagung steigen sprunghaft an (besonders stark ab 1967); typische Delikte, die nur aus der Verbindung mit bestimmten Berufstätigkeiten – Büro und Verwaltung – interpretierbar sind. »Das letzte Ergebnis deckt sich mit unserer Hauptthese am stärksten: daß die weibliche Teilnahme an ausgewählten Delikten in dem Maße zunehmen würde, wie sich ihre Beschäftigungsmöglichkeiten ausdehnen« (*Simon* 1975 a: 40). Das ist nicht dasselbe, was Adler behauptet. Frauen haben lediglich steigenden Anteil an ganz bestimmten ausgewählten Delikten, d. h. ihre Kriminalität bleibt weiterhin geschlechtsspezifisch, denn die Veränderungen der Arbeitswelt bleiben der unverändert geschlechtsspezifisch geteilten Berufsstruktur verhaftet.

Wir fassen zusammen: Es gibt keine Zunahme gewalttätiger weiblicher Kriminalität; der insgesamt stattfindende Anstieg stellt keineswegs eine grundlegende Veränderung im Muster weiblicher Kriminalität dar, sondern erstreckt sich entweder weitgehend auf die traditionelle Hausfrauenrolle (Kaufhausdiebstahl) oder auf Bereiche, in denen sich das größte

Wachstum weiblicher Beschäftigung vollzieht; den Büro-, Verwaltungs- und Warenverkaufsbereich. Dieser selbst bleibt geschlechtsspezifisch strukturiert. Von diesen Tatbeständen ausgehend, erscheint es also durchaus sinnvoll und gerechtfertigt, weibliche Kriminalität zum Untersuchungsgegenstand zu machen.

Überblicken wir noch einmal die verschiedenen Theorieansätze, so finden wir vor allem zwei Erklärungsmuster:

1. Das Wesen der Frau (biologisch oder psychologisch jedesmal wieder anders, aber immer sexuell gedeutet) bestimmt die Art ihres abweichenden Verhaltens und
2. weibliche Devianz bedeutet vermännlichte Verhaltensformen.

Mit dem Beginn der neuen Frauenbewegung entstand eine soziologische Version des letzteren Ansatzes: die Emanzipationstheorie. Die soziale Lage der Frau verändert sich und gleicht sich der des Mannes an, entsprechend gleicht sich auch die weibliche Kriminalität der männlichen an. Das hat sich, wie gezeigt, am Material nicht belegen lassen. Schließlich sind wir zu einem Erklärungssatz gelangt, der weibliche Kriminalität eher als eine von der Gesellschaft als illegitim definierte Fortsetzung weiblichen Rollenverhaltens versteht, dessen Schwankungen und Höhen sich nach den immer noch geschlechtsspezifisch bedingten sozialen Lebenslagen richten. Das bisherige Ergebnis läßt sich so zusammenfassen: »Straftaten von Frauen sind das Ergebnis von 5 Hauptfaktoren. Diese schließen unterschiedliche Rollenerwartungen von Männern und Frauen ein, Geschlechtsunterschiede in den Sozialisationsmustern und der Anwendung von sozialen Kontrollen, strukturell bestimmten unterschiedlichen Zugängen zu kriminell orientierten Subkulturen und die in die Kriminalitätskategorien selbst eingebauten Geschlechtsunterschiede« (*Hoffmann/Bustamente* 1973: 117). Zwar ist es nicht so, wie der funktionalistische Ansatz in der Kriminologie behauptet, daß Frauen nur in solcher Kriminalität verharren, die ihrer Rolle als expressiv-sexuell entspricht, denn beide Geschlechter weisen die stärksten Zuwachsraten bei Eigentumsvergehen (Diebstahl) auf. Aber aus dieser Tatsache zu schließen, wie *Dürkop/Hardtmann* (1974) es tun, daß sich nun darin augenscheinlich der Klassencharakter von Frauen- und Männerkriminalität zeige und die Interpretation von Kriminalität als geschlechtsspezifische Erscheinungsform devianten Verhaltens nur davon ablenkte, ist voreilig. Denn wenn wir die Rubrik Diebstahl näher untersuchen, zeigt sich wiederum, wie geschlechtsspezifisch dieses Delikt immer noch begangen wird: Kaufhausdiebstahl bei den Frauen (auch solche der Mittelschicht); geringer Wert der angeeigneten Waren; innerhalb des sozialen Nahraumes der Frau begangen; Einbruchsdiebstahl bei den Männern, die auch eine klassenhomogenere Herkunft aufweisen. Wir wollen zum Schluß dieses Teils der hier angedeuteten Kontroverse nachgehen.

3.3.2. Verhältnis von feministischem und materialistischem Ansatz zur Erklärung weiblicher Devianz

Die Frauenbewegung hat sich mit dem Problem weiblicher Kriminalität in letzter Zeit theoretisch wie auch praktisch auseinandergesetzt. Wir haben uns auf ihre Analysen gestützt. In welchem Verhältnis steht nun ein solcher »feministischer« zu einem materialistischen Ansatz? Letzterer ist kaum ausgearbeitet, so daß die folgenden Überlegungen notwendigerweise vage bleiben.

Der entscheidende materialistische Einwand gegen die feministische Analyse besteht wohl in dem Vorwurf, daß der primär klassenunterdrückende Charakter des Rechts und der Justiz nicht gesehen wird. »Die Interpretation von Kriminalität als geschlechtsspezifische Erscheinungsform devianten Verhaltens lenkt davon ab, daß dieses Problemlagen entstammt, der Männer und Frauen in gleicher Weise ausgesetzt sind« (*Dürkop/Hardtmann* 1974: 226). Dies ist eine ziemlich ähnliche Argumentation wie diejenige gegenüber der Befreiungsbewegung der Schwarzen und anderer ethnischer Minderheiten in den USA, und in vieler Hinsicht sind gesellschaftliche Stellung von Frauen und Farbigen wie auch die etappenweise Entwicklung ihres Kampfes ähnlich. Jede unterdrückte gesellschaftliche Gruppe, die sich organisiert zur Wehr setzt, ist aus der unmittelbar erfahrbaren und alle gleichermaßen betreffenden Konfliktsituation zum Handeln motiviert. Sie begreift sich als Mittelpunkt, und sie kann ihr Handeln zunächst nicht auf Grund einer von außen herangetragenen objektiven Analyse, die sie als eine Teilbewegung in einen größeren (Klassen-) Zusammenhang einordnet, modifizieren. Der Klassenkampf findet nicht als gleichmäßige Aktion der Kollektivität statt, sondern als mannigfache, ungleiche Entwicklung ihrer einzelnen Teilbereiche; schon deshalb, weil das Kapitalverhältnis selbst sich ungleich entwickelt und gesellschaftliche Gruppen ungleich betrifft. Man muß also beachten, daß soziale Bewegungen von Unterdrückten verschiedene, aber ähnliche Entwicklungsstufen durchlaufen, die sich ihrerseits in der Theoriebildung, Programmatik etc. der Bewegungen wiederfinden. Frauen- wie Farbigenbewegungen z. B. beginnen als Bürgerrechtsbewegung mit Forderungen zur formalen gesellschaftlichen Gleichheit (Wahlrecht etc.). Es folgt dann die Stufe der Proklamation der Eigenständigkeit und kulturellen Autonomie: »black is beautiful«, antiintegrationistisch. Unterdrückte Gruppen müssen ihre eigene

Identität (wieder) finden; das ist überlebenswichtig in einer von Weißen und Männern dominierten Umwelt. Die Frauenbewegung mit der Betonung des politischen (Organisationen ohne männliche Mitglieder), sexuellen (Lesbiertum) und kulturellen Feminismus befindet sich heute überwiegend auf dieser Stufe. Frauen sind seit Bestehen des Patriarchats von Männern definiert worden. Die Etappe der Eigenständigkeit und des Ausschlusses von Männern (Weißen) ist eine unumgängliche Notwendigkeit. Es ist daher heute Aufgabe feministischer Theorie, die Lage der Frau in allen privaten und gesellschaftlichen Bereichen zu untersuchen, um eine Analyse des Gesamtzusammmenhanges der Unterdrückung aller Frauen als Frauen zu erstellen.

In der nächsten Entwicklungsstufe werden sich unterschiedliche Klasseninteressen herausbilden: erfolgreiche professionelle Frauen und schwarze Aufstiegsbourgeoisie, die von den durch die Bewegungen erkämpften Rechten profitieren und von der herrschenden gesellschaftlichen Klasse teilweise integriert werden. Das mag ein Lernprozeß für die Bewegungen sein und ihre Strategien mögen sich verändern, aber die Tatsache bleibt bestehen, daß Rassismus und Sexismus (wie übrigens auch der Ageismus, die Diskriminierung wegen des Alters) gesellschaftliche Unterdrückung sind, die durch die gesellschaftlichen Klassen hindurch wirken. Die Hautfarbe ändert sich nicht mit dem Einkommen und der Klasse, und Frauen bleiben überwiegend Mütter und Hausfrauen in allen Klassen und sind oft zusätzlich auch noch Lohnarbeiterinnen. In dem folgenden Kapitel wird sich zeigen, daß z. B. die gesellschaftlichen Mechanismen der Armut für Frauen nicht nur klassenspezifisch, sondern vor allem auch geschlechtsspezifisch wirken. Soziale Deklassierung von plötzlich alleinstehenden Mittelschichtsmüttern macht deutlich, wie sehr diese Frauen in ihrem sozialen Status über ihre Männer definiert sind. Und die zunehmende psychische Verelendung von Menschen zeigt neben dem klassenspezifischen einen äußerst stark ausgeprägten geschlechtsspezifischen Charakter. Sogar in dem Bereich, wo Männer und Frauen noch am eindeutigsten aus gleicher Klassenlage Klienten von Justiz und Sozialarbeit sind, nämlich im Bereich jugendlicher Verwahrlosung und Delinquenz [1] ist gleichzeitig die Geschlechtsunterschiedlichkeit des abweichenden Verhaltens, sowie der Sexismus in der Definition des Verwahrlosungsbegriffs, der ritterlichen Praxis und der Fürsorgeheime am krassesten. Wir haben argumen-

1 Vgl. die Klassenherkunft des Samples von Pongratz/Hübner 1959 von Fürsorgezöglingen: 79,2% der Jungen und 84,6% der Mädchen waren Arbeiter- und Facharbeiterkinder. Ebenso Specht 1967: 83% der männlichen und 92,5% der weiblichen Zöglinge aus der Unterschicht.

tiert, daß die Justiz heute noch weibliches abweichendes Verhalten überwiegend als Geschlechtsrollenabweichung bestraft. Sie ist für Frauen eher sexistische denn Klassenjustiz. Selbst wenn die gesellschaftliche Entwicklung weiter auf eine Verlohnarbeitung der Frau geht, bezweifle ich doch, ob der Kapitalismus als großer sozialer »Gleichmacher« die Geschlechtsunterschiede im Prozeß der Verallgemeinerung der Lohnarbeit angleichen wird. Weibliche Kriminalität würde sich dann entsprechend verändern und ihren geschlechtsspezifischen Charakter verlieren. Heute jedoch setzt sich zwar die Tendenz zur wachsenden weiblichen Berufstätigkeit und formalen Gleichberechtigung weiter fort, aber sowenig die Lohnarbeit weibliche Emanzipation bedeutet, sondern sich immer noch innerhalb eines geschlechtssegregierten Arbeitsmarktes abspielt, so wenig haben die Gerichte und die soziale Arbeit aufgehört, bei Männern Verstöße gegen Lohnarbeitsdisziplin und Produktionsaufgabe und bei Frauen Nichterfüllung und Gefährung ihrer gesellschaftlichen Reproduktionsfunktion zu ahnden.
Wenn Frauen etwa als Sozialhilfeempfängerinnen, psychisch Kranke, Verwahrloste und Delinquente einen steigenden Teil der Klientinnen in der Sozialarbeit darstellen und wenn die Genese ihrer Hilfsbedürftigkeit weder in ihrer Natur, noch allein in ihrer Klassenzugehörigkeit liegt, sondern in wie auch immer gearteten Konflikten mit gesellschaftlich definierten und sanktionierten Geschlechtsrolleninhalten, dann ist es an der Zeit, daß in der Theorie und Ausbildung der Sozialarbeit/Sozialpädagogik neben die Klassenanalyse von Gesellschaft und Klient die Aufarbeitung des Sexismus als gesellschaftlichem Wirkungszusammenhang tritt.

3.4. »Wohlfahrtsmütter« – Frauen, Armut und soziale Arbeit

In weiten Bereichen der sozialen Arbeit besteht die Adressatengruppe zunehmend aus Frauen. Dies gilt in besonderem Maße für Sozialhilfe, Armenfürsorge und Obdachlosenarbeit. Vor allem die Zahl alleinstehender Mütter mit Kindern läßt die Fallzahlen der Sozialämter anschwellen. 1975 hatten in den USA 81 % aller »Wohlfahrtsfamilien« (sozialhilfebeziehende Familien) alleinstehende Mütter als Haushaltsvorstand. Es gab 6,8 Mill. frauengeführte Haushalte (Haushalte sind definiert als alle Familien – und auch Nichtfamilienmitglieder – einer separaten Wohneinheit) mit insgesamt 4,6 Mill. Kindern. Knapp die Hälfte sind (gemäß der statistisch definierten Einkommenshöhe) arm und beziehen zumeist verschiedenste Formen von Wohlfahrtsunterstützung. In Kanada waren 1971 63 % aller Sozialhilfeempfänger Frauen, ihre Zahl steigt weiter an. Auch in der Bundesrepublik überwiegen die Frauen bei den Sozialhilfebeziehern. 1976 bezogen z. B. in Duisburg fast doppelt so viele Frauen (19.152) wie Männer (10.300) Sozialhilfe. Im Bundesdurchschnitt errechnet sich für die Sozialhilfeempfängerinnen ein Anteil von 60 % (vgl. Statistisches Jahrbuch deutscher Gemeinden 1978: 280).

Man sollte annehmen, daß diese Fakten und die tagtägliche Praxis mit bedürftigen Frauen die Sozialarbeit im besonderen Maße für diese Klientengruppen sensibel gemacht hätte. Als jedoch in Kanada eine regierungsamtliche Kommission zur Untersuchung der sozialen Lage der Frau eine ausgedehnte Studie anfertigte, hielt es der kanadische Sozialarbeiterverband, obwohl aufgefordert, nicht für nötig, in den Hearings zum Kapitel »Armut und Frauen« eine Stellungnahme und Material beizubringen. Stattdessen nehmen Sozialarbeiter und Sozialarbeiterinnen sexistische Kontrollaufgaben wahr. Sie fahnden nach männlichen Spuren im Badezimmer von »Wohlfahrtsmüttern«, kontrollieren deren Haushaltsführung und geben Anweisungen zur Kindererziehung. Sie lassen sie spüren, daß es wohl an ihnen liegen muß, keinen Ehemann halten zu können und treiben sie in eine psychologische Zwickmühle: ihren mütterlichen Pflichten nachzukommen und durch Berufstätigkeit endlich ihren eigenen Lebensunterhalt zu verdienen. Wie im Kapitel über weibliche Devianz schon aufgezeigt, werden wir auch in diesem Abschnitt über arme Frauen die Funktion von Recht und Sozialarbeit als eine primär die Rollenabweichung vom traditionellen Frauen-/Mutterbild korrigierende bzw. sanktionierende erkennen.

Das Problem armer Frauen ist eingebettet in das Problem ökonomischer Verelendung allgemein. In der Literatur zur Armut suchen wir jedoch vergebens nach Hinweisen und Erklärungen über die große Gruppe der armen Frauen. In dem noch engeren Bereich der Armut im Alter bleibt die allgemeine Kenntnis über die enorme Anzahl weiblicher Kleinstrentenbezieher folgenlos. So thematisieren z. B. *Bujard/Lange* (»Armut im Alter« 1978) an keiner Stelle den Tatbestand, daß ihr Untersuchungsgegenstand, alte Arme, statistisch gesehen mehrheitlich weiblich ist. Die Verfasserin der einzigen deutschen Untersuchung über arme obdachlose Frauen kommt dann auch zu der Feststellung: »Entsprechend gibt es in der Literatur kaum Hinweise auf den Prozeß gesellschaftlicher Deklassierung unter dem Aspekt des weiblichen Lebenszusammenhangs . . . Obdachlose Frauen sind den Sozialwissenschaftlern in der Regel nur als unzulängliche Sozialisationsinstanz bekannt . . . Frauen in Obdachlosensiedlungen haben mangelndes Planungsverhalten, sind sexuell abweichend, sind kriminell« (*Stoltenberg* 1979: 21).

In einem Aufsatz zum Thema Alte und Altenbewegung heißt es in der Einleitung: »Bürgerliche Sozialforschung, die Massenmedien und die Institutionen der sozialen Arbeit stürzen sich immer auf die Erscheinungsformen materieller Not. Der folgende Beitrag legt daher den Schwerpunkt auf die Entstehungsbedingungen von Armut im Alter« (*Bujard/Lange* 1978: 22). Infolgedessen wimmelt es nur so von »klassenbedingter Armut« und dem »objektiven Zusammenhang von Arbeit, Verelendung und Armut«. Die soziale Rekrutierungsbasis armer alter Frauen besteht jedoch keineswegs ausschließlich in den Unterschichten. Da Frauen als unbezahlte Hausfrauen in ihrem sozioökonomischen Status durch den ihres Ehemanns definiert sind, so ist bei Scheidung, Tod oder Verlassen des Ehemanns oftmals ein sozialer Abstieg der Frau (und ihrer Kinder) die Folge. 2/3 aller Wohlfahrtsmütter in Toronto waren in Familien aufgewachsen, die niemals Sozialhilfe in Anspruch nehmen mußten.

Es gibt inzwischen Sozialarbeiterinnen, die auf den Zusammenhang der Diskriminierungsmechanismen aufmerksam machen, denen sie einerseits selbst als Frauen in der Profession ausgesetzt sind und die andererseits die Wohlfahrtsmütter betreffen: »Als Sozialarbeiterinnen, die die gemeinsame Unterdrückung erkennen, die wir mit allen anderen Frauen einschließlich der Sozialhilfeempfängerinnen teilen, sollten wir in der Lage sein, besseres Verständnis und Einfühlungsvermögen für unsere Klientinnen zu entwikkeln und ihnen und uns selbst zu helfen« (*Brown* 1976: 17). Die Praxis ist jedoch noch weit davon entfernt.

Es soll im folgenden versucht werden, die Realität einer speziellen Klientengruppe zur Kenntnis zu bringen und die Ursachen ihres rapiden quantitativen Anstiegs zu untersuchen. Sodann sollen die Interventionen der Sozialgesetzgebung und der Sozialarbeit als im wesentlichen einer bestimmten Familienform verhafteten Strategie aufgezeigt werden. Diese operiert auch heute noch weitgehend in Übereinstimmung mit den gesellschaftlich herrschenden negativen Einstellungen zu der als abweichend, weil unvollständig angesehenen Mutter-Kinder-Familie. Vor allem die Literatur über die angeblich verheerenden Folgen der Vaterlosigkeit in der kindlichen Sozialisation ist in diesem Zusammenhang kritisch zu beleuchten. Abschließend wollen wir dann einige Beispiele von Aktions- und Organisationsformen der »Wohlfahrtsmütter« berichten, die nicht länger einer frauenfeindlichen Sozialbürokratie ausgeliefert sein wollen.

3.4.1. Frauengeführte Familien: statistischer Überblick

Die Geschichte der Sozialarbeit zeigt, daß alleinstehende Frauen mit Kindern immer einen überproportionalen Teil der Armen ausmachten. Die

Stadt Hamburg schuf schon 1790 ein Arbeitsbeschaffungsprogramm für Frauen mit Kindern, denn diese stellten 6/7 aller Armen in der Stadt (vgl. *Piven/Cloward* 1977: 94). Das Problem war 1971 Thema der 12. Konferenz europäischer Familienminister in Stockholm. 1974 veröffentlichte ein parla-
Stadt Hamburg schuf 1790 ein Arbeitsbeschaffungsprogramm für Frauen mit Kindern, denn diese stellten 6/7 aller Armen in der Stadt (vgl. *Piven/Cloward* 1977: 94). Das Problem war 1971 Thema der 12. Konferenz europäischer Familienminister in Stockholm. 1974 veröffentlichte ein parlamentarischer Untersuchungsausschuß in England einen zweibändigen Bericht über die Lage von »single-parent families« (*Finer* 1974). Finers Bericht gibt auch einen kurzen Überblick über die Lage in anderen westeuropäischen Ländern. Durchschnittlich haben 10 % aller Familien mit Kindern nur ein Elternteil, in über 80 % der Fälle sind es Frauen. In fast allen Ländern steigen diese beiden Anteile. Der Anteil der Witwen nimmt ab, Scheidungen und sonstiges Auflösen der Ehegemeinschaft steigen rapide an, die Wiederverheiratungsquote, vor allem für jüngere Frauen ebenfalls. Weiblich geführte Familien scheinen zunehmend zu einem Durchgangsstadium zu werden. Die Gruppe getrennt lebender Elternteile mit Kindern ist absolut die größte und steigt relativ am stärksten im Vergleich zu geschiedenen, verwitweten und unverheirateten Müttern als Familienoberhäuptern. In Großbritannien gab es 1971 620.000 single-parent families (= 9,6 % aller Familien), darunter 520.000 weibliche single-parent families. Für Kanada galt 1975: Von den 10 % kanadischer Familien mit Kindern mit nur einem Elternteil waren 79 % muttergeführt; von diesen lebten 1/3 in Armut und bezogen Sozialhilfe. Es gab dreimal soviel muttergeführte Familien, die in Armut lebten, als der Anteil dieser Familien an allen Familien ausmachte. »Die Wahrscheinlichkeit für eine Familie, wegen des Geschlechts ihres Oberhaupts arm zu sein, zeigt einen Trend, der Frauen belastet« (Newton 1976: 10). Die folgende Tabelle verdeutlicht dies.

Tabelle 26: Die Entwicklung der Zahl armer Familien nach Geschlecht des Familienvorstands, Kanada, in %

	1961		1967		1973	
Familienform	Niedrigeinkommen	alle Familien	Niedrigeinkommen	alle Familien	Niedrigeinkommen	alle Familien
Vatergeführte (+ vollständige) Familien	86,8	92,8	85,2	92,5	71,3	91,4
Muttergeführte (single-parent) Familien	13,2	7,8	14,8	7,5	28,7	8,6
	100,0	100,0	100,0	100,0	100,0	100,0

Quelle: *Newton* 1976, Tab. 3, S. 11

Newton errechnete für 1976 eine 66 %ige Wahrscheinlichkeit für eine muttergeführte Familie, in Armut zu leben (Armut ist hier immer als die statistisch festgelegte Einkommensgrenze definiert, von der ab ein Anspruch auf Sozialhilfe besteht). Insgesamt wird die Zahl sozialhilfeempfangender Familien in Kanada auf 350.000 (mit 1,1 Mill. Kindern unter 18 Jahren) geschätzt. Hiervon sind wiederum 80 bis 90 % muttergeführte Familien. 1973 waren 63 % aller Sozialhilfeempfänger in der Provinz Ontario Frauen, ca. 44 % aller muttergeführten Familien bezogen verschiedenste Formen von Wohlfahrtsunterstützung als Haupteinkommensquelle.
Für die USA ergeben sich ähnliche Verhältnisse. Die Zahl muttergeführter Familien steigt absolut und relativ im Vergleich zur Zahl traditioneller Eltern-Kinder-Kleinfamilien oder vatergeführten Familien. 47 % aller muttergeführter Familien hatten geschiedene oder getrenntlebende Elternteile. Der Anteil der Witwen sinkt. 2/3 der muttergeführten Familien haben Kinder unter 18 Jahren; diese Gruppe wächst am stärksten; heute sind 15 % aller Familien mit Kindern muttergeführt (1960 waren es 9 %). Die Mehrzahl aller armen Familien ist heute muttergeführt. 1974 war ihre Zahl 2,2 Mill. Familien.

Figur 2: Die Entwicklung der Familienform, USA 1950–74

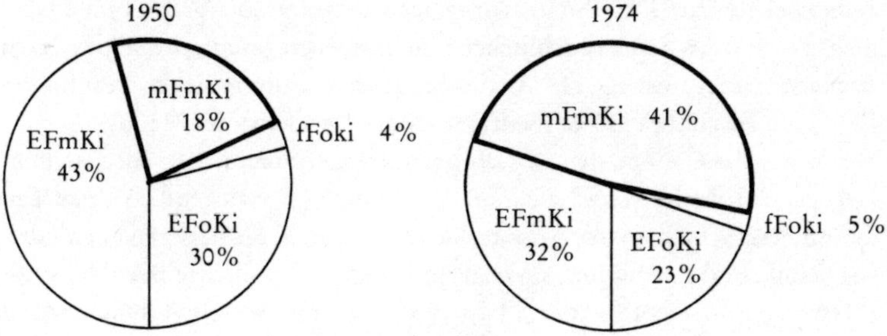

mFm(o)Ki = Muttergeführte Familie mit (ohne) Kinder
fFoki = Frauengeführte Familie ohne Kinder
EFm(o)Ki = Ehegattengeführte Familie mit (ohne) Kinder

Quelle: *Ross/Sawhill* 1975, Figur I-A, S. 186

Wir wollen uns nun der Frage zuwenden, welche Faktoren zur Existenz und dem Wachstum der single-parent families beitragen als einer Gruppe, die in überdurchschnittlichem Maße in Armut lebt. Eine Sozialarbeit, die mehr als nur die Symptome, d. h. die Tatsache steigender materieller Bedürftigkeit von frauengeführten Familien bearbeiten will, muß zunächst die Ursachen ihrer Existenz erkunden. Eine der möglichen Ursachen mag schlicht in der Tatsache liegen, daß die Zahl erwachsener Frauen relativ ansteigt und damit statistisch gesehen die Chance einer absolut steigenden Zahl von weiblichen single-parent families steigt. Wichtiger ist für uns die Frage, inwieweit eine sich ändernde Familienstruktur und sozioökonomische Stellung der Frau das Phänomen armer muttergeführter Familien hervorbringt. Im Kapitel über weibliche Kriminalität stellten wir die gleiche Frage und kamen zu dem Ergebnis, daß sich die gesellschaftliche Lage der Frau seit dem 2. Weltkrieg nicht grundsätzlich gewandelt hat. Was sich dennoch an Veränderungen z. B. im beruflichen Bereich vollzog, spiegelte sich jedoch in Art und Ausmaß weiblicher Kriminalität wider. Die Antwort für dieses Kapitel lautet ähnlich. Armut unter Frauen ist ein Reflex ihres gesellschaftlichen Status und verändert sich gemäß dessen Wandel. Frauen sind potentiell arm, denn sie erzielen als Ehefrauen keine eigenen Einkommen. Nach Beendigung der Ehe (Scheidung, Tod, Verlassen) ist daher eine ehemalige Ehefrau, insbesondere wenn sie Kinder hat, vom sozialen Abstieg bedroht. Berufstätige Frauen werden immer noch weit unter dem Wert ihrer Arbeitskraft bezahlt, auch wenn sie als Mütter alleinstehend sind. Fraueneinkommen sind generell keine Familieneinkommen. Selbst bei gleicher Entlohnung für gleiche Tätigkeit, bleibt der Frauenverdienst wegen des bereits ausführlich beschriebenen geschlechtssegregierten Arbeitsmarktes, geringerer Ausbildung, diskontinuierlicher beruflicher Laufbahn etc. um ca. 30 % niedriger als der Verdienst der Männer.

Wenn wir die Gruppe der Sozialhilfeempfängerinnen näher untersuchen, zeigen sich gehäuft Merkmale, die diese Frauen überwiegend als einen Teil der unteren Schichten der Arbeiterklasse einstufen. Sie besitzen ein niedriges Schul- und Ausbildungsniveau und sind in den niedrig bezahlten Berufssparten überrepräsentiert. Fast 2/3 von ihnen waren verheiratet und hatten schon während der Ehe größere finanzielle Schwierigkeiten; ihre Ehemänner waren zumeist einmal arbeitslos. Die Hälfte hatte bereits in ihrer intakten Familie kurzfristig Sozialhilfe bezogen. Aber die These, daß wir es bei den Wohlfahrtsmüttern lediglich mit dem bekannten Wohlfahrtssyndrom – permanente Kostgänger staatlicher Hilfe – zu tun haben, ist nicht richtig: 3/4 der Wohlfahrtsmütter in Toronto waren seit weniger als 4 Jahren Sozialhilfeempfängerinnen und 2/3 kamen aus Familien, die niemals selbst Fürsorgeleistungen bezogen hatten (*James* 1976: 38). Wenn also ein wesentlicher Grund für die steigende Zahl armer alleinstehender Mütter in dem allgemeinen ökonomisch benachteiligten Status von Frauen liegt, so sind doch gleichzeitig die Wandlungen dieses Status Ausgangspunkt für die Zunahme in der Zahl muttergeführter Familien. »Das Vorhandensein von Einkommens- und Unterstützungsmöglichkeiten, insbesondere die Eigenverdienste der Frauen und die Sozialhilfe . . . vermindern die Zwänge, die die Familien aus Nützlichkeitserwägungen zusammenhalten pflegen, ob sie nun glücklich waren oder nicht« (*Ross/Sawhill* 1975: 5). Die These, daß die verschiedenen Fürsorgeleistungen für alleinstehende Mütter mit Kindern quasi das Klientel schaffen, ist später zu untersuchen. Die andere These soll jetzt geprüft werden: je mehr Frauen berufstätig sind (und die Zahl der Mütter ist die einzig stark ansteigende Gruppe unter ihnen), umso eher brechen Familien auseinander und desto eher ergibt sich die Notwendigkeit, eine muttergeführte Familie zumindest für eine Übergangszeit zu bilden.

Somit rückt die Frage in den Vordergrund, ob der zunehmende Zerfall der Familie u. a. der Grund für die steigende Zahl muttergeführter Haushalte ist. Sicherlich ermöglicht größere materielle Unabhängigkeit der Frauen die leichtere Auflösung schwer gestörter familiärer Verbindungen. Aber in der Literatur bleibt sehr umstritten, ob der Zerfall der Familie z. B. Ursache für das Absinken der unvollständigen Restfamilie in Armut, oder eher Resultat ökonomischer Deprivation ist. Die Antwort lautet, daß im Falle muttergeführter Familien von vornherein Armuts- und Verelendungsfaktoren schneller greifen: Sozialisation zur Abhängigkeit, ungleiche Bildungs- und Einkommenschancen, fehlende soziale Dienste für Mütter (etwa Kindergärten), der Druck der Dreifachrolle Mutter-Familienoberhaupt-Beruf u. a. m. Vatergeführte Familien haben ein weitaus höheres Einkommen und werden in viel geringerem Maße hilfebedürftig.

Tabelle 27: Durchschnittliches Familieneinkommen in den USA nach Alter und Familienform, 1973, in $

Alter des Haushaltsvorstandes	Ehegattenfamilie	single-parent Familie	
		Vatergeführt	Muttergeführt
unter 25 Jahre	8.922	––	3.198
25–44 Jahre	15.114	11.931	5.951
45–64 Jahre	17.761	12.078	7.205

Quelle: *Ross/Sawhill* 1975, Tab. 1, S. 10

Die These vom Familienzerfall als Ursache für Armut ist sehr beliebt, insbesondere zur Erklärung der gesellschaftlichen Lage der Schwarzen in den USA oder aber auch der Situation armer Frauen. Beide Gruppen sind in der Sozialhilfe überrepräsentiert. Die Erklärung dafür liegt aber eher darin, daß ihre ökonomischen Lebensbedingungen, nämlich Armut und Arbeitslosigkeit, bzw. Benachteiligung auf dem Arbeitsmarkt, schlechtere Sozial-, Rechten- und Krankenversicherung den Familienzerfall erst hervorbringen.
Eine mögliche Maßzahl für das Ausmaß der familialen Zerrüttung ist die Scheidungsquote. Sie nimmt insgesamt stark zu, zunehmend reichen Frauen die Scheidung ein und leben dann mit ihren Kindern als single-parent-families. Ihr Anteil an den Wohlfahrtsmüttern ist jedoch gering. Die übergroße Mehrheit läßt sich nicht scheiden, sondern wird von ihren Ehemännern verlassen, und Unterhaltszahlungen können kaum jemals eingetrieben werden. Von allen Wohlfahrtsmüttern aus Toronto waren 1973 nur 6,3 % geschieden, aber 30,4 % von ihren Ehemännern verlassen und 20,5 % waren nie verheiratet, da die Väter ihrer Kinder sie schon während der Schwangerschaft verließen (vgl. *James* 1975: 4).
Darüber hinaus bleibt zu klären, warum die Zahl der muttergeführten Familien, die Wohlfahrtsunterstützung verschiedenster Art beziehen, so enorm gestiegen ist. Einerseits ist das ein Reflex der wachsenden Zahl dieser Familienform, zum anderen ist es jedoch Resultat der Sozialpolitik und

der Politik der Betroffenen: die »Fürsorgeexplosion« der 60ger Jahre in den USA war ein Resultat der welfare-rights-Bewegung zur Durchsetzung und Inanspruchnahme des Bürgerrechts auf staatliche Hilfeleistung im Fall von Bedürftigkeit. Die staatliche Sozialpolitik reagierte auf das dahinter sichtbarwerdende gesellschaftliche Protestpotential durch Anhebung, Ausdehnung und Neuschaffung sozialer Hilfsprogramme (vgl. *Piven/Cloward*). Nicht nur die Zahl der zur Unterstützung durch die Sozialprogramme berechtigten Personen (z. B. arme muttergeführte Familien mit Kindern) steigt, sondern auch die Zahl derer, die tatsächlich solche Anträge auf Förderung stellten. Schließlich steigt auch die Zahl der angenommenen Anträge erheblich, allein zwischen 1966 und 1970 von 64 % auf 80 % (vgl. *Ross/Sawhill* 1975: 105). Und so bezogen z. B. 1971 von 3 Mio. förderungsberechtigten weiblich geführten Familien mit minderjährigen Kindern etwa 90 % auch wirklich Sozialhilfe.
Die Lebensform der Mutter/Kinder-Familie wird also im steigenden Maße Lebens- und Sozialisationsrealität vieler Menschen, von denen ein relativ wachsender Teil arm ist und zu Klienten der Wohlfahrtsbehörden wird. Im allgemeinen wird diese Familienform als Abweichung von der Norm der monogamen Ehegattenkleinfamilie angesehen und durch Defizite gekennzeichnet. »In der Literatur besteht die Annahme, daß die weiblich geführte unvollständige Familie abweichend und pathologisch sei. Solche Familien werden ‚zerbrochen', ‚desorganisiert' oder ‚desintegriert' genannt, statt daß sie als weitverbreitete mögliche alternative Familienform anerkannt werden . . . Die Devianz ist zweifacher Natur; nicht nur, daß es statt zwei Erwachsener nur einen in der famililären Konstellation gibt, aber das Familienoberhaupt ist dazu noch weiblich statt männlich. Nicht nur ist dieser Familientypus abweichend, sondern die Mutter nimmt gleichzeitig eine abweichende Geschlechtsrolle ein« (*Brandwein* u. a. 1974: 2). In dieser Situation gilt noch heute weitgehend die Ansicht, daß die primäre Rolle der Frau ihre Mutterrolle bleibt, daß es ihr Problem ist, keinen Ehemann als Versorger in der Familie halten zu können, und daß deshalb ein Ersatzgatte zu schaffen sei, um die unvollständige Familie zu komplettieren. Dieser Ersatzgatte ist die staatliche Wohlfahrtsbehörde. Sie beschafft das Familieneinkommen und überwacht die Erfüllung der Mutter- und Hausfrauenfunktion. Gegebenenfalls tritt dieser Ersatzgatte als eifersüchtiger Ehemann auf, der jeden »außerehelichen« Geschlechtsverkehr mit Entzug der materiellen Unterstützung oder der Kinder ahndet. Zugang zu ökonomischer Unabhängigkeit der Frau wird durch fehlende Kindergärten, Einkommenslimitierung bzgl. der Förderungsgrenze und fehlende Berufsausbildungsprogramme erschwert. Solche Theorien über unvollständige Fa-

milien lasten der Frau die Schuld an der materiellen Misere ihrer unvollständigen Familien an und erklären Frau und Restfamilie als pathogen. Aber die Armut der Wohlfahrtsmütter ist sekundärer Effekt der Tatsache, daß ihre Ehemänner sie verlassen haben und Unterhaltszahlungen kaum eingetrieben werden können. »Die Anwendung der bestehenden ungenügenden Gesetze (betr. Alimentezahlungen – d.V.) geschieht schwächlich und ungleich. 1973 wurden nur 22 % der gerichtlich verordneten Unterhaltszahlungen an AFDC-Familien in voller Höhe geleistet und bei etwa der Hälfte der Fälle gab es überhaupt keine Erfüllung der Ansprüche« (*Sawhill* 1976: 205).

Auch in der Bundesrepublik erhalten höchstens 50 % aller ledigen/geschiedenen sorgeberechtigten Mütter Unterhaltszahlungen von den Vätern (vgl. *Hochwald* 1979: 42). Die Wohlfahrtsmutter agiert in keiner Weise deviant. Sie bleibt Hausfrau und Mutter vor wie nach der Auflösung der Ehe. Sie hat diese Rolle zumeist tief verinnerlicht und versucht keineswegs, gesellschaftlich herrschende Normen zu durchbrechen. Diese Frauen wurden bedürftig durch das Handeln anderer und benutzten die materiellen Hilfeleistungen zum Zwecke der fortgeführten Erfüllung ihrer traditionellen weiblichen Rolle.

Eine verbreitete Theorie über abweichendes Verhalten, der Labeling-Ansatz geht von der Annahme aus, daß ein Stigmatisierungsprozeß einsetzt, sobald die alleinstehende Mutter Sozialhilfe bezieht. Vermieter und Arbeitgeber diskriminieren sie, soziale Barrieren in der zwischenmenschlichen Kommunikation und im Wohnbereich werden errichtet. Dies ist sicherlich so, aber es erklärt nichts. Der Grund der Stigmatisierung liegt in der Rollenabweichung der Mutter ohne Ehemann. Aber sie selbst hat diese Rollendevianz zumeist weder verursacht noch will sie sie leben: »Sie wurde verlassen und ist deshalb arm. Es wird und kann wenig getan werden, den Ehemann zu ermuntern, für ihren Unterhalt und den ihrer Kinder aufzukommen . . . Seit es das Problem gibt, fordert die Gesellschaft, daß der Staat die Rolle des Ersatzvaters spielt, damit die alleinstehende Mutter die geltenden Normen nicht verletzt, indem sie die Familie wegen Berufstätigkeit verläßt« (*Newton* 1976: 19).

In Wirklichkeit wird also die Wohlfahrtsmutter einer widersprüchlichen Situation ausgesetzt. Die Gesellschaft verwehrt ihr Zugang zu vielen ökonomischen und nichtökonomischen Ressourcen, die Vorbedingung für ihre Unabhängigkeit von staatlicher Fürsorge wären und bindet sie an ihre Mutterrolle, die sie aufgrund der marginalen Unterstützung kaum erfüllen kann. Gleichzeitig stigmatisiert sie den defizitären Charakter der Mutter und ihrer Restfamilie.

3.4.2. Lebenslage der Wohlfahrtsmütter als Klientinnen – Ziele und Funktion der Sozialpolitik

Wir wollen hier genauer untersuchen, auf welche Weise und inwiefern die Sozialarbeit viele ihrer wesentlichen Funktionen, z. B. Kontrolle und Sanktionierung des Klientels hinsichtlich der Wohlfahrtsmütter sexistisch ausübt; gleichzeitig aber eine ansonsten ebensowichtige Zielsetzung, die Zurichtung des Klientels zur Lohnarbeit, im Falle der Wohlfahrtsmütter hintertreibt. Das letztere ist auch der Realität des Arbeitsmarktes geschuldet, denn in den hier untersuchten Ländern Kanada und USA besteht verglichen mit der BRD seit langem eine relativ hohe Arbeitslosigkeit. Die dort geltenden Unterstützungsprogramme haben oft Frauen aus der Konkurrenz mit den Männern um die insgesamt zu knappen Arbeitsplätze herausgehalten. Wir dürfen für die BRD bei zunehmend höherer und langfristigerer Arbeitslosigkeit eine ähnliche, die traditionelle Frauenrolle in den fürsorgeunterstützten muttergeführten Familien verewigende Sozialpolitik erwarten. Andererseits zeigen sich jedoch auch Tendenzen, sie als weibliche Lohnarbeiter dem Arbeitsmarkt zu geringsten Löhnen gefügig zu machen.

Wie haben sich die staatlichen Wohlfahrtsmaßnahmen für alleinstehende Mütter und ihre Kinder entwickelt? Ursprünglich bestand die Zielgruppe der in den USA 1911 eingeführten Mutterrenten in Witwen mit abhängigen Kindern. Eine Art monatliche Rente sollte es der Witwe ermöglichen, ihre Familie zu ernähren und zusammenzuhalten. Durch den Einbruch der Weltwirtschaftskrise waren die USA gezwungen, endlich eine umfassende staatliche Sozialpolitik zu errichten. Im Social Security Act von 1935 wurden bestimmten Gruppen besonders bedürftiger Menschen, vor allem die Alten, Blinden und abhängigen Kinder in vaterlosen Familien, deren Mütter auch damals überwiegend noch Witwen waren, durch Wohlfahrtsprogramme unterstützt. Das Programm für die letztere Gruppe hieß »Aid for Dependant Children« (ADC-Hilfe für minderjährige Kinder) und später (bis heute) »Aid to Families with Dependant Children« (AFDC-Hilfe für Familien mit minderjährigen Kindern) [1]. Kinder mit arbeitsfähigen Vätern, auch wenn diese kein oder ein nur sehr geringes Einkommen hatten, waren vom AFDC ausgeschlossen. Ein armes Kind war also materiell besser gestellt ohne Vater, und tatsächlich liegt hier einer der Gründe für eine Familie, muttergeführt zu werden, um in den Genuß der

1 Das AFDC-Programm ist ausführlich auf deutsch von *Leibfried* 1977, insb. S. 20–36 beschrieben.

AFDC zu gelangen. AFDC zerstört also Familien, um dann die Restfamilie materiell zu unterstützen.
Erklärlich ist dieser Widersinn nur, wenn man sich auf die traditionelle wesentliche Funktion öffentlicher Wohlfahrt zurückbesinnt. Diese gestaltet die Bedingungen, Förderungshöhen und Vollzugsprozeduren der Fürsorge so, daß sie eine Lebenshaltung knapp unterhalb der der arbeitenden Armen erlaubt und damit den Anreiz der »Selbsthilfe« in Form der Lohnabhängigkeit immer bestehen bleibt. Das AFDC muß daher alles vermeiden, was beide Elternteile veranlassen könnte, sich nicht mehr als billige Arbeitskraft zu verkaufen. Deshalb gibt es keine Förderung, solange die Wohlfahrtsmutter irgendein männliches Wesen (Ehegatte, Vater ihrer Kinder oder Bekannter) auch nur zeitweise in ihrer Wohnung hat (sogenannte »man-in-the-house-rule«. Dem entspricht für die BRD § 112 BSHG: eheähnliche Gemeinschaft). Die Höhe der Förderung liegt immer (wenn auch regional variierend) unter dem gesetzlichen Mindestlohn. Insgesamt scheint das AFDC-Programm ein verwirrendes Nebeneinander von Zielsetzungen gehabt zu haben: einerseits Unterstützung alleinstehender Mütter zur Stabilisierung der Restfamilie und billigste Sozialisation der Kinder, andererseits Druck zu zyklisch bestimmter Billiglohnarbeit durch geringe Unterstützungshöhe und die Art der Unterstützungskriterien.
In welcher Lebenslage befinden sich Wohlfahrtsmütter mit ihren Kindern heute? Sie sind in fast allen Lebensbereichen in besonderem Maße diskriminiert. Gleichzeitig begegnen sie einer Reihe typischer Vorurteile: Wohlfahrtsmütter (wie andere Fürsorgeempfänger auch) wollen nicht arbeiten, um für ihren eigenen Lebensunterhalt aufzukommen. Eine solche Ansicht behauptet vorab, daß Hausarbeit und Kindererziehung alleinstehender Mütter keine Arbeit darstellen. Ca. 1/5 aller Wohlfahrtsmütter in den USA ist vollzeitlich beschäftigt, aber 1/3 sind als arbeitslos registriert. Sie wollen arbeiten, finden aber keine Beschäftigung. Wegen der geringen Schul- und Berufsausbildung der meisten Wohlfahrtsmütter verdienen diese kaum den (in USA und Kanada geltenden) gesetzlichen Mindestlohn – sowenig, daß sie weiterhin wohlfahrtsbedürftig bleiben.
Ein anderes Vorurteil behauptet, Wohlfahrtsmütter stürzten sich durch unverantwortlich viele Kinder – und dazu noch uneheliche – in die Armut. Aber die durchschnittliche Kinderzahl aller Wohlfahrtsmütter fiel 1971 in den USA auf 2,7; dies liegt wenig höher als der nationale Durchschnitt aller Familien von 2,4 (*Milwaukee County Welfare Rights Organization* 1972/73). 30 % der Wohlfahrtsmütter haben uneheliche Kinder, aber zwischen 1964 – 1968 wurden in den USA insgesamt genausoviele Kinder illegitim gezeugt. Zur Zeit der Geburt ihrer Kinder hatten jedoch 2/3 der

Mütter heiraten oder abtreiben können, was beides der Wohlfahrtsmutter schlechter möglich ist. Der meist arme Vater ihrer Kinder wird durch die AFDC-Gesetze regelrecht aus dem Haus und einer evtl. Heirat hinausgetrieben, da er selbst die Familie nicht unterhalten kann, die Wohlfahrtsbehörde aber nur zahlt, wenn er die Familie verlassen hat. Die Sozialarbeit interveniert auf sexistische Weise in das Leben der Wohlfahrtsmütter. »Sozialhilfe ist einer der Versuche unserer Gesellschaft, die traditionelle Rolle der Frauen als Mütter, Sozialisationsagenturen und Hausfrauen zu erhalten« (*Glassman* 1970: 120). Solange Frauenarbeit niedriger entlohnt, weniger qualifiziert, sporadischer und generell als zusätzliches Familieneinkommen angesehen, also insgesamt unter ihrem Wert bezahlt wird, und gleichzeitig soziale Einrichtungen wie Kindergärten fehlen, um eine vollzeitliche Berufstätigkeit der alleinstehenden Mutter zu ermöglichen, gibt es für diese faktisch keine Möglichkeit, ökonomisch unabhängig zu sein und gleichzeitig die Mutterrolle zu erfüllen. Also übernahm der Staat die Rolle des Familienernährers (und das nicht nur in finanzieller Hinsicht), um der alleinstehenden Mutter die Erfüllung ihrer traditionellen Pflichten zu ermöglichen. Das Sozialamt führt sich tatsächlich wie ein autoritärer Ehegatte auf. Der Status der Wohlfahrtsmutter ist in extremster Weise der einer abhängigen, fremdbestimmten Hausfrau: Sozialarbeiter können jederzeit unangemeldet ihre Wohnung inspizieren, Werturteile über ihre Erziehungsmethoden, Haushaltsführung, Sauberkeit und Ordnung, Ausgabengebaren und Sexualleben abgeben und in den Fallakten festhalten. Die Wohlfahrtsmutter verliert die Kontrolle über ihr Leben. Die Sozialbürokratie droht mit der Heimeinweisung ihrer Kinder und der Kürzung ihrer Wohlfahrtsunterstützung. Die meisten finanziellen Transaktionen sind ihr entzogen. Das Sozialamt zahlt (aber kontrolliert auch) Ärzte, Medikamente, tritt dem Vermieter gegenüber auf, verteilt (in den USA) Lebensmittelmarken an die Wohlfahrtsmutter, die diese nur in bestimmten Läden nur für Grundnahrungsmittel eintauschen kann; ihre Kinder erhalten als Sonderprogramm freies Mittagessen in der Schule. Natürlich soll es diese Leistungen geben, aber die Entmündigung und der Stigmatisierungseffekt für die Wohlfahrtsmutter sind erheblich, weil sie diese Dienste nicht selber kaufen kann, sondern die Wohlfahrtsbehörde an ihrer Stelle und damit für ihr soziales Umfeld sichtbar handelt.

Auch in der Bundesrepublik tritt die Sozialarbeit armen Frauen als Schnüffelinstanz gegenüber, die die Klientinnen auf die traditionelle Hausfrauenrolle festlegen will. »Äußerungen der Mitarbeiter der Städtischen Ämter über die Beziehungen der Frauen zu einem Mann und das Verhalten der Sozialarbeiterin gegenüber den Frauen lassen durchaus auf die Durchsetzung der Familienideologie schließen . . . Der Mann wird als Versorger vereinnahmt: Lebt die Frau mit einem Mann zusammen, wird davon ausgegangen, daß er zum gemeinsamen Lebensunterhalt beiträgt und der Frau ein entsprechender Betrag von der Sozialhilfe abgezogen werden kann« (*Stoltenberg* 1979: 171). Die Verfasserin schildert, wie die Sozialarbeiterin bei ihren Hausbesuchen die Elternpflichten kontrolliert und dabei gleichzeitig konkurrierende Anforderungen an die Mutter richtet: »Gehe ich arbeiten, habe ich das Jugendamt auf dem Hals, gehe ich nicht arbeiten, habe ich das Sozialamt auf dem Hals – so die sinngemäß wiedergegebene Kommentierung einer der Betroffenen« (*Stoltenberg* 1979: 187). Das Sozialamt prüft »wirtschaftliches Verhalten« der Hausfrau, die Sozialarbeiterin das »gepflegte Äußere« von Frau und Kindern und die Wohnungsbaugesellschaft moniert »Ordnung und Sauberkeit«.

Betrachten wir kurz die Situation der Männer der Wohlfahrtsmütter. Wie bereits erwähnt, greifen die Unterhaltsgesetze dermaßen schlecht, daß nur ein geringer Teil der Väter, die ihre Familie verlassen, Unterhalt zahlen. »Um den Sexismus im Wohlfahrtssystem zu erforschen, muß man einige provokative Fragen stellen. Ist es möglich, daß die Befreiung von den Geschlechtsrollen in den letzten Jahren nicht unter den Frauen stattfand, die von der Mutterschaft emanzipiert wurden, sondern bei den Männern, die von der Vaterschaft befreit wurden?« (*Edington* 1974: 152).

Die ganze sexistische Doppelmoral der Gesellschaft offenbart sich am Beispiel der Wohlfahrtsmütter. Unverheiratete Mütter in den USA müssen selbst Vaterschaftsklage gegen die Väter ihrer Kinder vor Gericht führen, bevor sie unterstützungsberechtigt sind. Sie haben allein die gesamte Verantwortung der Schwangerschaft und Kinder zu tragen, aber sie dürfen nicht über ihren Körper bestimmen. Abtreibungen sind zumeist immer noch illegal; eine Mutter kann sich ohne Einwilligung ihres Mannes nicht sterilisieren lassen. Nach den geltenden Wohlfahrtsgesetzen bilden Wohlfahrtsmütter, die mit Männern zusammenleben eine Familie, gleichgültig, ob es sich um Ehemann, Vater der Kinder oder Freund handelt. Dieser Mann muß die Familie unterstützen, er muß die Rolle des Gatten und Ernährers übernehmen. Sozialhilfe wird nicht gewährt. Die Wohlfahrtsmutter wird also wiederum in die traditionelle Familienform gepreßt, eine Form, die für sie gerade zerbrochen ist; jede normabweichende gemeinschaftliche Lebensform ist negativ sanktioniert. Die Wohlfahrtsmutter bleibt entweder allein und abhängig vom Sozialamt, oder sie begibt sich erneut in die Abhängigkeit der Ehe. Mögliche männliche Partner für Wohlfahrtsmütter sind selbst zumeist finanziell schlecht gestellt und können es sich nicht leisten, wegen ihrer Freundschaft zu einer Frau diese

und ihre Kinder zu unterhalten. Wohlfahrtsmütter werden so in menschliche Isolierung oder reine Versorgungsehen gezwungen.
Versuchen wir ein Zwischenresumé über Funktion und Ziel der Sozialpolitik gegenüber der Klientengruppe der muttergeführten Familien zu ziehen, indem wir noch einmal das Nebeneinander der Maßnahmen einerseits als Mittel zur Fixierung der Wohlfahrtsmutter an ihre traditionelle Mutterrolle, andererseits als Mittel zur Verlohnarbeiterung dieser Frauen betrachten. Auf der einen Seite haben wir gesehen, daß tatsächlich nur ein geringer Teil der Wohlfahrtsmütter arbeitet, daß die Wohlfahrtsgesetze selbst wenig Anreiz zur Berufstätigkeit geben, daß die Praxis der Sozialarbeit primär die Einhaltung der Frau- und Mutterrolle sanktioniert, und daß flankierenden Maßnahmen zur Arbeitsaufnahme der Wohlfahrtsmutter verweigert werden (Kindergarten, Ausbildungshilfen).
Wir wollen jedoch noch einmal ausführen, auf welche Weise die Programme zur Aufrechterhaltung der Lohnarbeiterdisziplin der arbeitenden Armutsbevölkerung und zur zyklischen Bereitstellung von billiger Frauenarbeitskraft dienen. Geschichtlich gesehen ist es immer die Doppelaufgabe der Sozialarbeit gewesen, Ausbruch von sozialem Protest und Zusammenbruch der Arbeitsethik bei den Klienten zu verhindern: »Überdies geht mit der Aushöhlung der Arbeitsrolle die Auflösung der Familienbeziehungen einher« (*Piven/Cloward* 1977: 400). Die Wohlfahrtsmütter sind also oftmals Resultat des Zusammenbruchs männlicher Lohnarbeitsdisziplin und verkörpern deren negative soziale Folgeerscheinung: den Zerfall der Institution Familie. Als wichtigstes Mittel zum Arbeitszwang ist die bereits erwähnte »man-in-the-house-rule« zu nennen, wonach AFDC-Zahlungen einzustellen sind, wenn die Wohlfahrtsmutter mit einem Mann zusammenlebt. In moralisierende Begründungen gekleidet, hat diese Regel doch vor allem den ökonomischen Zweck, arbeitsfähige Männer nicht in den teilweisen Genuß der an die alleinstehende Mutter und ihre Kinder gezahlten Sozialhilfe kommen zu lassen, sondern sie zu eigener Arbeit zu zwingen. Das AFDC, von den Einzelstaaten durchgeführt, erfährt eine äußerst flexible Handhabung, die eine Anpassung an die jeweilige ökonomische Lage ermöglicht. Die Höhe der Fürsorgesätze variiert enorm. Im Süden sind sie niedrig, entsprechend den niedrigen Durchschnittslöhnen, im Norden dem Lohndurchschnitt entsprechend höher, immer aber unter der regionalen Armutsgrenze. Die mit der administrativen Durchführung der AFDC-Gesetze betreuten Institutionen der Sozialarbeit tun ihr Bestes, die Politik des Zwangs zur Niedriglohnarbeit in die Praxis umzusetzen. Unterstützungsberechtigte werden von Programmen ferngehalten, indem die Behörden eine restriktive Informationspolitik be-

treiben, sie in den Bewerbungsprozeduren entmutigen, oder den gesellschaftlich verbreiteten Widerwillen gegen Sozialhilfeempfänger benutzen. Immer wieder werden behördliche Kampagnen zur Erfassung von Sozialhilfeempfänger veranstaltet, die unrechtmäßig Leistungen beziehen. Mit modernster Computertechnik, die jedem Gedanken an Datenschutz hohnspricht, wird z. B. in New York dem Mann im Hause der Wohlfahrtsmutter oder einem zu niedrig angegebenen Einkommen nachgespürt, oder den Bürgern besondere Postfächer oder Telefondienste zwecks kostenloser Denunziation von Sozialhilfeempfängern eingerichtet (vgl. *Clines* 1978: 48 ff).

Hier ist anzumerken, daß das öffentliche Wohlfahrtssystem in USA ganz allgemein wesentlich polizeiförmiger als in der BRD angelegt ist. Bevor man hieraus vorschnelle Schlüsse auf den vergleichsweise offenen Gewaltcharakter des amerikanischen Gesellschaftssystems zieht, gilt es zu bedenken: »Dank ihrer obrigkeitsstaatlichen Tradition hat die Bundesrepublik ein einheitliches Melderecht, ein einheitliches Ausweis- bzw. Kennkartenwesen u.s.f. All dies ist in den USA ansatzweise, wenn überhaupt vorhanden. Dort dienen beispielsweise Führerscheine als Ersatz für Personalausweise« (*Leibfried/Römmermann* 1978: 55). Hierzu kommt: »Der ‚offene Ausnahmezustand' im amerikanischen Sozialhilfesystem mag damit zusammenhängen, daß es viel eindeutiger als das deutsche als Nahtstelle zum Arbeitsmarkt fungiert. Es ist daher deutlich repressiv ... Ein Grund für diese enge Bindung an den Arbeitsmarkt ist wohl, daß die amerikanische Arbeitslosenversicherung weitaus weniger arbeitsmarktnahe Risiken auffängt als die deutsche. Gerade die gravierenden Risiken, die in Deutschland von der Arbeitslosenhilfe absorbiert werden, sind in den USA der Sozialhilfe zugespielt. Dadurch wird ihre Polizeifunktion klar betont« (*Leibfried* 1977: 43).

Die o. g. Praktiken und Gesetze sollen auf mögliche Sozialhilfeempfänger eine abschreckende Wirkung haben. »Um schwache Marktkontrollen zu verstärken und die Verfügbarkeit billiger Arbeitskraft zu gewährleisten, verwandelt das Fürsorgesystem die bedürftigen Unterstützungsempfänger in eine Klasse der Ausgestoßenen ohne produktiven Wert (Frauen/Mütter sind klassische Beispiele für die Definition von »unproduktiv« – d.V.), die nicht auf Gleichgültigkeit, sondern auf Verachtung treffen. Ihre entwürdigende Behandlung durch die Wohlfahrtsbehörden dient der Verherrlichung des Arbeitsethos und schreckt tatsächliche oder potentielle Erwerbstätige davon ab, Unterstützung zu beantragen« (*Piven/Cloward* 1977: 230). Die Strategie ist weithin erfolgreich. Die meisten Wohlfahrtsmütter haben ein negatives Selbstbild ihrer Lage verinnerlicht.

3.4.3. Widerstandsformen der Betroffenen

Es gibt in der Bundesrepublik bisher keine Anzeichen, daß die schweigende Mehrheit der Sozialhilfeempfänger, die Frauen sind, sich gegen die geschilderten Diskriminierungen zu wehren beginnen. Daß die Gruppe jedoch durchaus in der Lage wäre, sich organisiert für ihre Interessen einzusetzen, zeigen Beispiele aus den USA und Kanada, die hier kurz beschrieben werden sollen. Welche Organisations- und Aktionsformen und welche Forderungen haben dort die Wohlfahrtsmütter entwickelt?

»Während der letzten Jahre haben wir bei einigen Gruppen weiblicher Niedrigsteinkommensbezieher einen militanten Geist sich entwickeln sehen. Es gibt heute 215 Organisationen der Armen in Kanada, . . . von denen viele von Frauen geführt werden« (Report of the Royal Commission on the Status of Women 1970: 316). Es gibt diese Gruppen in jeder größeren Stadt. Wohlfahrtsmütter organisieren Stadtteilarbeit, errichten Kinderläden, bilden Mieterbünde u. ä.

In Kanadas einwohnerreichsten Stadt Toronto wurde 1975 die »Mother-Led Union« (MLU) gegründet, die heute noch besteht. Dieser Verein ist ein Beispiel für eine militante Gruppe von ausschließlich Wohlfahrtsmüttern, die sich zunächst als eine Interessengemeinschaft von Mieterinnen in Sozialwohnungen zusammenfand. In ihrer Grundsatzerklärung heißt es: »Aus dem Fenster starrend, in Schlafzimmern die Augen ausweinend, auf den nächsten Mann wartend, der vorbeikommt und uns aus unserem Elend heraushebt . . . so wollen sie uns haben – hilflos auf dem Rücken liegend und voller Angst, uns zu wehren. Solange wir unseren Problemen vereinzelt gegenüberstanden, endeten wir in überhöhtem Pillenkonsum, in der Klapsmühle, im Krankenhaus, im Gefängnis – aber wir sind mehr als 100.000 alleinstehende Mütter, die Sozialhilfe beziehen, und wir werden immer wütender auf die Bürokraten, die nicht zuhören, Ärzte, die nicht heilen können. ‚Führer', denen wir egal sind. Wir haben die Nase voll. Wir wissen, was wir wollen« (zit. nach *Barr* 1975, Anhang A, Flugschrift der MLU). Folgende Forderungen wurden aufgestellt: »Wir fordern für alle Frauen: ein staatlich garantiertes Mindesteinkommen – damit wir und unsere Kinder menschenwürdig leben können. Weg mit der Unterscheidung in Arbeitende und Nichtarbeitende. Die MLU fordert für Sozialhilfe beziehende Frauen:

1. Gleichstellung mit Adoptiv- und Pflegeeltern – wir Mütter fordern genausoviel Geld, wie der Staat den Pflegeeltern gibt;
2. Höhere Zuverdienstmöglichkeiten – keine Höchstgrenze für Verdienste aus zweiter Tätigkeit außerhalb des Hauses;

3. Freie Kindergärtenplätze für alle – damit wir und unsere Kinder das Leben genießen können, statt ums Überleben zu kämpfen«

(zit. nach *Romo-Roman* 1977: 21). Der einzige politische Druck, den die MLU ausüben konnte, bestand in einer Art Streiktaktik: zeitweilige Verweigerung der (unentgoltenen) Kinderaufzuchtsarbeit, indem die Wohlfahrtsmütter ihre kleinen Kinder mangels Kindergärten auf den Stufen der Provinzregierung deponierten. Statt der Erfüllung ihrer Forderungen erhielten sie eine 30%ige Erhöhung ihrer Fürsorgesätze, die jedoch nicht an den inflationär steigenden Index der Lebenshaltungskosten gekoppelt war.

In den USA bildete sich 1967 die National Welfare Right Organization (NWRO), die ebenfalls heute noch besteht. Die Mitglieder sind zu 99% Frauen – Wohlfahrtsmütter – und stellen einen Zusammenschluß zahlloser Grüppchen dar. 1969 hatte die NWRO 100.000 beitragszahlende Mitglieder in über 350 Ortsvereinen verstreut über die USA. Die Organisation war äußerst aktiv. 1968 führte *Coretta King*, die Frau von Martin Luther King, 5000 demonstrierende Wohlfahrtsmütter am Muttertag durch die brennenden Gettos von Washington. 1969 besetzten 1000 Wohlfahrtsmütter und Studentinnen das Provinzparlament des Bundesstaats Wisconsin, um gegen Kürzungen im Sozialetat zu protestieren. Die NWRO entwickelte sich zu einer regelrechten Gewerkschaft. Ihre Mitglieder waren ausschließlich Wohlfahrtsmütter, die bereits Sozialhilfe bezogen, die Bemühungen der NWRO-Funktionärinnen mußten also auf ständige Verbesserung der staatlichen Fürsorgesätze gerichtet sein und nicht etwa darauf, daß Wohlfahrtsmütter durch bessere Beschäftigungsmöglichkeiten und Kindergartenplätze aus der staatlichen Fürsorge aussteigen konnten. *Piven/Cloward* vertreten die These, daß die Aktivitäten der NWRO, die vor allem darin bestanden, arme Familien durch Information, Rechtsberatung und direkte Aktionen gegenüber den Wohlfahrtsbehörden zu den ihnen zustehenden Unterstützungszahlungen zu verhelfen, wesentliche Ursache für die »Wohlfahrtsexplosion« Ende der 60er Jahre waren. Damit hat die organisierte Kraft der Wohlfahrtsmütter die sozialpolitische Landschaft in den USA nachhaltig verändert.

Schlußbemerkung

Sexismus in der sozialen Arbeit – ein gemeinsames Band der Unterdrückung zwischen Sozialarbeiterinnen und Klientinnen?

Wir haben beispielhaft an 2 Gruppen von Klientinnen deren sexistisch bedingte Benachteiligungen aufgezeigt. Es böten sich weitere an. So z. B. die Lage der Frauen in Therapie- und Beratungsinstitutionen. Diese werden überwiegend von Klientinnen besucht. Es ließe sich zeigen, wie stark geschlechtsspezifisch die herrschende Definition von seelischer Krankheit/Gesundheit ist, und in wie starkem Maße in den Methoden der Ehe- und Familienberatung und der therapeutischen Behandlung die Geschlechtsrollenklischees der Berufsausübenden (Ärzte, Psychologen, Sozialarbeiter) einfließen. Hierzu liegt jedoch inzwischen reichliches, auch deutsches Material vor (vgl. *Chesler*, o. J., *Mander/Rush*, Frauentherapie 1977 oder die Arbeit der Frauentherapiezentren in Berlin und München).
Ein anderes Beispiel wäre die Situation von Mädchen in der Jugendarbeit/Jugendbildungsarbeit: sie sind als Adressaten gar nicht vorgesehen. Jugendarbeit ist Jungenarbeit. Die Sozialarbeit hat keinerlei Begriff von den besonderen Problemen der Mädchen, die in Jugendzentren oder in Jugendfreizeitheimen zumeist als Anhängsel ihrer Freunde auftauchen. Erst feministisch orientierte Sozialarbeiterinnen haben jüngst den Versuch gemacht, Mädchengruppen oft gegen den aggressiven Widerstand der männlichen Besucher und das oft mitleidige Lächeln der männlichen Kollegen aufzubauen (vgl. z. B. *M. Savier/C. Wildt* 1978, *A. Jödicke* 1975 und Berichte in: Informationsdienst Sozialarbeit, H. 23, 1979). Aus dieser Arbeit berichten die Sozialarbeiterinnen, daß sie in den Lebensäußerungen, den Beziehungsproblemen und den pubertären Konflikten der Mädchen oftmals ihre eigene Mädchensozialisation wiedererkennen. Es stellt sich so eine Nähe aus gemeinsamer Erfahrung her und die Möglichkeit einer solidarischen Beziehung zwischen Klientin und Sozialarbeiterin.
Und damit tritt die Ambivalenz der untersuchten Thematik insgesamt zutage. Einerseits haben wir gezeigt, wie die beruflich diskriminierten Sozialarbeiterinnen, die die große Mehrheit der in der Sozialarbeit Tätigen darstellen, mit ihrer Arbeit den Klientinnen gegenüber die gesellschaftlich herrschenden, Frauen generell benachteiligenden Geschlechtsstereotypen durchsetzen, sich also in der widersprüchlichen Rolle als Unterdrückerin und zugleich Ausgebeutete befinden. Andererseits

drängt sich die Frage nach den potentiellen Möglichkeiten auf, die sich durch das Erkennen der gemeinsamen weiblich strukturierten Lebensperspektiven für Sozialarbeiterinnen und Klientinnen ergeben könnten. »Die weiblichen Sozialarbeiterinnen sehen sich noch zu sehr als nichtbetroffen von den Problemen, unter denen ihr meist weibliches Klientel leidet und an denen es gescheitert ist. Dabei stellen sie eine der wenigen Berufsgruppen dar, die einer ganz ähnlichen Unterdrückung ausgesetzt sind, wie die von ihr Betreuten« (*Kickbusch* 1978 b: 266). Aber die Einsicht wächst. Wir haben im Kapitel 2.3.3. beschrieben, daß feministische Sozialarbeiterinnen die Erkenntnis, daß sie mit ihren Klientinnen durch die gleiche Frauenerfahrung der Machtlosigkeit und Abhängigkeit verbunden sind, zu einer solidarischen Hilfe zu wenden versuchen. Eine Möglichkeit dazu wäre, die professionalisierten Berufsqualifikationen zu entzaubern, z.B. als Vorschulerzieherin den Müttern als Privaterzieherinnen gegenüber, Konkurrenz- und Unterlegenheitsgefühle könnten so abgebaut werden. Oder radikaler: »Die Aneignung von Fähigkeiten könnte damit beginnen, daß wir (Sozialarbeiterinnen – d.V.) es unterlassen können, sie auszuüben. Das Ende der zwanghaften, automatenhaften Einfühlung ist auch das Ende der Abhängigkeit von den kontrollierten Objekten« (Sozialarbeiterinnen 1978: 31).

Die Aufarbeitung des eigenen weiblichen Lebenszusammenhangs durch die Sozialarbeiterinnen muß hiermit einhergehen. »Wenn wir als Frauen anfangen, ein neues Selbstwertgefühl zu entwickeln . . . wenn wir die dominierenden Konkurrenzfaktoren abzulehnen beginnen und Macht als gegenseitige Kooperation respektieren und in manchen Fällen als Liebe zu sehen, dann wandelt sich unsere Sichtweise der Wohlfahrtsmutter. Sie ist dann nicht länger ein Grund, peinlich berührt zu sein. Wir sehen ihre Armut nicht länger als ihren Fehler oder ihr eigenes Versagen. Als Frauen merken wir, daß, wenn wir uns zusammentun und unsere Erfahrungen vergleichen, die Gemeinsamkeit unserer Probleme sichtbar wird« (*Brown* 1976: 17).

Die Entscheidung, ob es zu einem solchen Bündnis zwischen Klientin und Sozialarbeiterin kommen kann, hängt wiederum von dem Doppelcharakter der Sozialarbeit als Beziehungsarbeit und der Helfermotivation ab. Wenn es richtig ist, daß Beziehungsarbeit (auch als bezahlte Dienstleistung) sich nicht völlig instrumentalisieren läßt, daß Sozialarbeit gerade durch ihre Widersprüchlichkeit (Kontrollfunktion und Gebrauchswertversprechen) gekennzeichnet ist, dann bieten sich Ansätze zur Veränderung. Wenn die Berufsmotivation vor allem der weiblichen Sozialarbeiter die Hilfeleistung für das Klientel ist, dann gilt es, dieses diffuse Liebesangebot in eine bewußte Solidarisierung zu überführen. Aber die Perspektive der Solidarisierung und des Bündnisses zwischen Sozialarbeiterin und Klientin über die Einsicht in das gemeinsame Band der Unterdrückung durch die gesellschaftlich definierte Geschlechtsrolle trifft in der Realität auf enorme Schwierigkeiten. Denn würde sich nicht der engagierte Kampf der Sozialarbeiterinnen gegen ihre beruflichen Diskriminierungen und der ökonomischen Funktionalisierung des weiblichen Arbeitsvermögens gegen die Klientinnen richten? Dies ist zwar der typische Appell der Leitungen der sozialen Dienste und auch der öffentlichen Meinung (»Arbeitskämpfe nicht auf dem Rücken der sozial Schwachen erkämpfen!«) an die zur organisierten Verweigerung entschlossenen Beziehungsarbeiterinnen, aber man/frau kann ihn nicht deshalb (da er von eindeutig interessierter Seite kommt) unbeachtet lassen. Hier ist ein realer Widerspruch vorhanden. So, wie die berechtigte Forderung nach Einschränkung der Überstunden der Freizeitheimmitarbeiter für die Jugendlichen bedeutet, daß die Heime am Wochenende geschlossen bleiben, wenn sie das größte subjektive Bedürfnis nach ihrer Öffnung haben, genauso würden Verweigerung und Streik immer auch auf Kosten der Klientinnen gehen. »Aber wir (feministischen Sozialarbeiterinnen – d.V.) werden nicht darum herumkommen, Kinder, Schwächere und auch Klientinnen, die doch Frauen sind, zu verletzen und alleine zu lassen, wir dürfen der Erfahrung nicht ausweichen, gehaßt und verlassen zu werden . . .« (Sozialarbeiterinnen Frankfurt 1979: 12). Schwesterliche Hilfe aus dem Gemeinsamkeitsgefühl mit der Klientin, weich bleiben bei der materiellen Interessenvertretung, d. h., insgesamt weiblich bleiben, das ist ein fast zwangsläufiger Kreis von Auswirkungen, der gegen emanzipatorische berufspolitische Ansprüche wirkt.

Auch die Wirklichkeit feministischer Projekte im Bereich der Sozialarbeit zeigt solche Schwierigkeiten auf. In den Frauenzentren und Häusern für geschlagene Frauen zeigt sich, »daß Selbstausbeutung und Abhängigmachen als Mechanismen der Versorgungsmacht in diesen selbstbestimmten feministischen Projekten in uns selbst unbewußt voll wirksam sind« (Sozialarbeiterinnen Frankfurt 1979: 13). Die betreuenden Frauen dort verschließen sich nach einiger Zeit, fühlen sich erschöpft und emotional ausgebeutet, ohne daß hier als Begründung Lohnarbeitergleichgültigkeit, Staatskontrolle, Berufshierarchie und männliche Vorgesetzte angeführt werden könnten. Man/frau kann sehen, daß bisher noch kein neues persönliches und berufliches Selbstverständnis von Sozialarbeiterinnen gewonnen worden ist, das ihre dauernde Aufopferung als »hilflose Helferinnen« beenden könnte.

Literaturverzeichnis

Benutzte Abkürzungen für Zeitschriften:
- Am. J. of Soc. = American Journal of Sociology
- Council on Soc. W. Ed. = Council on Social Work Education
- Crim. Just. and Behav. = Criminal Justice and Behaviour
- Int. J. of Crim. and Penology = International Journal of Criminology and Penology
- J. of Ed. for Soc. W. = Journal of Education for Social Work
- J. of Marriage and the Fam. = Journal of Marriage and the Family
- J. of Soc. and Soc. Welfare = Journal of Sociology and Social Welfare
- J. of Soc. issues = Journal of Social Issues
- Signs = Signs, Journal of Women in Culture and Society

Adams, Margaret, The Compassion Trap, in: *Gormick, Vivian*, and *Moran, Barbara*, Women in Sexist Society, New York 1971, S. 401–415

Adler, Freda, Sisters in Crime: The Rise of the New Female Criminal, New York 1975

Ahlheim, u. a., Gefesselte Jugend – Fürsorgeerziehung im Kapitalismus, Hamburg 1971

Almquist, Elizabeth M., Women in the Labor Force – Review Essay, in: Signs 2,4/Sommer 1977, S. 843–855.

American Bar Association (National Offender Servises Coordination Program), Female Offenders: Problems and Programs, Washington 1976.

Anderson, Etta A., The Chivalrous Treatment of Female Offenders in the Arms of the Criminal Justice System: A Review of the Literature, in: Social Problems 23/Feb. 1976. S, 250–355.

Armstrong, Gail, Females under the Law – Protected but Unequal, in: Crime and Delinquency 23,2/April 1977, S. 109–121.

Barr, Gayle, Women on Welfare, unveröff. Manuskript, Carelton University, Ottawa, 1975.

Bart, Pauline B., Sexism in Social Science, J. of Marriage and the Fam. 33,4/November 1971, S. 734–754.

Beck-Gernsheim, Der geschlechtsspezifische Arbeitsmarkt: Zur Lage der Frauenberufe, Frankfurt 1976.

Beck-Gernsheim/Ostner, Frauen verändern – Berufe nicht? In: Soziale Welt, Jg. 29, Heft 3/1978, S. 257–287.

Belardi, Nando, Ich will ein Helfer werden, in: Sozialmagazin Dez. 1978, S. 30–44.

Bell, Winnifred, Aid to Dependent Children, New York 1965.
Bernard, Jesse, Women and the Public Interest, Chicago 1971.
Bertrand, N. A., Female Criminality and the Insignificance of Women, unveröff. Manuskript, Mai 1974.
Blitz, Rudolf C., Women in the Professions 1870–1970, in: Monthly Labor Review 5/Mai 1947, S. 34–39.
Boehm, Bernice, Curriculum Content pertaining to Women, hrsg. von Council of Social Work Education, New York 1974.
Bolin, Winnifred D. W., Feminism, Reform and Social Work, unveröff. Maunskript, Minnesota, 1973.
Bornemann, Ernest, Das Patriarchat, Frankfurt 1975.
Brager, George/Michael, John A., The Sex Distribution in Social Work, Causes and Consequences, in: Social Casework, 50,10/1969, S. 595–601.
Brandwein, Ruth A., u. a., Women and Children Last: The Social Situation of Divorced Mothers and their Families, unveröff. Manuskript, Boston o. J. (1974).
Brodsky, Ann M., Planning for the Female Offender, in: Crim. Just. and Behav. 1,4/Dez. 1974.
Brökling, Elsbeth, Gesellschaftliche Bedingungen und spezifische Ausprägungen weiblicher Kriminalität unter Berücksichtigung der gesellschaftlichen Stellung der Frau, Bielefeld 1976 (unveröff. Diplomarbeit).
Brooks, Sylvia, The Role of Women in Social Work, in: Social Work Today, (brit.) 3,9/27. Juli 1972.
Brown, R., Dual oppression – dual exploitation, in: Social Worker 1976.
Bujard, O./Lange, U., Armut im Alter, Weinheim 1978.
Cammaert, Lorna P. u. a., A Group Counseling Program for Women on Assistance, unveröff. Manuskript, University of Calgary, Alberta 1976.
Canadian National Council on Welfare, Income Supplementation and Minimal Income, Ottawa 1976.
Chafetz, Janet S., Women in Social Work, in: Social Work, Sept. 1972, S. 12–18.
Chambré, Susan M., Welfare, Work and Family Structure, in: Social Work 22,2/März 1977, S. 103–110.
Chesler, Phyllis, Frauen und Wahnsinn, Neue Presse Wien o. J. (1974).
Chesney-Lind, Meda, Judicial Enforcement of the Female Sex Role: The Family Court and the Female Delinquent, in: Issues in Criminology 8,2/Herbst 1973, S. 51–65.
dies., Judicial Paternalism and the Female Status Offender, in: Crime and Delinquency 23,2/April 1977, S. 121–131.

dies., Juvenile Delinquency: The Sexualization of Female Crime, in: Psychology Today, Juli 1974, S. 43–46.

Chilman, Catherine S., Families and Poverty in the Early 1970's: Rates, Associated Factors, Some Implications, in: J. of Marriage and the Fam., Feb. 1975, S. 49–60.

Clines, Francis X., Wir erwarten 500 Treffer, in: Päd. extra Sozialarbeit 7/8 1978, S. 48/49.

Condry, John/Dyer, Sharon, Fear of Success: Attribution of Cause to the Victim, in: J. of Soc. Issues 32,3/1976, S. 63–83.

Cowie/Slater, Delinquency in Girls, London, 1971.

Council on Soc. W. Ed., (Hg.), Statistics on Graduate Social Work Education in the USA, New York 1972, 1976.

dass. Attitudes and Activities Pertaining to Women in Social Work Education Programs, New York 1974.

Cutright, P., Comments on Change in the Number of Female Family Heads Age 15 to 44, USA 1940–70, in: J. of Marriage and the Fam. 36,4/1974, S. 714–721.

Davis, Marjorie/Reich, M., The Relationship Between Sexism and Capitalism, in: *Edwards, R.*, u. a., (Hg.) The Capitalist System, New Jersey 1972.

DeCrow, Karen, Sexist Justice, New York 1969.

Deming, Richard, Women, the New Criminals, New York/Nashville 1970.

Diangson, Pat, u. a., Sex Role Stereotyping in Social Work Education, in: J. of Ed. for Soc. W., 11,3/Herbst 1975, S. 44–49.

Dießenbach, Hartmut, Altruismus und helfende Berufe, in: Literarische Rundschau, 2.79, H. 2/1979 (Luchterhand), S. 8–17.

Döhring, B., »Weil ich endlich mal ohne das männliche Über-Ich politisch arbeiten wollte.«, in: Päd. extra 2/1978, S. 30–32.

Doormann, Lottemi, »Die sollten für meine Begriffe keine Kinder haben«, in: Päd. extra 2/1978, S. 22–24.

Dürkop, Marlies, Frauenkriminalität, in: Kritische Justiz 4/1978, S. 209–236.

dies., Frauen als Terroristen, in: Kritische Justiz 4/1978, S. 264–280.

Dürkop, Marlies/Hardtmann, Gertrud (Hg.), Frauen im Gefängnis, Frankfurt 1978.

Edington, Bonnie M., The Liberation of Welfare Mothers, in: J. of Soc. and Soc. Welfare 1,3/Frühjahr 1974, S. 135–156.

Einsele, Helga, Besonderheiten des weiblichen Strafvollzugs und weiblicher Kriminalität, in: Monatszeitschrift für Kriminologie 1968, S. 127–140.
dies., Frauenstrafvollzug z. B. in Frankfurt-Preungesheim, in: Kriminalsoziologische Bibliographie 7/1975b, S. 1–14.
dies., Weibliche Kriminalität und Frauenstrafvollzug, in: *Sieverts/Schneider* (Hg.), Handwörterbuch der Kriminologie, Bd. 3, 2. Auflage, Berlin-NY 1975.
Epstein, Cynthia F., Women's Place, Berkeley 1971.
dies., Encountering the Male Establishment, Sex-Status Limits on Women's Careers in the Professions, in: Am. J. of Soc. 75/1970, S. 965–991.
dies., Sex-Role Stereotyping, Occupations and Social Change, in: Women's Studies 3/1976, S. 185–194.
Erlich, Carol, The Male Sociologists Burden: the Place of Women in Marriage and Family Texts, in: J. of Marriage and the Fam. 33,3/Aug. 1971, S. 421–431.
Etzioni, Amatai, Semi-Professions and their Organizations, Glencoe 1969.
Fanshel, David, Status Differentials: Men and Women in Social Work, in: Social Work 21,6/Nov. 1976, S. 448–454.
Feminist Theory Collective, Comments on Szymanski, in: The Insurgent Sociologist 6,3/Frühjahr 1976, S. 35–39.
Ferber, M. A./Loeb, J. W., Performance, Rewards and Perceptions of Sex Discriminations amongst Male and Female Faculty, in: Am. J. of Soc. 78,4/Januar 1973, S. 995–1003.
Ferber, M. A./Lowry, H. M., Women: the New Reserve Army of the Unemployed, Signs 1,3/Frühjahr 1976, S. 213–233.
Finer, Sir Morris, Report of the Committee on the One Parent Family, House of Commons, London 1974.
Firestone, S., Frauenbefreiung und sexuelle Revolution, Frankfurt 1975.
Fodden, Seymour, Dependent Wives and the Requirement to Sue, in: Bulletin of Canadian Welfare Law 3/1974, S. 22–29.
Foggarty, M. P./Rapaport R. und *R.*, Sex, Career and Family, London 1971.
Frenzel, U., Noch mehr Arbeitslose, in: Sozialmagazin 1/1977, S. 50f.
Gelber, Sylvia, Social Work and the Status of Women, in: Social Worker (Kanada), Aug. 1973, S. 193–199.
Gipser, Dietlinde, Mädchenkriminalität, München 1975.
Glassman, Carol, Women and the Welfare System, in: *Morgan* (Hg.), Sisterhood is Powerful, 1970, S. 102–115.
Glueck, Sheldon, Five Hundred Delinquent Women, NY 1934.

Goessler-Leirer/Steiner, Kriminalität der Frau in Österreich, in: Bundeskanzleramt (Hg.), Bericht über die Situation der Frau in Österreich, Wien 1975.

Gold, D. B., Women and Volunteerism, in: *Gormick/Moran*, Women in Sexist Society, NY 1971, S. 533–554.

Gould, Ketayun H., Independent and interactional effects of ethnicity and sex on salary inequities in schools of social work, in: J. of Ed. for Soc. W. 14,2/*Winter* 1978, S. 52 – 59.

Gould, Ketayun H./Kim, Bok-Lim C., Salary Inequalities, in: J. of Ed. for Soc. W. 12,1/Winter 1976, S. 50–56.

Grabiner, Virginia/Cooper, L., Towards a Marxist Understanding of Sexism, in: The Insurgent Sociologist, Aug. 1973.

Grimm, James W./Stern, Robert N., Sex-Roles and Internal Labor Market Structures: The Female Semi-Professions, in: Social Problems 21/Jan. 1974, S. 690–750.

Gripton, James, Sexism in Social Work – Male Takeover of a Female Profession, in: Social Worker (Kanada), Sept. 1974, S. 78–89.

Hagemann-White, Carol, Familienerziehung – schichtspezifisch oder geschlechtsspezifisch? In: päd. extra v. 15. 2. 1977.

Hansen, Hans-Folker/Remmers, Helga, Zur Lage der Sozialarbeiterinnen und Sozialpädagoginnen in Bremen, Abschlußarbeit HfSS, Bremen 1978.

Hartmann, Heidi, Capitalism, Patriarchy and Job Segregation by Sex, in: Signs, 1,3 (Teil II), Frühjahr 1976, S. 137–174.

Hartmann, K., Theoretische und empirische Beiträge zur Verwahrlosungsforschung, Berlin 1970.

Heidemann, Winfried, Personalstruktur, Arbeitsmarkt und Personalbedarf bei sozialpädagogischen Fachkräften, in: GEW im Brennpunkt, Nov. 1978, S. 5–8.

Heidersohn, Frances, The Deviance of Women: a Critique and an Inquiery, in: British Journal of Sociology 19,2, S. 160–176.

Heidrich, Walter, Die Entwicklung der Ausbildung zum sozialen Beruf in Bremen, hektogr. Manuskript, Bremen 1974.

Helfer, I., Die tatsächlichen Berufsvollzüge der Sozialarbeiter, Daten und Einstellungen, Frankfurt 1971.

Herberg, D., A Study of Work Participation by Graduate Female Social Workers, in: J. of Ed. for Soc. W., 9,3/Herbst 1973, S. 16–23.

Hertz, Susan H., The Politics of the Welfare Mothers Movement: a Case Study, in: Signs 2,3/Frühjahr 1977, S. 600–611.

Hochschild, Arlie R., A Review of Sex-Role Research, in: Am. J. of Soc. 78,4/Jan. 1973, S. 1011–1029.

Hochwald, Astrid, Gruppenarbeit mit alleinstehenden Müttern und Ehefrauen, Offenbach 1979.

Hoffmann-Bustamante, Dale, The Nature of Female Criminology, in: Issues in Criminology 8,2/Herbst 1973, S. 117–135.

Horner, Martina S., Towards an Understanding of Achievement-Related Conflicts in Women, in: J. of. Soc. Issues 28,2/1972, S. 157–175.

dies., Sex Differences in Achievement Motivation and Performance, unveröff. PhD, Harvard University 1968.

Informationsdienst Sozialarbeit, Heft 23, Schwerpunktthema: Frauen und Sozialarbeit, Offenbach Juni 1979.

James, Selma, Sex, Race and Class, Falling Wall Press London 1975.

Janssen-Jurreit, Marie-Luise, Sexismus, München-Wien 1976.

Jehu, Derek, The Connotative Meaning of Social Work: a Semantic Differential Analysis, in: Social Work (brit.) v. 27. 1. 1970.

Jödiche, Almut, Arbeitermädchen im Jugendzentrum, Heft 2 der Arbeitsmaterialien Sozialarbeit/Sozialpädagogik, Offenbach 1975.

Kadushin, Alfred, Men in a Woman's Profession, in: Social Work 21,6/Nov. 1976, S. 440–447.

Kanowitz, Leo, Women and the Law: the Unfinished Revolution, NY 1969.

ders., Sex-Roles in Law and Society, Albuquerque 1973.

Kestenbaum, Sara F., Women's Liberation for the Female Offender, in: Social Casework 58,2/Feb. 1977, S. 77–84.

Kickbusch, Ilona, Weibliche Dienstleistungen: Was hat Hausarbeit mit Sozialarbeit zu tun? In: Beiträge zur 2. Sommeruniversität für Frauen, Berlin 1978 b, S. 259–267.

dies., Ilona, Sozialpolitik und weibliche Dienstleistungen, unveröff. paper, Febr. 1977.

Klein, Doris, Notes on the Center for the Study and Reduction of Violence, in: Pacific Niews Service, Aug. 1973 a.

dies., The Etiology of Female Crime: a Review of the Literature, in: Issues in Criminology 8,2/Febr. 1973, S. 3–29.

dies., Sexist Justice, in: Crime and Social Justice, Vol. 2, Fall/Winter 1974, S. 114–117.

Klein, Dorie/Kress, June, Any Woman's Blues: a Critical Overview of Women, Crime and the Criminal Justice System, in: Crime and Social Justice 5/Frühling-Sommer 1976, S. 34–49.

Koll-Bernardi, Ella, Die Rolle der Frau in der Entwicklung der sozialen Arbeit – gesellschaftliche Ursachen, berufliche und ehrenamtliche Dimensionen, in: Sozial (BSS-Zeitschrift) 27. Jg., Okt.-Dez. 1976, S.4–11.

Kravetz, Dianne, Sexism in a Woman's Profession, in: Social Work 21,6/Nov. 1976, S.421–427.

Krecker, Lothar, Frauen im Lehrerberuf – Aspekte der Feminisierung und Fluktuation, Schriftenreihe der Georg Michael Pfaff Gedächtnisstiftung, Bd.15, Kaiserslautern 1977.

Kriesberg, L., Mothers in Poverty: a Study of Fatherless Families, Chicago 1970.

Kreuz, Hendrik, Soziale Stellung und berufliches Rollenverständnis von Sozialarbeitern/Sozialpädagogen, in: *Kreutz/Landwehr* (Hg.), Studienführer für Sozialarbeit/Sozialpädagogik, Neuwied 1977, S. 23–44.

Kreutz/Landwehr (Hg.), Studienführer für Sozialarbeiter/Sozialpädagogen, Neuwied-Darmstadt 1977.

Kunow, Jens, Berufsbezogene Einstellungen angehender Sozialarbeiter/Sozialpädagogen, Dt. Institut für Wissensch. Pädagogik, Studien Nr. 3, Münster 1977.

Landwehr, Rolf, Historische Aspekte des Individualisierungsprozesses in der Sozialarbeit, unveröff. Diplomarbeit, Berlin 1972.

Laws, Judith L., Work Aspirations of Women: False Leads and New Starts, in: Signs 1,3 (Teil II), Frühjahr 1976, S. 33–49.

Leibfried, Stephan, Die Verwaltung der etatistischen Reserve, in: Leviathan 4/1975, S. 473–507 und 1/1976, S. 97–121.

ders., Vorwort, in: *Piven/Cloward*, Regulierung der Armut, Frankfurt 1977, S. 9–71.

ders., Armut in den USA 1. Teil, in: Zeitschrift für Sozialreform, 24. Jg., Heft 5, Mai 1978, S. 257–272. 2. Teil: Heft 6, Juni 1978, S. 321–334.

ders., Public Assistance in the US and BRD – does Social Democracy Make a Difference? In: Comparative Politics 1978.

Leibfried, Stephan/Römmermann, Uta, Der Betrugsverdacht wird universell, in: Päd. extra Sozialarbeit 7/8, 1978, S. 50 ff.

Leo, Andre, ADC: Marriage to the State, in: *Koedt, A.* u. a. (Hg.), Radical Feminism, N. Y. 1973.

Loewenstein, Sophie F., Integrating Feminism into Social Work, in: J. of Ed. for Soc. W. 12,1/Winter 1976, S. 91–97.

Leube, Konrad, Berufssozialisation und Professionalisierung – Thesen zur Ausbildung zukünftiger SA/SP an der Hochschule, in: Neue Praxis 2/1976, S. 101–106.

ders., Ausbildung für »Social Work« in den USA, in: *Kreutz/Landwehr*, (Hg.), Studienführer für Sozialarbeit/Sozialpädagogik, Neuwied-Darmstadt 1976, S. 23/ – 24/.

ders. Professionalisierung und Ausbildung in der amerikanischen Sozialarbeit, unveröff. Manuskript, München 1979.

Lingesleben, O., Die Berufssituation der Sozialarbeiter, Köln 1968.

Lubove, Roy, The Professional Altruist, the Emergency of Social Work as a Career 1880–1930, Cambridge, Mass. 1965.

Mable, Pauline, A Study of Job Attitudes of Professional Social Workers With Special Reference to Work Orientation, unveröff. MSW-Arbeit, Univ. of Toronto 1964.

Mahaffry, M., Sexism and Social Work, in: Social Work 21,6/Nov. 1976.

Mander, Anica/Rush, Anne: Frauentherapie, München 1977.

Marsden, Dennis, Mothers Alone, Poverty and the Fatherless Family, London 1969.

Martin, Peter, Sozialrecht in den Vereinigten Staaten, eine Einführung in den Status eines neuen Arbeitsfelds, in: Zeitschrift für Sozialreform 1978

Meisel, Susan S./Friedman, Alice P., The Need for Women's Studies in Social Work Education, in: J. of Ed. for Soc. W. 10,3/Herbst 1974, S. 67 ff.

Millman, Marcia, She Dit It All For Love: a Feminist View of the Sociology of Deviance, in: *Millman/Kanter*, (Hg.), Another Voice, N. Y. 1975, S. 251–279.

Milwaukee County Welfare Rights Organization (Hg.), Welfare Mothers Speak Out, N. Y. 1972.

Mueller, Marnie W., Economic Determinants of Volunteer Work by Women, in: Signs 1,2/1975, S. 325–339.

Müller C. W./Nimmermann, P., Stadtplanung und Gemeinwesenarbeit, München 1973.

National Council of Welfare, Report on One Parent Families in Canada, One in the World of Two's, Ottawa April 1976.

Negt/Kluge, Öffentlichkeit und Erfahrung, Frankfurt 1973.

Newton, Lynne, Poverty and the Single Mother, Drei unveröff. Manuskripte, Carleton University, Ottawa 1976.

Norland, S,/Shaver, N., Gender Roles and Female Criminality, in: Criminology 15,1/Mai 1977, S. 87-105.

Oppenheimer, Valerie K., The Female Labor Force in the United States, Berkeley 1969.

dies., The Sex-Labeling of Jobs, in: Industrial Relations 7/May 1968

Pendergrass, Virginia E., Innovative Programms for Women in Jail and Prison: Trick or Treatment? In: Crim Just. and Behav. 1,14/Dez. 1974, S. 359–365.

Peters, Helge, Moderne Fürsorge und ihre Legitimation, Köln 1968.

dies., Die mißlungene Professionalisierung der Sozialarbeit, in: *Otto/Utermann*, Sozialarbeit als Beruf – Auf dem Wege zur Professionalisierung? München 1971, S. 99–123.

Pinl, C., Das Arbeitnehmerpatriarchat, Köln 1977.

Piven, Francis F./Cloward, Richard A., Regulierung der Armut – Die Politik der öffentlichen Wohlfahrt, Frankfurt 1977.

Ponkratz/Hübner, Lebensbewährung nach öffentlicher Erziehung, Neuwied/Berlin 1959.

President's Commission on Law Enforcement and the Administration of Justice (Hg.), Task Force Report: Juvenile Delinquency and Youth Crime, Washington 1967.

Raab, Rosemarie, Frauenarbeit im Stadtteil, Offenbach 1979.

Rasche, Cristine E., The Female Offender an an Object of Criminological Research, in: Criminal Just. and Behav. 1,4/Dez. 1974, S. 301–320.

Report of the Royal Commission on the Status of Woman in Canada, Ottawa 1970.

Report of the National Advisory Committee on the Female Offender, Ontario, Frühjahr 1977.

Riback, Linda, Juvenile Delinquency Laws: Juvenile Women and the Double Standart of Morality, in: Univ. of Calif. Los Angelos Law Review 19,2/1971, S. 713–742.

Richan, W. C./Mendelsohn, A. R., Social Work – the unloved Profession, New York 1973.

Romo-Roman, Enrique, The story of the Mother-Led Union in Ontario, unveröff. Manuskript, Carleton University, Ottawa 1977.

Rosen, Rita, »Sexuelle Verwahrlosung« von Mädchen – Anmerkung zur Doppelmoral in der Sozialarbeit, in: *Kerscher*, (Hg.), Konfliktfeld Sexualität, Neuwied/Darmstadt 1977.

Rosenblatt, A. u. a., Predomination of male authors in social work publications, in: Social Casework July 1970, S. 421–431.

Satir, Virginia, Conjoint Family Therapy, Palo Alto 1964.

Savier, Monika/Wildt, Carola, Mädchen – zwischen Anpassung und Widerstand, Neue Ansätze einer feministischen Jugendarbeit, München 1978.

Schmidt, H. D. u. a., Frauenfeindlichkeit, München 1973.

Schmidt-Harzbach, Ingrid, Kampf ums Frauenstudium – Studentinnen und Dozentinnen an deutschen Hochschulen, in: Beiträge zur 1. Berliner Sommeruniversität für Frauen, Berlin 1977, S. 33–74.

Schmidtbauer, Wolfgang, Die hilflosen Helfer, Reinbeck 1977.

Schöpp-Schilling, H.-B., Frauenstudium und Frauenforschung in den USA, in: Beiträge zur 2. Sommeruniversität für Frauen, Berlin 1978, S. 473–484.
Schröder, Hannelore, Unbezahlte Hausarbeit, Leichtlohnarbeit, Doppelarbeit – Überlegungen zu einer politischen Ökonomie des Hauses, in: Beiträge zur 2. Sommeruniversität für Frauen, Berlin 1978, S. 108–118.
Schwarzer, Alice, Männerjustiz, in: »Emma« Februar 1977, S. 6–14.
Schwendinger, Herman/Julia, R., the Founding Fathers: Sexist to a Man, Sociologists of the Chair, New York 1973.
Simon, Rita J., Women and Crime, Lexington 1975.
dies., The Contemporary Woman and Crime, Nat. Institute of Mental Health, Center for the Studies of Crime and Delinquency, Maryland 1975 a.
Simpson, J. und *H.*, Women and bureaucracy in the semiprofessions, in: *Etzioni, A.*, Semi-professions – their organisations, 1969, S. 196–261.
Skiba, E.G., Der Sozialarbeiter in der gegenwärtigen Gesellschaft, Weinheim 1969.
Smart, Carol, Women, Crime and Criminology, London/Boston 1977.
Sozialarbeiterinnen/Frankfurt, Gefühlsarbeit – Die weiblichsten Frauen der Nation: Sozialarbeiterinnen, in: Sozialmagazin Sept. 1978, S. 22–32 und Juli 1979, S. 12/13.
Sozialmagazin Sept. 1978, Sonderthema: Die lange aufgestaute Wut – Feministische Strategien in sozialpolitischen Projekten.
Soloman, Barbara B., Is it Sex, Race or Class? In: Social Work 21,6/Nov. 1976, S. 420.
Specht, F., Sozialpsychiatrische Gegenwartsprobleme der Jugendverwahrlosung, Stuttgart 1967.
Stamm, Alfred M., National Assoc. of Social Workers – Membership: Characteristics, Development and Salaries, in: Personel Information 12,3/Mai 1969, S. 34–44.
Stein, Robert C., The Economic Status of Families Headed by Women, in: Monthly Labor Review 93, 12/1970, S. 3–10.
Stein-Hilbers, Marlene, Abweichendes Verhalten und soziale Kontrolle weiblicher Jugendlicher, Referat 27. Internat. Kriminol. Forschungswoche, Wuppertal 1977.
dies., Zur Frage der geschlechtsspezifisch unterschiedlichen Strafverfolgung, in: Kriminologisches Journal 4/1978, S. 281–281.
Statistisches Jahrbuch deutscher Gemeinden, hrg. v. Deutschen Städtetag, Köln, 6579; 1978.

Stoltenberg, Ute, Deklassierte Frauen – Die Arbeits- und Lebenssituation von Frauen in einer Obdachlosensiedlung, Weinheim/Basel 1979.

Stolen, Elaine, Occupational mobility: male-female variants in the social work profession, in: Social Worker, Vrl. 41 (3) August 1973, S. 204–216.

Stooss, F., Zum Zusammenhang zwischen Professionalisierung und Arbeitsmarktgeschehen, in: Mitteilungen aus der Arbeitsmarkt- und Berufsforschung 1/1978, S. 95–110.

Stooss, F./Otto, M., Bildungs- und Arbeitsplatzstrukturen im Bereich der Sozialarbeit/Sozialpädagogik, in: *Kreutz/Landwehr*, Studienführer für Sozialarbeit/Sozialpädagogik, Neuwied-Darmstadt 1977, S. 173–195.

Sullerot, Evelyn, Die emanzipierte Sklavin – Geschichte und Soziologie der Frauenarbeit, Graz 1972.

Szymanski, Albert, The Effects of Earning Discrimination Against Women on the Economic Position of Men, in: Social Forces 56,2/Dez. 1977 (special issue), S. 611–625.

ders., Race, Sex and the US-Working Class, in: Social Problems, 21/Jan. 1974, S. 705–725.

ders., The Socialization of Women's Oppression. A Marxist Theory of the Changing Position of Women in Advanced Capitalist Society, in: The Insurgent Sociologist 6,2/Winter 1976, S. 31–58.

ders., Racism and Sexism as Functional substitutes in the Labor Market, in: Sociological Quarterly 17/Winter 1976, S. 65–73.

Toren, Nina, Social Work – the Case of a Semi-Profession, Beverly Hills/London 1972.

Tropman, John E., The Married Professional Social Worker, in: J. of Marriage and the Fam. Nov. 1968, S. 661–665.

Valentich, Mary E., Sex Differences in Career Management Among Social Workers, unveröff. PhD, Denver Univ. 1975.

dies., Women and Career Planning in Social Work, in: Social Worker (Kanada), special issue 1976, S. 9–11.

Veblen, T., Theorie der feinen Leute, Köln 1957.

Walser, Karin, Frauenrolle und Soziale Berufe. Eine sozialgeschichtliche und sozialisationstheoretische Untersuchung am Beispiel der Sozialarbeit/Sozialpädagogik, unveröff. Dipl.arbeit, Frankfurt 1974.

dies., Frauenrolle und soziale Berufe am Beispiel der SA/SP, in: Neue Praxis 1/1976, S. 3–11.

Walton, Ronald G., Women in Social Work, London/Boston 1975.

Washburne, Carolyn, Feminism and Professionalism. Memoirs of an Ex-Social Worker, unveröff. Manuskript, o. O., Okt. 1973.

Weis, Joseph G., Liberation and Crime. The Invention of the New Female Criminal, in: Crime and Social Justice, Herbst/Winter 1976/77, S. 17–27.

Wetzel, Janice W., Interaction of Feminism and Social Work in America, in: Social Casework 57,4/April 1976, S. 227–236.

Wieland, Claudia und *Lang, Conni*, Geschichte der Frauenbewegung und Sozialarbeit, in: Informationsdienst Sozialarbeit, Heft 23, Offenbach Juni 1979.

Wilenski, Harold L./Lebeaux, Industrial Society and Social Welfare, N. Y./London 1965.

Williams, Martha u. a., Career Patterns, More Grist for Women's Liberation, in: Social Work 19/Juli 1974, S. 463–466.

Wolf, Charlotte, Sex Roles as Portrayed in Marrige and Family Textbooks, in: Women's Studies 3/1975, S. 45–60.

Woodroofe, Kathleen, From Charity to Social Work in Great Britain and the USA, London 1962.

Zetkin, Clara, Geschichte der proletarischen Frauenbewegung, Frankfurt 1971.

Zietz, Dorothy/Erlich, John C., Sexism in Social Agencies: a Practicioners Perspective, in: Social Work 21,6/Nov. 1976, S. 434–439.

Zipfel, Gabi, Dem was ist, das was wir wollen, entgegenstellen, in: Päd. extra 2/1978, S. 28–29.

Zum Buch

Das Buch will einen grundlegenden Beitrag zu einer notwendigen Diskussion der geschlechtsspezifischen Diskriminierung von Frauen in der Sozialarbeit in der Bundesrepublik leisten. Anhand amerikanischer empirischer Untersuchungen, die in ihren Tendenzen auf hiesige Verhältnisse übertragbar sind und sich in ersten regionalen Fallstudien bestätigen, weist der Autor die Benachteiligung von Sozialarbeiterinnen und von betroffenen Frauen auf. Zentrale Kennzeichen des Sexismus in der Sozialarbeit sind die unzureichende materielle Entlohnung, die geschlechtsspezifische Teilung von Arbeitsfunktionen und Arbeitsfeldern, frauenfeindliche Lehrinhalte in der Ausbildung sowie die Lebenslagen und Alltagsprobleme der Betroffenen von Sozialarbeit und die Einstellungen und das berufliche Handeln der Sozialarbeiterinnen ihnen gegenüber.

Zum Autor

Hans Drake ist Dozent an der Bremer Fachhochschule für Sozialpädagogik.

ISBN 3-472-58047-X